⊙心理出版社⊙

輔導原理

● 吳武典博士　等著

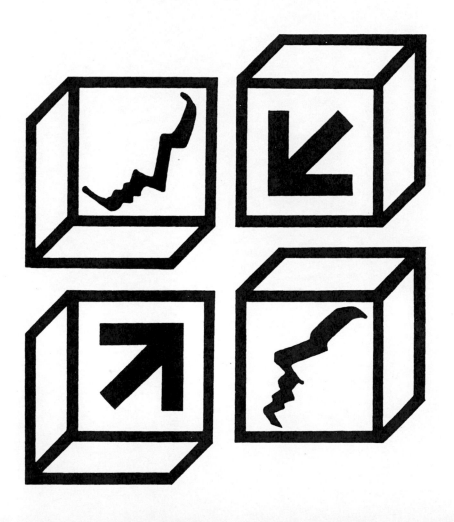

作者簡介

⦿作者兼主編

吳武典　美國肯塔基大學哲學博士（學校心理學）
　　　　現任國立臺灣師範大學特殊教育學系名譽教授
　　　　著有「學校輔導工作」、「國小怎樣實施輔導工作」、
　　　　「青年少問題與對策」、「心理衛生」、「散播愛的種子
　　　　——談輔導的理念與方法」、「愛心之外——現代父母
　　　　經」、「團體輔導」、「輔導原理」等書。

⦿作者群 （依姓氏筆劃次序排列）

王文秀　國立臺灣師範大學教育心理與輔導學系博士
　　　　現任新竹教育大學教育心理與諮商學系教授
李湘屏　國立臺灣師範大學教育心理與輔導學系碩士
　　　　曾任職於私立慈濟技術學院學生生涯諮詢中心

周美伶　國立臺灣師範大學教育心理與輔導學系碩士
　　　　現任新加坡關懷輔導中心輔導員

陳金定　國立臺灣師範大學教育心理與輔導學系博士、
　　　　美國肯塔基大學哲學博士（教育心理學組）
　　　　現任國立體育大學師資培育中心教授

陳明終　國立臺灣師範大學教育心理與輔導學系博士
　　　　現任台北市立教育大學心理與諮商學系教授

陳德華　國立臺灣師範大學教育心理與輔導學系碩士、
　　　　政大教育研究所博士
　　　　現任教育部參事

溫怡梅　國立臺灣師範大學教育心理與輔導學系碩士
　　　　曾任台北市立士林國中校長

游慧卿　國立臺灣師範大學教育心理與輔導學系碩士
　　　　曾任台北市立第一女子高級中學輔導教師

楊文貴　國立臺灣師範大學教育心理與輔導學系博士、
　　　　美國肯塔基大學哲學博士（教育心理學）
　　　　曾任國立台北教育大學國民教育學系副教授

楊世瑞　國立臺灣師範大學教育心理與輔導學系碩士
　　　　現任台北市立中山女子高級中學校長

鄭玄藏　國立臺灣師範大學教育心理與輔導學系博士班肄業
　　　　現任北台灣科學技術學院諮商輔導組講師

吳 序

　　今日兒童與青少年問題，層出不窮；輔導工作之推展，亦千
頭萬緒。輔導人口，與日俱增；可見輔導需求，日益殷切。欣見
輔導工作，漸受重視；如何擴大輔導工作之影響，提昇輔導服務
之品質，尤為吾人深所關切。輔導人員之培訓，應不止於技巧之
傳授，更在於基本原理之掌握與輔導精神之發揚。「輔導原理」課
程之重要，由此可見。

　　本書之構思，始於筆者擔任國立台灣師範大學教育心理與輔
導研究所必修課程「輔導學專題研究」之初，迄至民國七十四年，
始有正式行動。經與修課同學共同研討，決以夏茲爾與史東(Sher-
tzer and Stone,1981)第四版之「輔導原理」(Fundamentals of
Guidance)為藍本，加以改寫，儘量融入我國現況資料與最近文獻
精華。除第一章由筆者撰寫外，其餘各章由十一位同學分工負責。
其間經再三修改補充，最後由王文秀同學與筆者加以統整和修
飾，並由王同學編訂索引，始成本書今貌。參與撰述之同學，均
為輔導科班出身，深具輔導經驗，獲有輔導碩士學位，且多位正
攻讀博士學位中，誠屬輔導新秀，學驗俱佳，所撰文字，應屬佳
品。然而多人合撰，難免文字參差，語氣有別，幸有夏、史二氏
名著為底，思路尚能一貫；編者亦儘量設法修補潤飾，以使體例
力求一致，內容更加充實。若尚有不逮之處，乃屬編者疏忽之過，
甚盼讀者不吝指正，以便於再版時修訂。

　　本書共有十二章，分別爲：輔導的基本理念、輔導學的歷史與發展、輔導模式、學校諮商人員、個別諮商、團體諮商、諮詢、輔導中的衡鑑—測驗技術、輔導中的衡鑑—非測驗技術、輔導關係、輔導評鑑、輔導工作的發展趨勢。全書約三十萬言，可作爲大專院校二或三學分量之「輔導原理」或相關科目之教材。每章之前均有楔言，之後有「本章摘要」、「討論問題」與「本章參考文獻」，以便閱讀與研討。

　　本書之問世，歷經甚多波折，若非心理出版社許發行人麗玉女士之用心催促和耐心等待，恐尚需若干時日，故最後亦應向許發行人致歉並致謝。

吳武典　謹識
中華民國七十八年十月廿五日於
國立台灣師範大學特教研究所

目　錄

第 一 章
輔導的基本理念

吳武典

- ●輔導的意義、功能與內涵
- ●青少年身心發展與輔導
- ●社會變遷與輔導
- ●輔導的基本原則
- ●輔導的基本策畧

　　輔導是先有實際，再有理論。它看來像是新的東西，事實已
經存在很久；在中西固有的教育思想裏，也可以找到輔導的
「根」。例如，孔夫子強調「有教無類」，可以說是無條件的接納
和愛心，是基本的輔導精神；當他應用「因材施教」原則教導弟
子們「仁」與「孝」的道理時，就好比今日輔導人員針對學生的
個別差異，謀求了解和適應。西方的孔子—蘇格拉底使用「反詰
法」讓學生了解自己的缺點，使用「產婆法」引導學生發現真理，
何嘗不是今日所謂「回饋法」與「啓發法」的高明運用？他們實
在都是具有輔導心腸和技術的偉大教師。可惜，這樣的教師似乎
可遇而不可求，而過去輔導的「根」畢竟太弱了，既無完整的理
論，也缺乏系統的方法。在今日變遷迅速的社會裏，這種隨意性
與零落性的輔導已無法滿足兒童與青少年「自我發展」與「適應
環境」的需求，有必要建立完整的輔導理論與方法。本章即據此
觀點闡釋輔導的定義與內涵，並從個人身心發展與社會變遷討論
輔導的性質，最後說明輔導的基本原則和基本策畧。

第一節　輔導的意義、功能與內涵

壹、輔導的意義

輔導 (guidance) 一詞，多半指學校中教育人員對學生的一種協助 (help or assistance)，它也可以泛指由專業人員所從事的人群服務 (human services)。

瓊斯 (Jones, 1970) 在其名著「輔導原理」一書中，為輔導所下的定義是：「輔導是某人給予另一人的協助，使其能作明智的抉擇與適應，並解決問題。」(P.7)

阿寶克 (Arbuckle, 1966) 與皮特斯和法威爾 (Peters & Farwell, 1967) 皆指出輔導是一種概念、一種組合和一種服務。

它是應用某種觀點、結合某些經驗，以達成助人關係（helping relationship）的方法和歷程。

莫廷生與夏繆勒（Mortensen & Schmuller, 1976）把輔導定義為：「整個教育計畫的一部分，它提供機會與特殊性服務，以便所有學生根據民主的原則，充分發展其特殊能力與潛能。」（P.3）

夏茲爾與史東（Shertzer & Stone, 1981）把輔導視為：「協助個人了解自己及其世界的歷程。」（P.38）這個定義涉及四個關鍵詞：(1)歷程～指的是一系列朝向目標邁進的行動或步驟；(2)協助～指預防、矯治和改善困境的工作；(3)個人～指學校情境中的一般學生，未必是有特殊困難者；(4)了解自己及其世界～指深入而完整地自我了解、自我接納、體察環境和了解人群。

查布倫（Chaplin, 1985）在其主編的「心理學詞典」中，對輔導作如下的解釋：「輔導是協助個人在教育與職業生涯中獲得最大滿足的方法。它包括使用晤談、測驗和資料蒐集，以協助個人有系統地計劃其教育與職業的發展。它緊隣治療，而可能用到輔導諮商員（guidance counselors）。」（P.201）

輔導與心理學者為「輔導」所下的定義雖多，基本上並無太大差異。綜合各家之說，筆者曾試把輔導定義為：

「輔導乃是一種助人的歷程或方法，由輔導人員根據某種信念，提供某些經驗，以協助學生自我了解與充分發展。在教育體系中，它是一種思想（信念），是一種情操（精神），也是一種行動（服務）。」（吳武典，民69，頁2）

茲進一步闡釋此一定義如下：

輔導乃是基於對人類的基本關懷（愛），以協助學生自我了解

為起點，以協助學生自我實現為鵠的。但是，只有愛心是不夠的；想要幫助別人，不一定就能幫助了人。要使輔導的助人功能充分發揮，愛心之外，還須兼備三個要素：　(參見吳武典，民74，頁307～309；民76，頁13～15)

一、正確的思想

我們必須肯定兩點：(1)每個人都有其潛能。那怕他智能不足，成績「滿江紅」，只要我們有適當的課程和教法，適當的環境和指導，他還是可以有所進步的；(2)每個人都有其善性。那怕他現在違規犯過，他並不是生來就是惡人或罪人，只要有適當的方法，我們還是可以把他變好。由於有這兩種肯定，所以我們雖然不否認在教育或輔導的過程中，會遭遇到失敗和挫折，但我們永不灰心，總是以樂觀的心情來面對學生，這樣才能「笑臉看學生，鐵肩擔教育」；否則，就會覺得日子不好過，教育的工作成為一種折磨，上課的時候就希望趕快下課。如果有了這兩種肯定，我們就有信心面對現實和困難，包括面對各種學生問題，尋求克服之道。

二、崇高的情操

輔導是一種情操，正如「父母之於子女，教士之於信徒」，是不計報酬，默默耕耘，是「生而不有，為而不恃」，是「犧牲享受，享受犧牲」的。雖然輔導不求報酬，一旦學生臉上恢復笑容，有了成就感，有了成長，也就有了收穫——這種收穫，也許要很久很久以後才會到來，也許根本不能親自享受到。但，這又何妨呢？輔導人員從事的是播種的工作，播種者要有耐心。所謂「前人種樹，後人乘涼。」如果急功近利，要求馬上得到效果，就可能採取極端或偏差的方式，來尋求暫時的功利，而種下永久的禍根，

這是智者與仁者所不取的。所以，崇高的情操是一種奉獻犧牲的情懷；有了它，我們才會耐心去輔導學生。

三、具體的行動

輔導是對學生的一種服務或協助，不能「光想不做，光說不練」，而必須有具體的行動。最簡單、最直接的行動就是跟學生接觸——多多地接觸，好好地接觸。而跟學生接觸的最具體方式就是跟學生晤談或諮商。使學生覺得跟輔導老師接近時很愉快，很有收穫。這便有賴於輔導關係或師生關係的建立和溝通的運用了。除了晤談，輔導老師還可以應用測驗、家庭諮商、團體輔導，乃至個案研究等方式來幫助學生。

貳、輔導與其他助人專業的關係

輔導與其他助人專業（helping professions）如教育、諮商、心理治療的關係非常密切。其目的皆在助人成長或解決問題，其功能與性質頗有重疊，但在範圍（服務對象）與程度上有所差別，此可以後面二圖（圖1－1，1－2）表示之。

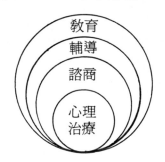

圖1－1　四種助人專業的範圍之比較
（引自吳武典，民76，頁315）

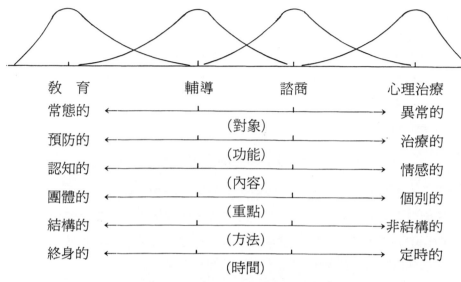

圖1－2　四種助人專業的程度之比較

（改自吳武典，民76，頁315）

　　就服務對象而言，顯然教育的對象最廣，包括所有發展中的學生，輔導次之，諮商又次之，心理治療則僅限於有嚴重適應問題者；但彼此仍有相當的重疊，即一個人可以同時接受二種或二種以上的專業服務。

　　就程度而言，在對象方面，教育這一端比較注意常態的，心理治療這一端比較注意異常的；在功能方面，教育這一端比較著重預防，心理治療這一端比較強調治療；在內容方面，教育一端以認知活動為主，治療一端則感情活動較多；在重點上，教育一端較重視團體發展，治療一端較強調個人狀況；在方法上，教育一端較重結構，治療一端較有彈性；在時間上，教育一端強調終

身的歷程，治療一端則視爲短時的服務。以上四種助人專業，可視爲一條線段上的四個點，是連續的，不是割裂的，其間的差異應是程度的，而非本質的；即教育中可能有少許治療作用，治療中也可能有少許教育作用。然而，基於助人服務專業化及分工原則，教育不宜強調治療作用，心理治療也不宜強調教育作用。各種助人專業互相尊重和協調合作，當可對當事人提供適切、深入而完整的服務。

叁、輔導的重要性

　　學生需要輔導，這是學校輔導工作存在的根本理由。學生爲什麼需要輔導呢？因爲：⑴他們需要成長與發展；⑵他們在成長過程中有了困惑；⑶他們在發展過程中發生了危機；⑷他們是國家未來的棟樑、民族的命脈。茲分述如下：

一、就潛能發展的觀點

　　成長中的兒童與青少年，經驗有所不足，心智未臻成熟。他們有求知的欲望，有發展的潛能，但缺乏獨立自助的能耐，需要有人幫助他們順利渡過各個發展階段，完成各種發展工作，如自我的認定 (self－identity)、情緒的穩定、道德的自律、負責的態度、異性的交往、確立志向並能專注地學習或工作等；把潛能逐步發揮，並使知、情、意等齊頭並進，整體發展。此爲教育的目標。就這點而言，人人需要輔導，因爲人人皆需要發展。

二、就生涯發展 (career development) 的觀點

　　在求學過程中，每個學生都難免遭遇到選課、交友、擇業、求職、人生與信仰等問題，何去何從，往往不是他所能獨自判斷與抉擇的，他需要了解自己，也需要了解環境，在他人的協助下，

運用蒐集到的事實與資料，明智地規劃將來的行動，開創出他的事業來。換言之，大多數的學生在面臨人生各種問題上，能否作正確的選擇，與輔導得當與否，有密切的關係。

三、就心理衛生的觀點

部分學生在求學生涯中，由於本身的缺點或缺陷，加上環境不利因素的影響，在生活適應上亮起了黃燈（出現不良適應徵候），甚至紅燈（發生了不良適應行為）。尤以十幾歲徘徊在「自我追尋」道路上的青少年，處在這個變遷迅速的社會中，更容易發生心理衝突、違規犯過、學習困擾之問題。這些危機的解除，有賴於適當的預防性與矯治性的輔導措施。

四、就社會文化的觀點

青少年是文化火炬的傳遞者，也是國家民族命脈之所繫，如何發展前導性的青少年次文化（subculture），以繼承過去傳統，並有所發揚與創新，是青少年輔導的重要課題。青少年發展的潛能如果缺乏適當的環境和培育，可能形成兩種後果：(1)潛能一直「冬眠」下去，形成人才的浪費；(2)潛能偏向發展，造成社會的不安。如果青少年次文化與主流文化脫節，甚至反其道而馳，勢必造成文化的危機與社會的動盪。輔導強調幫助個人發展個性與自我實現，雖從個人觀點出發，事實上與社會安危亦息息相關；在「大我」中完成「小我」，完成「小我」，亦才能促進「大我」。

依此看來，無論從個人潛能發展的觀點、生涯教育的觀點、心理衛生的觀點、或社會文化的觀點言，兒童及青少年輔導工作是教育體系中不可缺少的一環。如果說教育的基本精神是「倫理」、「民主」與「科學」，那麼，我國傳統的教育顯然是「倫理」有餘，而「民主」與「科學」不足。輔導工作強調民主的態度（如

尊重、接納、信賴）與科學的方法（如評量診斷、個案研究），正可彌補傳統教育之不足，而與我國固有的倫理精神相結合，以促進統整教育目標的達成。

肆、輔導的內涵

　　儘管學校輔導服務的項目有地區性的差異，並且常隨學校領導人物的取向而有所偏重，一般所同意者有下列八項：（參見吳武典，民69；Shertzer & Stone, 1981）

一、衡鑑服務

　　著重個別差異的了解。藉各種客觀與主觀的方法，如測驗、問卷、觀察、家庭訪視、社會計量等，蒐集有關學生個人、家庭及友伴的資料，並加以分析與應用。學生累積紀錄的填記與個案研究的實施，便屬於這一種服務。

二、資訊服務

　　重點在充實學生的學習經驗。輔導人員配合教師及行政人員，提供學生所需的教育、職業與生活資料，以增進學生對環境的了解，而利於選擇與決定。

三、諮商服務

　　諮商（counseling）是輔導服務中的核心部分，透過一對一（個別）或小團體的關係，幫助學生自我了解和自我發展。在這關係中，至少有一個受過專業訓練的輔導員，能獲得當事人的信賴。

四、諮詢服務

　　諮詢（consultation）主要是提供資訊與建議給與當事人有關的重要他人（如父母、教師、朋友），使其對當事人有充分的了解並獲得必要的助人知識與技能。這是一種間接的服務，有別於直

接面對當事人的諮商服務。

五、定向服務

對於新入學或轉學的學生，幫助他們認識新環境、新課程和新關係，以便能在環境的轉換中儘快安定下來，把握住努力的方向。

六、安置服務

廣義的安置服務包括校內的學習安置（如編班、選課）、校外的升學輔導及就業安置（就業機會的提供和運用）。目的在使學生在求學與求職上，各適其性，各得其所。

七、延續服務

對於離校的學生，無論是升學者或就業者，繼續保持連繫並提供必要的服務，使其在新環境中，仍能獲得良好的適應與發展。

八、研究服務

對於輔導的需求與輔導的績效施以定期或不定期的評鑑，以便作為擬定新輔導計畫的參考。輔導是一種連續的歷程，因此輔導的評鑑與研究，也需經常地進行，以保持輔導工作的朝氣與活力。

第二節　青少年身心發展與輔導

壹、何謂青少年？

青少年期（adolescence）是介於兒童期與成年期之間的轉換期，習慣上以年齡為準，介於十二歲與十八歲之間，但女性比男性早開始約一至二年（Hurlock, 1973）。近年來若干學者則認

爲，此一過渡時期可擴展爲十一歲至二十一歲（張春興，民69）。

　　對於所謂的「青少年」（adolescent），在法律上、生物學上、社會學上及心理學上的看法並不一致，不同的觀點有不同的意義。**就法律上來說**，我國「少年事件處理法」適用的對象是滿十二歲到未滿十八歲的青少年。美國法律上規定女性是十二歲進入少年期，男性是十四歲進入少年期，十八歲則同爲兩性成熟之齡。我國民法上規定七歲以前無行爲能力，若在滿七歲前犯罪則不罰；滿七歲到未滿二十歲具有「限制行爲能力」，二十歲以上則有完全行爲能力，在法律上的地位便完全了。民法第973條規定：「男未滿十七歲，女未滿十五歲不得訂定婚約。」第974條：「未成年人訂定婚約，應得法定代理人之同意。」所以男十七歲以前，女十五歲以前訂定婚約無效；而在二十歲以前訂定婚約須法定代理人同意。民法980條規定：「男未滿十八歲，女未滿十六歲不能結婚。」981條規定：「未成年人結婚應得法定代理人的同意。」所以男十八歲以前，女十六歲以前結婚在法律上是不承認的，不能辦理結婚登記；而在二十歲以前結婚須法定代理人同意。所以在法律上是以年齡爲標準，有非常明確、武斷的區分。

　　就生物學的觀點，是以生理發展爲準。這個階段身體生長快速，身體比例變化增大，第一性徵加速成長，第二性徵開始出現。換句話說，女性開始出現月經（美國平均年齡約爲十二歲半，我國約爲十三歲半），男性開始有精液分泌、精蟲出現，這便是開始進入青春期的表徵。至於在什麼時候結束？生物學上並沒有很明確的界定。

　　社會學的觀點，是以獨立性來看。從生活依賴逐漸走向生活獨立自主的一段時期即爲「青少年期」。至於何時是青少年期的結

束，也沒有明確的界定。因為有的人很快就能獨立自主，有的人終其一生都還要依賴別人，包括性格和情緒上的不成熟。所以雖有起點，卻很難確定何時是終點。

　　心理學家的看法，是兼顧到生理及心理兩方面的成熟。在心理學上的青少年時期是指由性生理成熟到心理成熟的一段時期，這段時期很長，包括少年期和青年期。什麼是「心理成熟」？有的人要很久才能達到，有的人則根本達不到。心理成熟包括智力發展達到巔峯，情緒能夠穩定，能夠自我控制，並且有社會責任感。所以也很難以年齡界定何時完成青年期，只能比較明確地看出何時進入青春期（puberty）。

　　我們必須承認，進入青春期（青少年前期）以後，會有一些特殊的問題發生。如果能夠順利地解決這些問題，就能情緒穩定、性格健全、發揮潛力、生活愉快。否則，就可能產生很多內在的焦慮衝突，心理不健康，甚至精神崩潰。對外界而言，可能產生人際關係欠佳、對社會不信賴，甚至演變成反抗權威、反抗社會。所以這個階段是關係一生發展非常重大的時期，也是很多重要行為的關鍵期，包括智能的發展、學業的進行、人際關係的建立、異性的交性、價值觀的確立及習慣的養成等。在文學上，這個階段有幾個美麗的名詞，如：錦繡年華、黃金時代、荳蔲年華等。許多研究青年的心理學者則對青春期賦予驚人的名詞，如：狂飆期、困擾期、不安期、危險期、反抗期等；也有一些是比較好聽的，如：再生期、過渡期等。

　　總括起來，對這個階段，可作如下的歸納（吳武典，民77b）：

　　⑴這是一個多姿多采而鉅變的時期。在這個時期，無論是個人生理狀況、心理狀況、情緒發展、社會地位、人際關係等都發

生鉅大的變化。

　　(2)這些變化來得相當突然，個人多半缺乏充分的心理準備。

　　(3)這些變化會帶來短暫的適應不良，包括緊張、恐慌、混亂等。

　　(4)在緊張混亂中，個人努力地在做自我的追尋與環境的調適，希望得到自我的統整、自我的肯定與人我的和諧，及早擺脫緊張不安的狀態。

　　(5)在自我追尋的過程中，因各人的性格不同、環境不同，追尋的方式也不一樣。有的追尋方式很正常、很健康；有的就不正常、不健康，形成不良適應。

貳、青少年的需求

　　個人進入青春期以後會有些什麼需要呢？（參見吳武典，民77b)

一、生理變化的適應

　　在這個階段，生理變化特別快速。除身高體重發生很大的改變外，在性生理方面也有很大的變化，包括第一性徵加速成長，第二性徵開始出現，開始進入了性的成熟階段。明顯可見的是體型的變化，男孩子肩膀變寬、嗓音變粗，女孩子曲線凸顯，體毛出現等；女孩子開始有月經來潮，男孩子開始有夢遺現象。這些都是很自然的，控制都控制不住。但是因為這些變化太快了，而且個人沒有充分的心理準備，所以往往會帶來震撼、不安、恐懼的經驗，甚至產生與大人之間的衝突。例如，由於身高體重的變化，活動量增加，需要攝取大量營養，所以吃得多；這時活力也增強，所以活動力特別強；活動完了以後很累，需要大量的休息。

這些都是因爲生理變化而產生的。可是有的大人不了解，以爲食量增加就是好吃，打球、運動量增加就是好玩，休息量增加是好睡、懶惰。所以，本來成長是一件很自然的事，甚至很美妙的事，卻被批評爲貪吃、好玩、懶惰，帶來許多責備；因此，有些靑少年就懷疑成長，認爲它並不是那麼美好，它帶來的反而是苦澀。因爲大人不了解這些變化，所以會產生親子之間關係的緊張。由於成長帶來這些變化，使得靑少年自信心大受打擊，懷疑自己是不是出了問題——只因爲身體變化成長的關係，竟惹來許多過去沒有的責難！

　　另外，性有關的生理變化更是他們注意的焦點，特別是女性的月經，男性的夢遺，往往給他們帶來莫大的恐慌。有些老人家對於月經的說明常用到一些危言聳聽的言詞，例如：月經是對女性的懲罰，當女性就是這麼倒楣、糟糕。使女孩子產生一種女性的自卑感，好像是自己天生做了錯事才受到這種懲罰。這時，父母也常給女孩子一些警告：不可以動作隨便、說話粗魯，尤其不可以給男孩子碰到……等，使女孩子體驗到許多的限制，包括交友的限制，所以生活變得非常緊張，既要處理自己的生理變化，還要遵守外在的特殊規範。男孩子有夢遺，是性腺分泌產生的一種自然的生理變化；性分泌產生性衝動，就有新的經驗。由性衝動所產生的經驗，男性比女性強烈。對於性衝動不知如何應付，有的就靠白日夢；有的以手淫來自慰，由於自慰有一種特殊的快感，就一直做下去；有的看黃色書刊、圖片、錄影帶、電影等來滿足好奇和衝動；有的就吃女孩子豆腐、偷看異性洗澡或偷拿異性的隨身物品。有些進到國中階段的男生喜歡以惡作劇的方式來進行對異性的探討，以笑鬧的方式來掩飾對異性的好奇。更嚴重

的,有所謂的「性遊戲」,互相玩弄身體、性器官,甚至發生強暴的行為。有性衝動怎麼辦?通常是控制,但更好的方法是昇華,作正向的轉移,轉移到工作上、運動上、藝術上,如欣賞音樂、畫畫、打球、看小說、寫日記、唱歌等。性衝動會產生不安,各人調適這種不安的方法並不相同,但有些會帶來嚴重的困擾,例如手淫。手淫本身無所謂好壞,但是若因手淫而覺得羞恥,耽心別人知道,便會產生罪惡感,以致精神恍惚,注意力不能集中,開始對自己懷疑。這是自責和恐懼的心理所造成的。基本原因是對性衝動無法調適,而對於若干行為(例如手淫),不太了解的緣故。

在生理變化方面還包括外表的變化。這時對於外表特別關心,而且很在意別人的看法,患得患失。若別人稱讚他(她)很英俊或很漂亮,就覺得很高興、很驕傲、很願意跟別人交往、參加社會活動;若被批評為不好看,就感到自卑,心情鬱悶。事實上,美與醜並沒有絕對的標準,但常常就從別人的批評中來觀察自己,患得患失。張春興教授(民69)曾調查兩千多名國中生,發現在生理方面,女生有百分之二十三,男生有百分之十九對自己的容貌不滿意。這些可說都是由於生理變化所衍生的需要和問題—需要了解自己的性衝動、了解自己身高體重的變化、認識和接納自己的外表。

二、獨立性格的養成

青少年是兒童還是成人?可說兩邊都不是,可是又都是。在這個過渡時期逐漸由兒童走向成人、走向長大,逐漸地形成統整的自我。在人格發展上首先是透過模仿。父母是第一個模仿的對象,然後是師長、友伴。從認同父母的言語、舉止、行為、習慣

中學得特定的行為、習慣和性格；把父母的性格、行為吸收進來，變成自己的一部份，然後再逐漸形成自己的價值判斷和人生觀念，擺脫父母的陰影、家庭的束縛而形成獨立的個性。由依賴走向獨立，是一個相當漫長的過程。在這個漫長的過程中，青少年期是一個轉捩點；這是一個自我意識萌芽、獨立個性形成之需要特別強烈的時期。

可是這種需求可能遭遇到阻礙。第一個阻礙來自於本身：想獨立，可是沒有獨立的本錢——沒金錢、沒工作……。所以，在國中階段的許多孩子雖有離家的衝動，但是真正有離家行為的不多。情緒上的衝動，受到了理智的壓抑，這是本身內在的矛盾。第二個阻礙是外在權威人士態度的不一致。例如父母親常要求青少年和大人一樣，要懂得負責任，能控制自己，就是要他長大。但是當他要長大、參加大人的生活、表示自己的意見時，又被說成是小孩子：「大人講話，小孩子不要插嘴！」。到底他是小大人？還是大小孩？他迷惘了。於是產生了角色的混淆，形成了社會心理學上所謂的「邊際公民」或「邊際人」。邊際人的角色不明，處境尷尬。這種困擾的產生主要是來自於成人態度的不一致，一方面要他大一點，有成熟的樣子；另一方面又不希望他長得太快，獨立得太早。獨立性格的養成是一種個人心靈的需求，青少年在這種需求的追尋當中，往往備嚐艱辛。

三、自我影像的追尋

精神學家弗洛姆（Fromm, 1967）說：「青年期最重要的課題是尋找和確立一個自我影像。」自我影像就是自己對自己的看法，包括：我是一個怎樣的人？我能做什麼？我在做什麼？我該往那個方向前進……等。每個人都在做這樣的自我追尋，希望勾

繪出一個清楚、明朗、積極的自我畫像。自我是多方面的：「我健康嗎」？這是生理的自我；「我行不行？」「我能不能？」這是智能的自我；「我喜歡什麼？討厭什麼？」這是興趣的自我；「我很穩定還是很神經質？」這是情緒的自我；「我該跟那些人做朋友？」「我的人緣怎樣？」這是社會的自我；「我的人生目標是什麼？」「我心目中最重要的東西是什麼？」這是價值的自我。青少年時期個人是處在一個動盪不安的主觀世界裡，很需要尋找一個積極而穩定的自我影像，才不會迷失。青少年追尋自我的方法很多，第一種是強調自己的獨立。有時為了突出自我的影像，故意唱反調、走極端、為反對而反對，藉此表示與眾不同。三、四歲是人生的第一個反抗期，這時嘴巴開始有「不」字出現。這是首次試驗自己能否和大人分庭抗禮，結果往往很慘，不是挨打就是挨罵，因此只好順從了。到了青春期又開始反抗了，以唱反調、頂嘴或相應不理等來表示獨立，藉此來做自我的追尋、顯揚自己的個性。第二種追尋自我的方法是模仿偶像。戰時的戰場英雄、平時的運動明星、歌星、影星，乃至歷史人物、小說中的主角等都可能成為個人崇拜的偶像。在中學時，青少年最著迷的偶像是影歌星，學他們喜歡的穿著和舉止。藉著這樣的「學」來肯定自己，彷彿自己像他們一樣風光、有個性。也藉著這樣的學習給自己的存在下定義。當然，也有不少學生以老師為模仿的對象。第三種追尋自我的方法是想辦法賺錢。認為有了錢就有較大的權力、較大的自由，所以休學或離家出走，到外面找工作，或在學期間做點小生意、兼差賺外快等。第四種方法就是藉著奇裝異服、奇言異行來表示自我的獨立，譬如戴墨鏡、抽菸、穿時髦的衣服、留奇特的髮型，或是騎機車呼嘯而過，引起大家側目等。最後一

種方法最特別，就是脫離現實。這有兩種極端的方式，一種是學嬉皮，放蕩形骸，過著最單純、最灑脫的生活，不上學、不工作、不理頭髮、不洗衣服等；另一種是服食或注射迷幻藥物、毒品，進到迷幻世界裡，自我陶醉。

四、潛在能力的發展

　　大約在十三歲左右，智能發展特別快速，抽象思考能力湧現；到了二十二歲左右，智力發展達到巔峯。由於在這個階段，智力大爲增進，因此青少年對於科學、哲學、宗教的探討特別有興趣，但也因認知的改變而產生了一些問題。第一個問題是懷疑權威、懷疑教條，喜歡自己獨立的思考，喜歡新奇的事物；因此常和要求順從及對權威尊重的課程發生衝突。第二個問題是智能的高低與學業成敗有的密切關連。如果智能不高，學業成就也可能比較低，這就影響到他在同儕中及家庭中的社會地位。到底我們這個社會還是非常重視智能的成就，所以智能偏低的人會嚐到較多的失敗。第三個問題是智力發展快速，但經驗並沒有等速成長；由於智能發展而經驗不足，就常顯得想法天眞而不切實際，雖然頗具有創造性，但很難爲成人所接受。

五、社會關係的擴大

　　進到國中以後，朋友圈漸漸擴大，家庭圈逐漸縮小。影響一個青少年成長的因素有家庭、友伴、學校、社會等力量。國中以後，家庭的影響力愈來愈小，老師的影響力尚能維持穩定，同儕的力量與大眾傳播媒體的力量則愈來愈大。過去是「爸爸說」、「媽媽說」，現在是「老大」怎麼說；過去是書上怎麼說，現在是電視上怎麼說……這代表了社會關係的擴大和變化。漸漸地，朋友、報章雜誌、電視、廣播扮演了重要的角色。如何跟朋友交往成爲

重要的課題，而在這方面他們進行得並不很順利，因為：第一、
大人常以戒慎恐懼的心情警告他們社會上有很多陷阱，萬一交到
壞朋友，一不小心就會被騙。第二、大人並沒有教他如何與朋友
交往，只說不要交，但是他們又想交，只好偷偷地交，於是產生
濫交的問題。有的因為不敢交朋友，把自己封閉起來，所以變得
很孤僻、孤獨；有的是有很多朋友，可是想擺脫卻擺脫不了；有
的卻是不知道如何表現被人喜悅的特質，也不知道如何跟他人溝
通。在大眾傳播方面，他們的價值觀往往在「接近就接受」的情
況下形成──最常出現的情況是：新奇的就是好的，並且不加以
選擇。在這種情況下，社會關係的擴大就隱藏了重大的危機，如
果再加上一些不良的力量（如各種物質與色情的誘惑），就很容易
走入歧途，例如少年犯罪便是。近年來少年犯罪有幾個趨勢：罪
行變深、結夥犯罪增加、犯罪年齡下降、女性的比例增加等。這
種情形之所以發生，家庭缺乏溫暖、學校缺乏成就、社會充斥誘
惑、自我控制力降低、交友不當等，都是重要因素。

六、異性朋友的交往

　　在小學五、六年級時，異性關係有些疏遠，到了國中階段，
這種情況一時還沒解凍，所以男女生的交往除了少數比較早熟的
之外，多半表現出來的不是追求而是厭惡。這種厭惡事實上是一
種掩飾，掩飾自己性的衝動及對性的好奇。他們不曉得用什麼正
當的方法去了解異性及如何與異性交往，就以惡作劇、責難的方
式來表現自己的好奇。隨著年齡增長，異性間的交往逐漸由偽裝、
好奇、而轉為嘗試，進行交往，這是很自然的現象。如果能保持
適度的漸進的交往，對人格發展是有利的。

叁、青少年的心理困擾

需求與困擾關係密切，兩者可說是一體的兩面。那麼，青少年期的孩子可能有那些典型的困擾呢？（參見吳武典，民77b）

一、煩惱不安

可能來自於生理變化快速，因為準備不足而產生不安；也可能來自於獨立性格的養成，對權威開始感到懷疑，對於限制感到不滿意；或是來自於異性的交往。

二、敵對反抗

由於自我意識逐漸強烈，所以對外在的壓力容易產生反感，而產生一些消極的態度，例如：批評、諷刺、挖苦、抗拒等。

三、缺乏自信

這時能力與日俱進，但是未臻成熟。智力不成熟、經驗不足，做事常不圓滿而受到批評。批評多了，則容易對自己的能力缺乏信心。另外在生理適應方面，由於一些成長的現象如月經、夢遺等，亦造成不便與憂懼。由於有些大人不了解、不能接納這些成長現象，也會因而產生壓力與衝突，使得成長中的孩子對成長感到灰心。

四、性的專注

由於性生理變化特別明顯快速，所以這時青少年對於「性」非常敏感、注意。但是這種表現又不能公開，所以有的就訴諸自慰行為。這種行為如果跟挫折感連結起來，就可能變成一種工具式的行為。當沒人理他或遭遇挫敗的時候，就藉著這種自慰行為來尋求補償；久而久之，就成為一種習慣——一種自我滿足的習慣。另外一種取向是開始尋求這方面的知識。若外來的知識不足、

指導不夠，就常自我鑽研，或同儕互相支援。而這種方式所獲得的訊息常是片面的、不完整的，甚至是歪曲的，因而產生更深的焦慮。這種對性的專注若不加以疏導，很容易產生問題。

五、逃避現實

在這個階段對現實壓力的體驗特別敏感。進到國中後，青少年開始面對升學的壓力。如果他過去的基礎穩固，應付環境的能力卓越，從學校情境當中得到成就，獲得信心，就不會逃避現實。如果他應付環境的能力不夠，又缺乏適當的指導，就可能走上逃避之途，包括使用白日夢、拒絕、否認、理由化、反向作用等種種心理防衛方式；也有的從行爲上表現出來，如逃家，逃學等，以尋求暫時的樂趣；有的對學習有厭惡感、對學業不關心、交代的作業不做或敷衍了事，也是一種心理的逃避。

六、升學的壓力

這種外在的壓力使很多青少年深感痛苦，他們不能再像小學生一樣自由自在地玩了，而要過著不是讀書就是考試的日子。能力高的孩子還好，可以應付裕如，不會感到挫折；但對能力低的孩子來說，必然遭遇許多的失敗和挫折，在同伴間的地位也受到影響，衍生了自卑感。在升學主義下往往產生了單一的價值觀——萬般皆下品，唯有分數高，唯有讀書高。這種鉅大的壓力，使得莘莘學子終日埋首於書本之中，造成視力減退、知識窄化、過度現實等問題。也有的因而產生一些偏差的行爲，如吸菸、沈迷於MTV、參加不良少年幫派等，藉以尋求心理的補償。

七、代溝的衝擊

由於現代社會變化特別快速，因而容易產生代溝或代差（generation gap），甚至因而發生衝突。例如全家要一起出去玩，他卻

不想去，因爲覺得沒有樂趣；升學方面，父母規定的升學之路，孩子不一定喜歡。代溝的衝突可能表現在學業、娛樂、交友、就業、婚姻、宗教信仰等許多方面。如果父母與老師老是站在自己的立場要求，或許是善意的，但由於孩子的教育背景不同、生活經驗不同，他不一定能接受。如果大人一味地「想當年」，孩子想的却是將來，距離便愈拉愈遠了。這種距離與衝擊造成孩子心理的不安與親子溝通的障礙，不但使父母師長難以成爲孩子認同的對象，甚至彼此衍生不滿與敵意，造成倫理的危機。

第三節 社會變遷與輔導

如前所述，這是個變遷迅速的社會。在時間流裏，雖然過去與現在是連續的，却也是變化的。但是，連續性似乎愈來愈弱，變化性似乎愈來愈強，現代人的生活適應問題也因而比過去多而且嚴重。如何在變遷快速的社會中獲得方向感與定位感，是現代人所面臨的重大課題和難題。

壹、現代社會的特徵

現代社會有什麼特徵？茲綜合分析於后（參見吳武典，民77a）

一、變遷迅速

古云：「五百年，黃河清」，意喻五百年才改朝換代，百年前與百年後的事物不會有什麼變化。但現今則不然，試看中國近百年來的社會變遷有多麼大！不說百年，試比較十年前的台灣社會與現在的台灣，其間的差距顯而易見。無論科技文明、生活方式

或個人思想都不斷在變，使人有種「新的就是好的，變異的就是創造」的感覺。

二、知識爆發

這是一個日新月異的時代，知識不斷累積的結果，知識的老化速度變快了，「知識的半衰期」愈來愈短，尤以科技為然。「不進則退」已不足以形容今日知識份子所面臨的壓力，事實上已經是「進步得少也是退步」了。

三、多樣變化

各種各樣的東西，推陳出新，乃至於新思想也不斷出現。由於大傳播及交通事業的發達，社會日趨自由與開放，使得國際間、文化間的差異愈來愈小，國家內、文化內的差異愈來愈大，這是社會發展不可避免的趨勢。

四、機會均等

從前封建社會採世襲制度，機會不均；但今日社會，社會階層流動性 (social mobility) 大增；開放社會的特徵之一即為「機會均等」，個人透過自己的才智與努力，都可以有升遷或創業的機會；也因此擴增了個人社會參與的動機和層面。

五、講求互惠

在過去，人際關係講究「人情」、「道義」；如今，人際關係的維繫主要是靠「權利」和「義務」，逐漸走向現實化。一廂情願地要求別人奉獻、犧牲，已難獲得回響。這也是民主社會的特徵：「盡義務，享權利」，彼此互相尊重，對等付出，對等享受。

六、人情淡薄

今日世界人口膨脹迅速；至一九八七年已突破五十億大關，尤其台灣人口密度更高居世界第二。但人人忙碌，多只關心自己，

人際關係反而沒有以前親密，彼此間也很少坦誠交流。雖然有些人一味向群衆認同，追逐時髦，找尋定位，卻反而迷失了自我。人情淡薄的結果，人與人之間的物理距離雖愈來愈近，心理距離卻愈來愈遠了。

七、家庭失重

家庭是安定社會的力量，在中國尤其如此。但現代社會，「小家庭」取代「大家庭」，這股力量已受到嚴重毀蝕。「家有一老，如有一寶」的時代已經過去，年輕夫婦與公婆不住在一起，小孩照顧成了問題；夫妻分手容易，產生許多破碎家庭；所謂「流浪兒」、「鑰匙兒」的名詞出現了。更由於同儕團體及大衆傳播的影響日鉅，親子間相處時間減少，家人之間也缺乏過去所具有的親密感，父母對孩子的影響力與家庭安定社會的力量已大爲減低。

八、精神退化

重物質享受、笑貧不笑娼、講究門面、崇尚浮華、金錢至上、自我中心、本位主義、不關心公衆福祉；爲達己利，甚至不惜以犧牲他人爲手段——不是「燃燒自己，照亮別人」，而是「燃燒別人，照亮自己」；這些都是現代工商社會最受人詬病的地方，也反映出現代人心的自私與現實。精神文明的退化，導致現代人心理的迷惘與空虛。

貳、現代人面臨的課題與難題

現代社會既有上述的特徵，人們所要面對的課題又如何呢？(參見吳武典，民77a)

　　(1)自我發展：在社會變遷當中，學習了解自己、接納自己、肯定自己、充分發揮潛能、實現理想的自我。

(2)環境調適：與環境適當的交往，保持和諧關係，進而「天
　人合一」。自我的發展與社會的發展並存共榮，照亮自己，
　也照亮別人；在大我中完成小我，完成小我也促成了大
　我。
　　在尋求自我發展與環境調適的過程裏，現代人所遭遇到的困
難有那些呢？

一、從自我發展層面來看：

1.不了解自己

　　人們習慣於問「你是誰」，而少問「我是誰」；不斷地往外
在世界追尋，忘記了「我」也充滿謎團，也有許多部分需要積
極開拓。若要自我開拓，必須擴大「自我」的公開領域，減少
秘密、盲目與未知的領域；與人坦誠交往，在尋求自我發展過
程中，隨時反觀自我，檢視自我，了解自我。

2.自卑與自傲

　　自卑之人覺得比不上任何人，自傲的人認為自己什麼都
行。高估自己不但拒絕了別人，也會讓別人拒絕你；低估自己
則會封閉自我，與人群疏遠。「自卑」與「自傲」都是種主觀
知覺的偏差現象，未必與本身所具有的條件相吻合。

3.不敢表達自己

　　中國人是個含蓄的民族，人與人間較缺乏溝通，不敢「讓
我告訴你我是誰」，因為我擔心、焦慮若是向你坦誠，你會笑我、
害我、怕我，因此把自我隱藏起來。結果搞得自我一團迷霧，
也招致許多人際關係的挫折。

4.自我中心

　　把自己封閉於狹小世界裏，「坐井觀天」，只知自己，不知

有別人，形成偏見、冷漠、敵意。惝棲孤島，心存對抗，這是
自我發展的一大障礙。

5.自我防衛

　　經常處於焦慮不安的心理狀態下，為了掩飾不安、焦慮的
心理，人們慣常以心理的防衛面具來掩飾、偽裝自己，過度的
使用諸如「推諉」、「否認」、「幻想」、「投射作用」、「理由化」、
「反向作用」等防衛方式，以逃避或推卸責任。這種「逃避現
實」的做法，阻絕了個人與外在環境的接觸，也使自己的人格
成長停滯不進。

二、在環境調適的路上，可能遭遇的問題有：

1.學業的疏離

　　升學主義下，為了父母、為了考試而唸書，無法從書中尋
得真正樂趣，甚至產生「認知的焦慮」（cognitive anxiety），逐
漸遠離學業，這是與現實脫節的第一個徵候。

2.角色的疏離

　　譬如學生的角色，本分應是積極追求新知、充實學識，但
有的學生卻讓「家教」、「擺地攤」或抗議示威活動，佔去大部
分時間。甚至有的表面上是學生，行為卻本末倒置，美其名曰
「打工」，却做了太多物慾追逐的工作，與自己的角色疏離了，
看起來是「學生不像學生」。

3.規範的疏離

　　學生不守校規，國民不守法律，人們對社會的風俗習慣、
道德規範不屑一顧，以自我為中心，美其名曰「真理是沒有絕
對的」。此類目無法紀、目中無人的心態，不認同「公民」，很
有可能走上作奸犯科之途。

4.價值的疏離

　　這是最嚴重的疏離現象，乃是對人生、對世界棄絕，對存在的價值加以否定。由此可能產生兩種極端現象：(1)自我放逐，放浪形骸；(2)無所不爲，純任獸性。結果便是不重視生命的價值，或與社會同歸於盡。

　　疏離感表示了個人與環境之間有了障礙，有了危機。如何走出心理迷宮，獲得良好的個人與環境的適應，實是今日輔導工作所面臨的重大課題。

第四節　輔導的基本原則

　　輔導工作有其基本立場和信條，茲綜合提出十大原則如下：(參見吳武典，民69,頁9～11;民76,頁15～20)

壹、以了解學生爲基本前提

　　正確了解爲正確輔導的基本前提。這種了解在內容上應求其完整，包括：(1)了解學生的需要，(2)了解學生的問題，(3)了解問題與需要之間的關係。

　　每個學生都有其基本需求，包括生理的、安全的、愛的（愛人與被愛）、隸屬的、自尊的、和自我實現的需求，只是程度有差異罷了（Maslow　,1954）。如果需求得不到滿足，而不能同化（assimilation，以過去習得的行爲方式去解決問題），也不能調適（accommodation，改變自己以順應環境），便可能訴諸偏差行爲，以求暫時的需要的滿足、威脅的解除或自尊的維護。因此，「問題」和「需要」其實是一體的兩面；處理問題應從了解潛在

的需要著手，才能對症下藥。

　　就了解的策略而言，應著重：(1)同理的了解 (empathic understanding)，(2)深入的了解，(3)考慮到個別差異。

　　所謂「**同理的了解**」應是：(1)設身處地，(2)保持客觀，(3)傳達感受 (Rogers,1951；吳武典，民76)；即以當事人的眼睛去看，以當事人的耳朵去聽，以當事人的心去體會。它有別於主觀的、推銷式的、想當然爾的了解方式。所謂**深入的了解**，乃是要能敏覺當事人的問題和需要及兩者間的關係，「用第三隻眼睛去看出他那面具下的真形象，用第三隻耳朵去聽出他那弦外之音，用第二顆心去體會出他那深沈的感受。」所謂**個別差異的了解**，應注意：(1)各人需求程度和滿足順序有其共通性，亦有其差異性；(2)需求（因）與問題（果）之間的關係與方程式各人不同；(3)除了人際差異 (interpersonal differences) 之外，更應重視個人內在差異 (intrapersonal differences)；(4)除了客觀性差異（如性別、種族、智能等）之外，更應重視主觀差異（如知覺、態度、興趣、價值觀等）。

貳、以人格發展爲第一要務

　　多年來學校教育的重點，無可諱言地，往往是在智能學習方面，除非情緒與社會成分干擾了知識的獲得，否則它們便很少受到重視；知識的傳授乃成爲教師的主要職責，在一般人的觀念裏，教師也就成了「教書的」。這雖然是一種偏差，但迄難作有力的矯正。輔導則不同，它主要關心的是人格的發展，它幫助個人滙聚智能、探索自我及其環境，以創造人生的意義。換言之，它幫助學生發展智能，乃是以成就人格爲目的，與傳統「教學」的

重點，顯有不同；即使是學習輔導，關心的重點亦不在知識的獲得，而在於學習的態度、習慣和方法。由於輔導關心人格發展，每個學生的內在世界，便成了輔導的主要課題。輔導工作者應用晤談、諮商、測驗解釋等，促進學生對自己內在架構的了解。輔導人員站在學生獨特的內在世界與外在環境的交互作用地帶，幫助學生對其主觀狀態與客觀事實作較佳的透視。一切輔導措施的目的，無非在使學生能自行掌握其經驗、態度和意義，從而導向健全的人格發展。

參、輔導的目的在助人自助

輔導是助人自己解決問題，而不是替人解決問題。二者有很大差別；後者是一時的，前者才是永久的。老師和父母都不可能一輩子站在孩子身邊，替他解決問題，最重要的是要幫助他學到解決問題的方法，能自立、自助。

輔導人員好比產婆和媒婆。產婆幫助孕婦順利生產，媒婆幫助男女認識，建立友誼，發生愛情，然後走入禮堂和洞房。沒有一個產婆會因對方不會生，而替她生；也沒有一個媒婆會因對不會談戀愛而代他（她）談，對方不會結婚，而替他（她）結的。這樣的產婆和媒婆都應該稱為「雞婆」才對。愛要適當，語云：「與其送他一條魚，不如教他釣魚的技巧。」這才是永久的幫助。

肆、輔導方法強調合作，不用強迫

只有在個人願意接受輔導的情況之下，輔導才可能發生。正如西諺所云：「你可以把一匹馬牽到河邊，但你不能強迫牠喝水。」輔導人員絕不使用強迫或高壓的手段使人就範。當學生不情願地

被送到輔導人員面前時，必然帶著敵意或抗拒，除非敵意或抗拒解除，輔導便無法進行。輔導之效果乃基於個人內在的動機與改變的意願，而不在外在的強迫或威脅。任何束縛，徒增疑懼，妨礙進步。

伍、輔導尊重個人的尊嚴、價值及選擇權

輔導的基本信念是：人皆有其價值與尊嚴，人皆是平等而自由的。這些皆是神聖不可侵犯的「人權」，即使他有適應上的問題亦然。這種尊重，導致無條件的關懷與接納。「只有學生問題，沒有問題學生」的觀念，亦由此引申而來。此外，每個人都應有最大的自由，以選擇其生活目標及達成目標的方法，除非這種自由妨害了他人的自由。擁有此種自由，乃使個人得以發展其人格，並培養責任感與自我控制。

陸、輔導是溝通的工作

幫助學生需要靠溝通或談話。教師常跟學生談話，但傳統上都是權威的、單向的，輔導上的溝通應是雙向的、平等的，如此才能「交流」。在晤談的情境中，不宜用老師的權威，而需藉用親子的溫暖、朋友的坦誠。避免使用諸如「我告訴你，你聽我說」、「少用嘴巴，多用耳朵」之類命令式、灌輸式的口吻，而多使用商量式的語氣和傾聽的技巧，諸如「請告訴我你現在的想法」、「你的意思是不是這樣」、「我了解」、「請繼續說」、「我在聽」、「原來如此」等詞語，配合前述正確的了解，當可提昇溝通的品質，達到「諮商」的專業水準。

一般所謂「代溝」，即是缺乏良好的溝通所造成的現象。師生

間、親子間由於年齡的差距，難免產生價值觀、態度、看法的不同，這是自然現象，不必否認，也不必害怕。我們所擔心的是：(1)溝太大跨不過去，(2)溝大而沒有橋可通。有溝或溝大都不足爲懼，只怕沒有橋。有橋就能溝通，輔導就是一種造橋的工作。

柒、輔導要順應時代潮流

　　一個時代有一個時代的創造，一個時代也有一個時代的問題。今日，時代的巨輪轉動得特別快。過去是「五百年，黃河清」，如今却是三十年一個時代，十年一個變化。電腦的演進即是最顯明的例子。變化帶來新挑戰、新問題、新知識、新技術。即如電腦帶來第二次工業革命，却也產生了電腦犯罪的問題。今日學生的問題也和過去大不相同，什麼吸強力膠啦，參加不良幫派啦，製造校園暴力事件啦等，是過去匪夷所思的；又如家庭問題是許多學生問題的癥結，什麼「破碎家庭」啦，「鑰匙兒」啦，也幾乎是過去所沒有的。在輔導上便得運用新技術面對許多新問題。如諮商技巧、家庭諮商、親職教育、編序教學、行爲改變等。因此，輔導人員必須睜開眼睛，敏察在社會變遷中所衍生的各種問題，並不斷自我充實，以迎接新的挑戰。

捌、輔導是持續的教育歷程

　　輔導工作應從小學就開始，貫穿整個教育歷程。它應有一個連貫的主題，並且成爲整個教育計畫的一部分。在這原則下，有幾個要義：(1)強調學生「全人」的發展；(2)尊重學生的統整性與自我實現的權利；(3)關心學生將來的計畫，也關心學生當前的福祉；(4)輔導人員是個別差異的衷心鼓吹者；(5)變通運用各種方

法，達到人格發展的目的；(6)輔導員與學生要建立一個創造性的關係；(7)輔導工作是教育進步的中流砥柱。

以個別輔導而言，輔導需要時間，輔導員不要奢望談一兩次話就解決了問題。即使問題情況改善了，仍須隨時追踪，以免學生因抗拒不了外在的誘惑或壓力而再度失去控制。輔導人員應隨時站在他的身邊，支持其努力，留意其交遊，並隨時提供必要的支援。

玖、適應個別差異

「人心不同，各如其面」，輔導人員應了解他所面對的不是一群學生，而是「一個個」來自不同家庭環境、不同社會背景、具有不同能力、不同需要、不同興趣、不同經驗、不同價值觀念的一個個學生，個個都是「有備而來」，而且所準備的都不一樣。所以，他不可能期待以同樣的方法達到同樣的效果。在教學上強調「因材施教」，在輔導上更應「因材施導」。一方面優先考慮學生的利益，設身處地了解個別學生的需要和困難；一方面則彈性運用各種輔導策略，因人、因事、因地、因時而制宜，達到「殊途同歸」的目標。

拾、預防重於治療

行為必有其原因。任何重大的行為偏差或適應困難，都有軌跡可循，決不是突然發生的。青年在尋求需欲滿足與自我發展的過程中，未必一帆風順，一旦遭遇挫折或失敗，如果沒有適當的撫慰、鼓勵或疏導，便可能留下不良的陰影，這對於那些出身於不利環境（如破碎家庭）而自我又欠堅強的人來說，更是如此。

青年對於他所生活的環境很少有選擇的自由，對於自我的了解和把握也非常有限，要使他不受不良環境的影響，在挫敗中仍能堅強地站起來，需要有人體諒他們的處境，予以關懷和協助。對於那些已有了問題，而問題尚在輕微或早期階段的青少年而言，及早發現，及早處治，往往能很快地解除惡化的危機，使之及早恢復正常。西諺云：「一盎斯的預防勝過十盎司的治療」，又云：「與其修理成人，不如建造兒童」，預防工作實在是非常划得來的。目前青少年犯罪問題日趨嚴重，引起社會大眾的普遍關切；其實，犯罪之前總有一些徵兆，如能及早加以注意防患，可使問題減輕。然而，犯罪行為究竟只是異常行為中的特例而已，教育與輔導工作人員應把眼光擴大到更大的不良適應行為層面，全面設防；把重點放在較小的行為裂縫，防微杜漸。「從大處着眼，從小處着手」，如此才不致於造成「頭痛醫頭，脚痛醫脚」之現象。

第五節　輔導的基本策略

輔導目標的達成，需要有效的計畫與策略。輔導策略的發展，隨著個人與社會需要的變遷，逐漸趨向系統化與多元化。茲分就輔導計畫與輔導策略加以說明如下。

壹、輔導計畫基本模式

今日輔導的需求已不限於消極的「補偏救弊」或對當事人的直接輔導。其層次已擴展到三個層次：初級預防（一般預防，著重發展性）、次級預防（早期發現與矯治）與診斷治療（危機調適）；其對象也不止於當事人（直接式），並兼及其所處環境（家

庭、學校、社區）和重要他人（父母、師長、友伴），形成如圖1－3以輔導需求為建構基礎的輔導計畫基本模式：

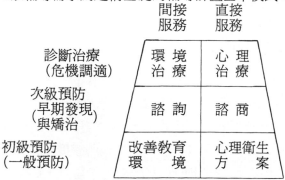

間接　　直接
服務　　服務

診斷治療　　環境　心理
（危機調適）　治療　治療

次級預防
（早期發現
與矯治）　　諮詢　諮商

初級預防　　改善教育　心理衛生
（一般預防）　環境　方案

←受輔人數→

圖1－3　輔導計畫基本模式

（引自吳武典，民74，頁43）

　　在初級預防計畫裏，對象以一般正常的青少年為主，設計一些適當的教育活動或提供一些對成長有益的經驗，以增進學生因應問題的能力或改善環境品質，如舉辦心理衛生座談（直接式）或教師輔導知能研習（間接式）。其目的在使青少年由自知而增進自我調適的能力，增進心理健康的氣氛，防患問題於未然。

　　第二個層次「次級預防」，著重在早期發現徵候，及早予以處治，其對象是那些較容易有生活適應問題的青少年，或已有問題但尚屬輕微者，藉著直接接觸（如個別諮商、團體輔導、心理測驗）或父母和教師的合作（如透過諮詢電話、親職講座），以減少不良事件的發生或減輕問題的嚴重性。

　　第三個層次「診斷與治療」，著重在危機的調適，其對象是那些已出了問題，而且問題相當嚴重的青少年。如將他們安置在特

殊的環境接受特殊的課程（環境治療），或由輔導專家、精神科醫師直接施以個別診治（心理治療）。個案研究與轉介治療，均屬於此一層次的服務。

貳、輔導策略的運用

輔導策略的運用，目的在完成前述各項輔導計畫。在助人技巧方面，沒有所謂的「萬靈丹」，也沒有萬能的輔導機構。因此，在尋求助人策略時，必須採取多元模式，而不拘泥於學派門戶之見。務期針對當事人最大的需要（問題），提供他所能接受的最適切的服務（方式），予以最有效的處理（策略）。換言之，形成如圖1－4的輔導策略基本模式：

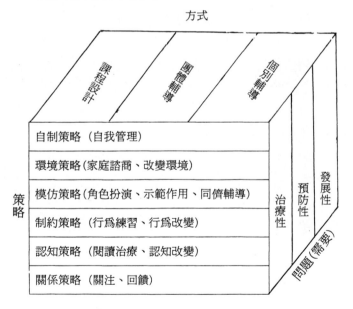

圖1－4　輔導策略基本模式

（改自吳武典，民74，頁48）

　　這個模式的第一個向度是「問題」或「需要」。所謂「問題」，事實上是指個人基本需求（生理、安全、愛與隸屬、自尊、自我實現等）不能得到滿足而採取的偏差的適應方式，故與「需要」是一體兩面，此已如前所述。問題（需要），可從不同的觀點加以分類，如在學校輔導上習慣採取教育、生活、職業（廣義則為生涯）的三分法；救國團「張老師」的分類系統多年來採用八大類：(1)健康問題，(2)課業問題，(3)職業問題，(4)家庭問題，(5)情感問題，(6)其他人際問題（屬於家庭與兩性情感之外者），(7)人生觀，(8)其他（如違規犯過、犯罪等）（參見吳武典，民74，頁47～50）。此處筆者採用發展性、預防性與治療性三層次的觀點加以分類，一方面為便於與前述圖1－3輔導計畫基本模式互相呼應，另一方面則因此種分類較有層次性與統整性，可擴大輔導的層面，且符合以「個人」（individual）為重心的策略設計。至於這三個層次問題（需要）的意義，已如本章第一節之三、輔導的重要性前三點，及第五節之一輔導計畫基本模式所述，茲不贅言。
　　第二個向度是輔導的方式。包括個別輔導、團體輔導及課程設計等直接或間接與當事人接觸的方式。在個別輔導方面，有個別諮商或晤談、個別諮詢、函件或電話輔導、家庭訪視、個別測驗或評量、個案研究、轉介輔導等；在團體輔導方面，有團體諮商、團體諮詢、團體討論、團體測驗、團體遊戲、團體工作、演講座談、參觀訪問、電影幻灯欣賞等；至於在課程設計方面，則配合各科教學和各種教育情境（如聯課活動、訓導活動、團體活動、級會活動）融入輔導的方法和內涵；甚至單獨設計班級輔導

活動或心理學、心理衛生課程。

　　第三個向度涉及助人的基本策略。包括關係策略（關注與回饋，所謂「同理心」）、認知策略（閱讀治療與認知改變）、制約策略（行為練習與行為改變）、模仿策略（角色扮演、示範作用、同儕輔導）、環境策略（家族治療、改變環境）自我控制策略（自我管理）等。茲分別說明於後。（參見吳武典，民74，頁53～56）：

1. **關注 (positive regard)**

　　輔導人員對任何受輔者，第一步是無條件的接納與關懷，尊重他的人格，敏覺其需求，以無限的愛心、耐心和誠懇、親切的態度與當事人建立良好的關係。

2. **回饋 (feedback)**

　　輔導人員要作為當事人的一面「明鏡」，引導當事人做自我探索，以達於自我瞭解。他首先要作一個良好的「傾聽者」，然後隨時作必要的回應。回應時，他要表現出尊重、溫暖、坦誠等特質，並且要運用「同理」(empathy)、具體、立即、面質等技巧。

3. **閱讀治療**

　　推介優良兒童與青少年讀物，並編印書卡、刊物，開闢輔導專欄等，以供兒童與青少年閱讀。在團體輔導中，安排書報討論，各人交換心得，可收到益智、怡情與交友之效，並有助於態度改變。

4. **認知改變 (cognitive change)**

　　對於由於「思想短路」而導致行為偏差或情緒困擾的當事人，輔導人員應用認知改變策略，恢復當事人合理的思考。在建立關係之後，使用教導、暗示、說服、面質等方法，以消除

其非理性的概念，進而導致情感與行為的改變。

5.行為練習 (behavior exercise)

　　對於一些缺乏自信與行動勇氣的人來說，最需要的莫過於行為練習了。在此情形下，輔導人員指定一些行為作業（如每天至少需主動向別人打十次招呼）並予以督導和鼓勵，以促進當事人的「自我肯定」。

6.行為改變 (behavior modification)

　　應用獎賞原則以「塑造」(shaping) 或增強良好的行為，應用懲罰法、隔離法、嫌惡法 (aversion method)、消弱法 (extinction)、系統減敏法 (systematic desensitization) 等以消除不好的行為或情緒，這在心理治療上相當普遍。一般而言，輔導工作應用積極增強者較多，其餘僅偶爾用於個案治療上的需要。

7.角色扮演 (role – playing)

　　此一策略在學習團體、生涯（職業）輔導、育樂營及社區青少年輔導中，最常被使用。在自然、自發的氣氛下，演出希望的、害怕的或衝突的角色行為，對個人的心理成長，往往構成很大的衝擊；藉著角色扮演亦可以體會或學習新的角色經驗，增進社會適應能力。廣義的角色扮演可包括心理劇 (psychodrama) 與社會劇 (sociodrama)。

8.示範作用 (modeling)

　　輔導老師本身就是兒童與青少年的榜樣。輔導人員時時受到提示要嚴守輔導工作者的職業道德，如保密、公正、熱忱、守信等，即是要起示範作用。輔導人員以身作則，表裏如一，誠懇待人，不但可獲得當事人的信賴，對於當事人的行為亦有

潛移默化之用。

9. 同儕輔導 (peer guidance)

　　同輩團體往往是青少年認同的對象,過強的外控力量,反而容易引起青少年的反感。輔員人員應深切了解青少年此種心理,盡量利用同儕資源,了解團體動力,並取得「有力分子」的合作,予以適當訓練之後,賦予任務,實施「青年帶青年」「青年教育青年」的辦法,以發揮同儕正向影響力,並補輔導人力之不足。在兒童的學業與適應之輔導上,此一策略亦同樣適用。

10. 家族治療 (family therapy)

　　或謂之「家庭諮商」(family counseling)。通常是約請家長與子女同來晤談,利用團體輔導技術,增進家庭中父母與子女的溝通與了解。

11. 改變環境 (environmental change)

　　包括「中途之家」之類的暫時性安置,協調學校和家庭實施調校、調班、離家住校或離校住家。當然更包括設計週末營或夏 (冬) 令營活動,讓青少年在新環境中體驗新生活。在特殊教育上的資源教室、特殊班、特殊學校等之安置措施,亦是藉以適應個別差異。

12. 自我管理 (self－management)

　　這是一種提昇當事人主動參與助人歷程的策略,希望發揮當事人求好、求上進的動機,提供最少的限制、最大的機會,讓當事人學習自我控制、自我指導,以達到輔導的最終目的——自立自助。此策略要求當事人作自我觀察、自我增強、自我監督和自我評鑑。

〈本章摘要〉

輔導工作基於需要而產生，它是一種助人的歷程或方法，由輔導人員根據某種信念，提供某些經驗，以協助學生自我了解與充分發展。在教育體系中，它是一種思想（信念），是一種情操（精神），也是一種行動（服務）。它與教育、諮商、心理治療同爲助人專業，但在範圍和程度上有所不同。無論從潛能發展、生涯發展、心理衛生或社會文化的觀點，均可見其重要性。其服務內容包括衡鑑、資訊、諮商、諮詢、定向、安置、延續、研究等項。

輔導工作與靑少年身心發展關係至爲密切。從事輔導工作，必須掌握靑少年的身心需求，包括生理變化的適應、獨立性格的養成、自我影像的追尋、潛在能力的發展、社會關係的擴大、與異性朋友的交往等；進而協助其解決可能的心理困擾，包括煩惱不安、敵對反抗、缺乏自信、性的專注、逃避現實、升學的壓力、代溝的衝擊等。

在變遷的社會裏，輔導人員必須了解現代社會的特徵，包括變遷迅速、知識爆發、多樣變化、機會均等、講求互惠、人情淡薄、家庭失重、精神退化等；進而因應靑少年在自我發展與環境調適上的課題與難題。

輔導有其基本信條，本章提出十大原則：(1)以了解學生爲基本前提；(2)以人格發展爲第一要務；(3)目的在助人自助；(4)強調合作，不用強迫；(5)尊重個人尊嚴、價值與選擇權；(6)強化溝通；(7)順應時代潮流；(8)持續的輔導；(9)適應個別差異；(10)預防重於治療。

輔導目標的達成，有賴於良好的計畫與策略。本章提出以當

事人需求爲核心的輔導計畫與輔導策略基本模式，期能擴大輔導的層面，增進輔導的深度。從發展、預防與治療三方面滿足當事人的需求，以個別、團體與課程三種方式進行設計，運用各種輔導策略，包括關係策略（關注、回饋）、認知策略（閱讀治療、認知改變）、制約策略（行爲練習，行爲改變）、模仿策略（角色扮演、示範作用、同儕輔導）、環境策略（家庭諮商、改變環境）、自制策略（自我管理）等來幫助當事人自我實現或解決問題。

〈討論問題〉

1. 試以「輔導是……」與「輔導不是……」說明你對輔導的看法。
2. 我國固有教育思想與實際裏，那些符合現代輔導的精神與做法？那些不符合？試列舉幾項加以說明。
3. 就個體的身心發展言，那些問題特別需要輔導工作的協助？
4. 就社會變遷中的青少年問題言，那些特別需要加強輔導？
5. 學校輔導工作應著重於診斷與治療還是發展與預防？
6. 試就本章所提輔導基本原則中，列舉三項加以申論或檢討。
7. 試就本章所提輔導基本策略中，列舉三項加以申論或檢討。

〈本章參考文獻〉

吳武典主編（民69）：**學校輔導工作**。台北，張老師出版社。

吳武典（民74）：**青少年問題與對策**。台北，張老師出版社。

吳武典（民76）：**散播愛的種子─輔導的理念與方法**。台北，張老師出版社。

吳武典（民77a）：社會變遷中的個人心理衛生。**空大學訊，20期，**33～35頁。

吳武典（民77b）：幫助青少年渡過快樂的青春期（上）（下）。**空大學訊，26期，**52～56頁；**27期，**52～53頁。

張春興（民69）：**青年的認同與迷失**。台北，學海出版社。

Arbuckle, D.S. (1966). *Pupil personnel services in the modern school.* Boston: Allyn & Bacon, Inc.

Chaplin, J.P. (1985). *Dictionary of psychology.* (2nd ed.) New York:　Dell Publishing.

Fromm, A. (1967). *Our troubled selves: A new and positive approach.* New York: Ambassador Books.

Hurlock , E.B. (1973).*Adolescent development.* (4th ed.) New York: McGraw－Hill Book Company.

Jones, A.J. (1970). *Principles of guidance.* (6th ed.) Revised and updated by B. Stefflre and N. Stewart. New York: McGraw－Hill Book Company.

Maslow, A.H. (1954). *Motivation and personality.* (2nd ed.) New York: Harper & Row.

Mortensen,D.G., & Schmuller, A.M. (1976).*Guidance in*

today's schools. (3rd ed.) New York:John Wiley & Sons.

Peters, H.J., & Farwell, G. (1967). *Guidance:A developmental approach.* (2nd ed.) Chicago: Rond McNally & Company.

Rogers, C. (1951). *Client－centered therapy: Its current practice, implication, and theory.* Boston: Houghton Mifflin Company.

Shaw, M.C. (1973). *School guidance systems.* Boston: Houghton Mifflin Company.

Shertzer, B., & Stone, S.C. (1981). *Foundamentals of guidance.* (4th ed.) Boston:Houghton Mifflin Company.

第　二　章
輔導學的歷史與發展

溫怡梅・陳德華

● 美國輔導學的歷史與發展
● 輔導學發展的主要影響因素
● 中國輔導學的歷史與發展

　　輔導學起源於美國，在十九世紀末期肇始，而發揚於二十世紀。從輔導學近百年的歷史中，我們可以看出其快速成長的現象。介紹輔導學的歷史，自然脫離不了美國。本章將先就美國輔導的發展做介紹，同時探討與其發展有關的影響因素。最後再簡單介紹我國輔導學發展的歷史，希望藉著相互的對照，能對我國輔導學今後發展之方向，有所啓示。

第一節　美國輔導學的歷史與發展

　　不難理解，美國這一個新興國家，強調「民主」、「個體發展」，正是輔導學孕育的必備條件。所以輔導學源於美國，亦發揚於美國。J.M.Brewer（1942）指出：美國社會存在的四種狀況，爲有利輔導學發展的原因，此即「勞動力的分化」、「工業技術的成長」、「民主政治」以及「職業教育的擴張」。

　　歷史本是延續不斷的，所以任何將歷史作階段的劃分，均不免有主觀的成份。但此種劃分，卻有助於讀者的了解。本章亦將簡略的把輔導學的歷史，分成幾個階段介紹。從圖2-1可粗略看出輔導學在美國發展的情形。

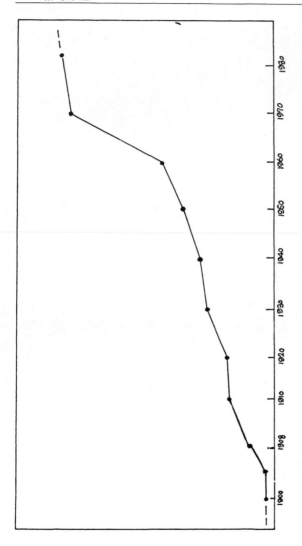

圖2-1   美國輔導學擴展之時間曲線圖

階段一：輔導學的開創期（1908－1958）

　　輔導學運動之早期以職業輔導爲重心。1894年舊金山加州工藝學校（California School of Mechanic Arts）在George Merill領導下推行職業輔導工作，事實上已具備輔導的意義。但R. F. Aubrey（1977）却將輔導在工業機構開始的年代定爲1898年。而對於輔導學的發展最具意義的年代，應是1908年，一般人總喜歡以這一年，代表輔導學的開端。在這一年，Frank Parsons在波士頓市創設職業局（Vocational Bureau），此舉導引美國輔導學發展的潮流，因此至今有人尊稱F.Parsons爲「輔導學之父」。

　　任何學術之肇始，都有它的時代背景，輔導學亦然。在二十世紀初期的美國社會狀況有助於輔導學的萌芽。根據新聞記者、作家、詩人等對當時美國社會狀況的描述是：農村的問題、新興的城市、移民、政治的腐化、財富的聚集以及其他許許多多的問題，導致許多人對這些社會不公平及經濟失調的現象，深感不滿而要求進行改革。許多慈善性的團體紛紛成立，試圖根本上解決社會上的貧窮與罪惡。同時一項「保護兒童」的全國性運動，也正展開。在那個時代裡，全美國大約有五十萬的兒童仍然在工廠或礦坑裡工作，也有更多的兒童深夜仍逗留街上擔任送報、送信、擦鞋等工作，這些下一代需要社會的救助。如何停止童工的濫用，如何給予這些兒童或青少年適當的教育，以確保他們的健康及品德，均是迫切的問題。

　　輔導學就在這種時代背景的推動下產生。無疑的這些社會問題的產生，皆拜工業革命之賜。因此輔導運動便開始於一些工業迅速擴展的城市，像底特律、紐約、芝加哥、波士頓等。除了Parsons

創設於波士頓的職業局指引年輕人尋找適合自己的工作外。J. B. Davis於1907年接任密西根Grand Rapids中學校長時，在每週的英文作文課裏，從事「職業與品德輔導」(Mathewson, 1962)，對於將輔導納入正式學校教育體制，影響至為鉅大。大約在同一時間，E. Weaver也把輔導帶進了紐約的學校。1911年繼Parsons主持職業局的Meyer Bloomfield，在哈佛學院開設第一個有關輔導學的課程，準備培育未來的輔導人員。此外許多地區像猶他州的鹽湖城、內布拉斯州的林肯市、加州的奧克蘭、明尼蘇達州的明尼阿波里市、俄亥俄州的辛辛納提市等都已開始推展各項輔導計畫。

對輔導運動發展貢獻最大的便是全國職業輔導協會 (National Vocational Guidance Association，簡稱NVGA) 之組織。1910年全國職業輔導會議於波士頓召開，該項會議乃為提供輔導人員相互交換意見之機會，並成為一經常性的會議。1913年經由會議之決議，在密西根設立一常設的全國性組織NVGA。推定人員負責執行有關業務，並擴大輔導的內容，將有關教育、職業、生活和社會的輔導均納入範圍。

1915年NVGA發行職業輔導學刊 (Vocational Guidance Bulletin) 對於輔導學專業地位之建立，影響甚大。1933年舉辦全國職業會議 (National Occupational Conference)，出版職業索引 (Occupational Index) 及其他有關輔導書籍。1952年NVGA結合其它的人事組織 (personnel organizations) 擴大組成「美國人事與輔導協會」(American Personnel and Guidance Association,簡稱APGA)，到1980年APGA所屬會員已接近四萬人。APGA除出版有「人事與輔導雜誌」(Personnel and Guidance

Journal) 外，各分會亦有其專屬之刊物出版。

　　1985年起，APGA經會員投票公決改名爲美國諮商與發展協會 (American Association for Counseling and Development; AACD)，強調其專業化的組織功能。其代表性期刊亦更名爲 Journal of Counseling and Development。其會員至1989年已超過五萬五千人，分屬於其所轄之十五個分會：

(1)美國大學人事協會 (American College Personnel Association,簡稱ACPA)

(2)諮商員教育與視導協會 (Association for Counselor Education and Supervision,簡稱ACES)

(3)全國生涯發展協會 (National Career Development Association,簡稱NCDA)

(4)人文教育與發展協會 (Association for Humanistic Education and Development,簡稱AHEAD)

(5)美國學校諮商員協會 (American School Counselor Association,簡稱ASCA)

(6)美國復健諮商協會 (American Rehabilitation Counseling Association,簡稱ARCA)

(7)諮詢與發展之測量與評鑑協會 (Association for Measurement and Evaluation in Counseling and Development, 簡稱AMECD)

(8)全國職業諮商員協會 (National Employment Counselors Association,簡稱NECA)

(9)複文化諮商與發展協會 (Association for Multicultural Counseling and Development, 簡稱AMCD)

(10)諮商中宗教與價值論題協會 (Association for Religious and Value Issues in Counseling, 簡稱ARVIC)

(11)團體工作者協會 (Association for Specialists in Group Work, 簡稱ASGW)

(12)觀護人協會 (Public Offender Counselors Association, 簡稱POCA)

(13)美國心理衛生諮商員協會 (American Mental Health Counselors Association, 簡稱AMHCA)

(14)軍事教育者與諮商員協會 (Military Educators and Counselors Association, 簡稱MECA)

(15)成人發展與老化問題協會 (Association for Adult Development and Aging)

階段二：輔導學的興盛期 (1958-1968)

在此一階段的十年間，是輔導學發展最為快速的時期，聯邦政府所提供巨額經費的支援形成一股巨大的衝擊。這十年之間，美國社會瀰漫著一股低落的氣氛—不滿、猜忌、不安，混合而成一種高度的期盼，因此聯邦政府試圖在參與越南戰爭的同時，制定一項強而有力的輔導計畫，以消滅貧窮與混亂。

在1960年代，有兩個主要的因素導致輔導快速的成長。

第一個因素是：在那段期間，瀰漫著暴力與反人性的習尚，人們普遍對現實感到不滿，而企望從迷失的自我與社會中尋求自我的認定：了解自己是誰？我能做什麼？因此增加了對輔導員的需求。

第二個因素是：在1950年代末期與1960年代初期，公衆對

教育的觀念有兩項重要的改變。首先是在這十年間的初期，視教育為國家防衛的觀念。由於蘇俄在太空競賽上的領先，因此教育機構被要求必須負起鑑選並培育資優及特殊科學才能人員的責任，以保障國家的安全。1958年通過的國防教育法案（The National Defense Education Act,簡稱NDEA）其中第五項「輔導與測驗、發展與獎勵資優學生」所列經費高達二千一百二十五萬美元。其次，在1960年代中期，對教育觀念的改變是將教育視為社會重建的工具。這兩項教育觀念的改變，刺激美國輔導機構與人員的急速擴增。

最明顯的是，在這十年間雇用輔導人員的學校或其它機構顯著增加，連帶的在輔導人員訓練方面也有所改變。對於加強自我訓練的團體，像敏感性團體（sensitivity groups），學習團體（T－Groups）和會心團體（encounter groups）等，均有顯著增加。同儕輔導員及其它專業性人事工作者在許多教育與非教育機構中接受訓練與嚴格的督導。第一個利用電腦設計的輔導課程在1965年發展出來，此課程著重在加強心理學的教育與生涯教育，同時明確陳述並檢討輔導執行的目標。總之，這十年是輔導學歷史上極重要的時期。

階段三：輔導學的立法期（1970－1980）

在1970年代，美國教育部重新建立輔導與諮商專責機構，並擁有獨立的預算。Bryan Gray被任命為負責人。1979年從越南戰爭中退役的軍人，透過「美國退役軍人管理局」(Veterans Administration) 之努力，在「退役軍人健康照顧修正法案」(Veterans Health Care Amendments, 1979) 獲得諮商服務。美國退役軍

人管理局並計畫在1980年結束時，要求所有擔任諮商的心理學家
都必須領有執照。

　　1972年通過之第九號教育修正法案，使美國婦女掙脫了傳統
對女性的束縛及經濟的不平等現象，根絕了諮商的大男人主義，
而取得平等地位。

　　在1970年代，有三個州—維吉尼亞、阿拉巴馬和阿肯色通過
諮商人員執照制度的立法。但佛羅里達州和阿拉斯加州檢討其現
有執照制度的法律，發覺未具實質效用，而廢棄了心理學家的執
照制度。諮商人員為爭取其專業地位，聯合社會工作者（social
worker）共同爭取諮商人員執照制度的立法而努力。這也是在輔
導領域中，此二者首次共同攜手合作。

　　APGA和聯邦教育部中輔導與諮商負責機構合作進行一項有
關輔導方面的全國性調查，負責撰寫該項調查報告的Edwin　L.
Herr（1979）展現其豐富的想像技巧，為輔導學呈現一個主要的
里程碑。在這一調查報告中呈現了輔導學的過去、現在以及將來
的遠景。另外APAG的一個分會「諮商員教育與視導協會」
（ACES）也開始進行一項有關對輔導員訓練機構資格認定的計
畫，進行對要求認定機構的訪視，同時專業的諮商也突破了傳統
的領域而進入公共衛生機構、醫院、工商企業界等非學校機構。

　　對於特殊團體的關注，而成為輔導工作中的一環，也是在
1970年代所促成。這些特殊團體的個人像婦女、少數民族、資優
及殘障者均需要別人給予特別的幫助。1975年聯邦立法通過的
「殘障兒童教育法案」（The Education for All Handicapped
Children Act,簡稱94－142法案），要求學校對這些處於不利地
位的殘障兒童提供特殊服務，並儘量避免造成隔離，而使其回歸

主流，個別教育計畫（Individual Educational Plan,簡稱IEP）
乃應運而生。94－142法案對輔導主要的影響是它明確指出在對
這些特殊兒童本人及其家長提供服務的行動中，輔導人員所應扮
演的角色與功能。

　　在這十年間，另一顯著的焦點即是生涯教育（career educa-
tion）以及諮商人員在生涯教育所扮演的角色。聯邦、各州乃至地
方政府均增加經費上的支援，提供作爲生涯發展的計畫；尤其重
要的，透過「生涯輔導與諮商法案」(Career Guidance and Coun-
seling Act, 1975)及「生涯教育激勵法案」(Career Education
Incentive Act, 1977)，主張對個人生活提供生涯的輔導。

　　在1970年代，許多地方學區面臨嚴重的財政緊縮壓力，導致
許多教師及諮商人員被解聘，輔導的實際績效如何亦面臨考驗。
因此，諮商人員增加了一項工作，他們必須試圖對其所屬的不同
社會大衆解釋輔導工作的價值所在，及其實際工作績效。

　　無論如何，從這些事件，可看出輔導學在這一時期的突破，
尤其重要的，這也是輔導學朝前發展的預兆。顯然地，在專家們
高度能力與敏銳知覺的引領下，這些計畫在1980年代仍持續下
去。

　　以上敍述輔導學歷史發展的三個階段—開創期、興盛期、立
法期，並分別說明各階段所發生的重要事件。無可置疑的，若想
了解輔導學的起源與發展，而不探究與其有關的文化、社會和哲
學的背景，必然不夠週全。以下將介紹影響輔導學發展的主要因
素。

第二節　輔導學發展的主要影響因素

Traxler (1957) 指出對輔導學的孕育與擴展有所貢獻的五項主要因素是：

一、博愛與人道主義

人道主義的運動在十九世紀末期與二十世紀初期頗為盛行，對於輔導的擴展產生激勵作用。早先來到各城市的移民者，由於經濟和語言的不利狀況被迫進入貧民區，而且往往他們僅能獲取菲薄的工資。人道主義者的精神，表現在他們對人類幸福的關切及對於這些缺乏幸福的人在實際上所施予的幫助。博愛主義者以實際行動幫助改善這些狀況，同時他們在1908年提供經費，在波士頓幫助建立了Parsons的職業局。Traxler指出：博愛主義與人道主義者深信如果這些不良適應的人，能獲得幫助，尤其是獲得職業上的幫助，則我們社會必能獲得改善。而他們也認為要進行這種改善的工作，必然要從學校著手。

二、宗教

宗教人士經常將我們的世界解釋為長期處在善與惡兩種力量的衝突中，因此學校的工作便顯得更重要，它必須引導人們去準備迎接道德的生活。其他的團體亦施加了它們的影響力，從而刺激輔導運動的發展。

三、心理衛生

Clifford　Beers在1908年出版「我尋回了自己」（A　Mind That Found Itself）一書，喚起大眾對心理衛生的重視。1909年，一個有關心理衛生的民間團體「全美心理衛生委員會」（National

Committee for Mental Hygiene) 成立(1910年改名爲全美心理衛生協會，National Association for Mental Health)。這個協會在初期，正如人道主義者的計畫，試圖爲嚴重心理困擾者提供服務，改善他們的生活狀況。他們也重視運用心理學的觀點，來處理這些心理困擾的個案。到了後期，這個委員會把他們的注意轉移到較輕微的心理困擾者身上。他們確認，心理失調乃因社會的限制所造成，而且這些失調者必須給予治療，因爲愈早期發現愈容易治療。因此心理衛生的觀念導致教育必須對潛在於年輕人自我迷亂的危機，更具有敏感性。

四、社會變遷

兩次世界大戰、失業、經濟不景氣、工業技術提昇、童工法、強迫性義務教育等種種因素的衝擊，使得數以千計進入學校的年輕人，對於自己的前途不抱任何希望，也不清楚自己所爲何來。社會變遷導致課程範圍的擴充，因此需要加強對個人的關注，以幫助個人運用他們的資質，充分利用學校以及校外複雜環境的資源，找出自己應走的方向。而輔導員即是被期望能提供這種幫助的人，否則這些學生很可能在求學期間，遭受挫折。

五、「學生是一完整個體」的運動

此一運動與測驗、測量運動有密切的關係，由於一般人逐漸體認到學校有義務視每位學生爲獨立的個體，尊重其價值與尊嚴，且應透過學校各種資源以求對每位學生做最大的了解，因此更加速輔導的推展。再者輔導工作是全面性的，而輔導人員又不可能認識所有的學生，以提供必要的協助，因此學校有必要以系統化的方式逐年蒐集有關每位學生的資料。

除了Traxler所提前述五項影響因素外，對於輔導學的發展，

有重大影響的因素尚有：

六、測量運動

　　1890年J. M. Cattell在他發表的文章裡，首先引用「心理測驗」(mental test) 一詞。1905年比奈西蒙智慧量表問世，測驗的觀念獲得實徵的成果。十一年後，L. M.Terman發表了修訂版，並以美國兒童建立標準化常模。在1920年代，測驗運動不限於個別測驗(如斯比量表)的發展；在團體測驗方面，「陸軍甲種測驗」(Army Alpha Test) 首度大規模地被使用。第一次世界大戰結束後，客觀的測驗逐漸受到大眾的喜愛。測驗運動對輔導發展幫助很大，因為它強調，如果要從事個別輔導，必須有系統的蒐集並善加運用有關該個體的資料。

七、聯邦政府的支持

　　美國國會於1929年通過喬治—黎特法案 (George–Reed Act)，1934年通過喬治—埃爾載法案(George–Ellzey　Act)，1936年的喬治—狄恩法案 (George–Dean Act) 以及1946年的喬治—巴登法案 (George–Barden Act) 均與職業教育有關，並為州教育行政中成立職業資料與輔導工作的部門，開闢了一條道路。1938年美國聯邦政府教育署成立「職業資料與輔導服務處」(Occupational Information and Guidance Services Bureau)，負責人是Harry Jaeger，該機構之出版物與研究報告均致力於宣揚學校輔導工作的重要性。

　　1958年的「國防教育法案」對輔導領域產生極大影響。本來在該法案第五條第一項規定每年提供一千五百萬美元，作為地方學校加強輔導工作之用，第五條第二項則每年提供近七百萬美元給予各大學中實施輔導人員訓練的機構。其後1968年修正了

1963年通過的「職業教育法案」（Vocational Education Act）以及1968年公布的「教育專業發展法案」（Education Professions Development Act），由聯邦政府提供財源作爲輔導人員儲備與雇用之需，而減少了從「國防教育法案」所提供對於輔導的特殊性指定補助。

在1970年代，聯邦政府以財力支援輔導人員的雇用，其範圍包括生涯教育、職業教育、犯罪防治、綜合訓練、就業輔導、高等教育等。

八、當事人中心治療

非指導派治療或稱當事人中心治療（Client-Centered Therapy）曾經對輔導的發展產生重要影響。其創始者Carl R. Rogers對於早期輔導所採用的高度指導性與介入的方法，以及輔導人員的權威態度作了極大的修正，此派治療使輔導人員注意到他們所面對的是具有獨特性的個體，基於這個事實，輔導人員所需處理的是「人」，而非「問題」。此種理論指出任何類型輔導計畫，不論是職業方面、人際交往方面或個人價值方面，均有其複雜性。尤其重要的，此派治療對於各種輔導人員在諮商過程與技巧方面的知識，提供了很大的幫助。

上述這些因素，究竟對輔導的發展產生了什麼影響？顯而易見的便是在數量方面的擴充。例如：在1917年估計大約僅有五十位學校輔導員，到1958年數量已增加到一萬二千位。而到1979年更增加到五萬名左右。經費方面，聯邦政府對輔導的支援亦有顯著增長，1936年喬治—狄恩法案，聯邦政府提供大約二百五十萬美元給各州作爲職業輔導與輔導工作之用，而從1959年到1969年，聯邦政府支援各州及地方發展輔導與諮商的經費，大約已達

一億八千七百萬美元。

在輔導人員訓練機構方面，1910年時，僅有波士頓職業局一處，到1957年，已經有二百一十二所大學提供輔導人員訓練課程，而到1980年，又增加到有四百七十五個訓練輔導人員的機構。

有關各州對輔導人員的檢定制度，可說是專業化成長的一項指標。1920年尚無任何一州有輔導人員的檢定制度，1953年時已經有三十七個州建立了此種制度，而到1979年，在五十五個州及特區中已有五十三個建立了對輔導人員所要求的最低限度標準。

除了在數量上的擴充影響外，輔導的觀念與功能上亦有所改變。輔導已不像過去僅關注於職業的追求，而是包含年輕人所有發展上的問題。輔導計畫已被視為整個學校教育中不可或缺的一環。

在其他方面，尚包括肯定了輔導必須依賴所有專業人員共同合作進行，而非僅靠學校輔導人員；在輔導的領域上，也從過去的中等學校擴充到包括從幼稚園到高等教育所有教育階段，甚至包括對於面臨職業選擇困擾或退休而對未來感到迷惘的成人所提供的協助。

第三節　中國輔導學的歷史與發展

輔導運動在我國的發展較慢，輔導的觀念普遍被接受，乃為近十數年之事，然而輔導觀念的萌芽，在我國並不比美國晚，民初已有了推展輔導工作的努力，然而我國並不如美國具備輔導發展的優厚先天條件，再加上戰亂的影響，使我國輔導的歷史，留

下廿餘年的空白，殊屬可惜。近年來，由於政府與民間共同的體認，我國的輔導運動蓬勃發展。以下將就我國輔導學發展的歷史，區分爲幾個階段介紹（宋湘玲等，民72）：

階段一：輔導學的起源期（民初—民43）

正如美國輔導學的歷史一樣，我國的輔導亦從「職業輔導」肇始，而其產生之背景有二：

(1)由於社會結構之改變，由農業社會逐漸邁向工業社會，對於職業輔導產生迫切的需求。

(2)民國十年左右，我國教育界爲一批從美國留學回來的學人所主掌，帶進了美國教育思潮，也引進了輔導的觀念。

民國五年北平清華學校在校長周詒春先生的倡導下，首先實施職業輔導工作，輔導學生了解個性所在，選擇適宜的職業學科（江恆源、沈光烈，民36）。而對此一階段輔導運動影響最大的便是民國六年所成立的「中華職業教育社」，該社由伍廷芳、梁啓超、張謇等人所發起，明示設立的宗旨，在使「無業者有業，有業者樂業」。由於當時我國教育內容與職業型態，未能配合，所以職業輔導爲一般國民所迫切需求。該社爲當時全國職業教育之唯一特設機關，所推展的工作與美國Parsons在波士頓所創職業局極爲相似，著重職業調查與學生性向、興趣調查，以及此二者之密切配合。該社主要的成就包括：

(1)民國八年，於教育與職業雜誌中出刊「職業指導」專號。

(2)民國九年，開辦「職業指導部」。

(3)民國十一年，特設「職業指導股」，出版職業指導專書，並組織「職業指導委員會」，延請專家共同研究輔導發展事

　　宜，一方面調查職業種類及各校教育內容，以供擇業者之
參考（莊澤宣，民36）。

(4)民國十三年，在南京、上海、武昌、濟南等地發起職業指
　　導運動。

(5)民國十六年，成立「上海職業指導所」，而後又在南京、廣
　　州成立職業指導所，並出版升學、就業指導叢書多種。

　　由於該社的努力，我國輔導運動在當時已粗具規模。

　　民國十一年，教育部公布學校系統改革令，採行倣自美國的
新學制系統，確立了職業教育的地位。在課程上亦加強職業指導
之功能。小學方面，注重職業陶冶，灌輸職業內容的簡單意義，
視職業陶冶為普通教育的一環，以期建立正確的職業觀念，於練
習手工、圖畫外，並重視將來從事職業的準備，培養兒童發表的
能力，使兒童知道如何練習技能，如何應付環境，俾將來無論從
事何業，皆有職業訓練的基本知識，以應所需。在中學方面，高
中採分科選修制，以利實施輔導，此外各科課程儘量與職業有實
際聯絡，寓職業訓練於普通課程之中，部分學校另設「職業指導」
一科，專門介紹各種職業類別，以為學生畢業後選擇職業的參考，
並加強與職業界的接觸，加強職業的實地參觀及實習；專設「職
業指導員」，對外考察職業實況，對內體察學生的個性及境遇，提
供學生必要的輔導協助。總之，在此一時期的輔導運動，以中學
階段推展最為積極，亦最具成效。在大學方面，課程除著重學理
的研究，並培養學生對所研究的專門科目，引起有關專門職業方
面的研究興趣。理想固佳，但實際做法則顯有不足。

　　根據中華職業教育社的調查，至民國十三年為止，推行職業
指導而有顯著成效的學校計有（朱秉欣，民67）：

(1)東南大學附中：初中部設「選科指導」一門，使學生明白高中分科之要旨與內容，作職業演講，並實施各種實際之職業輔導措施。

(2)清華學校：設「職業指導部」，並實施留學生擇業之追蹤調查。

(3)澄衷中學：課程、訓育均注重職業輔導，實施畢業生之就業追蹤輔導。

(4)青年會中學：組織「職業指導委員會」，並與澄衷中學合作實施「一星期職業指導運動」。

(5)南京一中與正誼中學：與中華職業教育社職業指導委員會協同實施職業輔導運動。

(6)中華職業學校：從事分科教學與職業指導，且注重畢業生就業狀況，從事調查。

此一階段初期之工作，幾乎都限於職業輔導方面，實因社會的需求所致。民國十七年五月，全國教育會議通過「設立職業指導所及厲行職業指導案」，由大學院校督導之，可惜該議案一直未付諸實施（江恆源、沈光烈，民36），民國十九年九月全國職業指導機關聯合會成立，以研究各機關共同之職業指問題為宗旨。迨至民國二十二年七月，教育部頒布「各省市縣教育行政機關及中小學施行升學及指導辦法大綱」，二十四年八月頒布「實施中小學學生升學及職業指導之必要與其方法之說明」（多賀秋五郎，民65），輔導工作內容方延伸至教育輔導之層面。

民國二十五年一直到大陸淪陷，此段時期，戰亂遍地，政府所能為者，僅限於消極性的實施對各地流亡學生的安置與輔導，輔導學術方面之發展，幾至完全停頓；而相對的，此一時期正是

美國輔導學興盛走向的時期。

　　大陸淪陷後，政府遷台，到民國四十三年，政府爲加強對各地返國就學的僑生之照顧，輔導運動方重新開展。

階段二：輔導學的試驗期（民43—民56）

　　民國四十三年間，返國就學僑生人數驟增，此等二十歲以下的青少年，遠離父母初抵祖國，人地生疏、語言隔閡，而發生嚴重的生活適應與學習方法上的困難。當時教育部僑民教育委員會負責人蔣建白先生，依其早年在美國留學研究輔導之心得，而規劃僑生輔導工作，針對學業補救，品德行爲與生活適應各方面給予協助，由於成效顯著，而引起普遍的重視，爲我國輔導學的發展，再現新機。此一時期，一方面定期舉辦輔導工作研習會，培養輔導專業人員；一方面選送若干教育行政人員，及大、中學教師赴美進修輔導理論與實務。並發行「輔導研究」月刊，供各校教師研究參考。由於蔣氏對輔導學之貢獻，因之有人尊其爲「中國輔導之父」。

　　此一時期另一件重要大事，即「中國輔導學會」之成立，該學會由蔣建白先生領導，成立於民國四十七年，對我國輔導運動之推展不遺餘力，該學會重要的貢獻計有（朱秉欣，民67）：

一、理論的傳播

　　編譯輔導理論與技術叢書百餘種，發行「輔導月刊」等刊物，出版各種輔導小冊專輯和工作實驗報告，蔚爲學術研究之風氣。

二、人員培訓

　　協助台大、師大、政大等校，辦理「輔導人員訓練班」，由亞洲協會資助，以培養輔導工作人員。民國五十七年，國立台灣師

範大學成立教育心理學系（民77起改名爲「教育心理與輔導學系」），培養中學輔導教師。民國六十年，政府籌設台灣省立教育學院（民78起改制爲「國立彰化師範大學」），首創輔導學系，該學會亦提供了課程設計與教學設施之建議，對專業輔導人員教育體制的建立，貢獻甚大。

三、實驗與研究

民國五十一年起，與台灣省教育廳合作進行「中等學校輔導工作之實驗」，前後二期，計有三十七所學校被指定爲實驗學校；根據該合作計畫，利用暑假，舉辦實驗學校校長及教師之輔導專業訓練，並舉行實驗工作研討會。學期中，則組成巡迴輔導團，由專家組團親赴各實驗學校巡迴輔導，協助解決困難問題，或作專題講演，或作測驗技能講習。

四、推廣服務

接受當時越南政府之要求，協助其訓練輔導行政人員及中學輔導教師，又與台大、師大、政大等校合作，有計畫的編訂各項測驗，以改善輔導工具。民國五十七年，政府實施九年國民教育時，協助擬訂國民中學「指導活動」課程標準，編輯「指導活動」學生手冊及教師手冊，爲國民中學推行輔導工作，奠立良好基礎。

民國五十五年，教育部制定「中等學校加強指導工作實施辦法」，指定實驗學校分年進行實驗。同年行政院成立青年輔導委員會（簡稱青輔會），從事各項青年輔導工作，其後並在各地設置國民就業輔導中心，將輔導工作之對象，擴及社會青年及成人。

總之，此一時期，我國輔導工作，在實驗、摸索中不斷成長，也引導了其後輔導制度的建立。

階段三：輔導學的建立期（民57—現在）

　　由於前一階段試驗期所奠下的基礎，我國輔導制度的型態逐漸展現，前一階段僅係點的嘗試，現在則開始全面的推廣，本階段輔導工作的發展，可分幾方面說明：

一、學校輔導工作

　　民國五十七年一月一日，教育部公布國民中學暫行課程標準，輔導工作在國中全面推展，其後各級學校亦相繼推動輔導工作：

1.國小部份：

　　民國六十四年，教育部訂頒「國民小學課程標準」，增列「國民小學輔導活動實施要領」一項，訂定目標、實施綱要及實施方式，並編訂教師手冊作為實施之參考。實施時不另訂科目進行，亦不另訂時間，而是在各種教學情境及活動中，融入實施。民國六十八年公布「國民教育法」，明訂國民小學應設輔導室或輔導人員，至民國七十三年經甄試合格之第一批國小輔導主任，正式分發各校服務，為國小輔導工作確立了專業之地位。

2.國中部份：

　　民國五十七年實施九年國民教育，創立國民中學，為因應教育的需要，在國民中學暫行課程標準中增列「指導活動」課程，並設置「指導工作推行委員會」，聘用指導教師為執行祕書。其最大特色是透過課程形式專設「指導活動」--科，編印學生及教師手冊，每週排定一小時，以實施有計畫的團體輔導。自此我國輔導工作亦由民間學術團體之倡導，步入

政府有計畫的領導實施。(按,「指導活動」現已改稱爲「輔
導活動」)。

3.高中部份：

　　民國六十年修訂高級中學課程標準時,在課程總綱中增列
輔導工作,並強調其重要性,通令實施,民國六十一年台灣
省教育廳訂頒「高級中等學校指導工作實施要點及活動綱
要」,提供各校實施時參考。民國六十二年教育部又公布了
「高中學生評量及輔導實施要點」,指定師大附中等校先行
試辦,並制定「高中學生評量及輔導實施方案」作爲各校進
行輔導工作的依據。民國七十三年教育部修正公布「高級中
學學生輔導辦法」,規定高中設專任輔導人員,不需授課,專
責辦理輔導工作,並限定三年內完成。

4.高職部份：

　　高級職業學校輔導工作一直都是比照高級中學有關規定辦
理,直到教育部於七十三年三月九日修正頒佈「職業學校規
程」,其中第卅六條「職業學校就學生能力、性向及興趣,輔
導其適當發展,其範圍包括一、生活輔導,二、學業輔導,
三、就業輔導」。第卅七條「職業學校設輔導工作委員會,由
校長兼主任委員,聘請各處室主任及有關教師爲委員。輔導
工作委員會置專任輔導教師,以每十五班置一人爲原則,由
校長遴聘具有專業知能之教師充任之,並由校長就輔導教師
中遴選一人爲主任輔導教師,負責規劃、協調全校學生輔導
工作。」,才使職業學校輔導工作組織員額和工作範圍有明確
的依據。七十四年七月二十日教育部又根據職業學校規程頒
布「職業學校學生輔導辦法」,對輔導工作實施項目和實施方

式有了更詳細的規定。

5. **大專院校部份：**

　　民國六十五年，教育部通令大專院校設置學生輔導中心或心理衛生中心，重點在於心理調適、擇業就業、選課輔導、異性交誼、婚姻選擇、思想氣質等多方面。目的在幫助學生獲得充實的學校生活，建立統整的人格。民國六十九年，公立大專院校學生輔導中心納入正式編制。民國七十一年教育部委託國立台灣師範大學、政治大學、台灣教育學院及高雄師範學院成立四處輔導諮詢中心，分別負起北、中、南三區各大專院校學生輔導工作的諮詢任務，以協助專業輔導工作的發展及服務品質的提昇。

二、輔導人員的培養與進修

　　民國五十六年決定延長國民教育為九年，設立國民中學後，政府即積極訓練輔導工作所需人員，民國五十六年暑假，台灣省與台北市分別在師大與政大訓練首批正式「指導教師」，分發各國民中學，實際擔負指導活動的推動工作。

　　民國五十五年，師大教育系首先設立輔導組，培養正規輔導人員。五十七年該校成立教育心理系，而政大及各師專亦分別開設輔導課程，均為培養輔導人員而努力。

　　民國五十九年，台灣省中等學校教師研習會成立於彰化市，辦理「指導工作研究班」，提供在職輔導人員短期訓練課程，以推動輔導工作的新觀念。

　　民國六十年八月台灣省立教育學院設置輔導學系，招收專科畢業生入學，以培養輔導工作人員。

　　民國六十八年師大及彰化教育學院分別設立輔導研究所碩士

班，師大教育心理與輔導研究所與國立台灣教育學院輔導研究所
復分別於七十六年及七十八年成立博士班，我國輔導專業人才之
培養，又往前邁進了一大步，同時也爲輔導學術之研究，開創更
好的園地。

三、國際性之交流

　　民國五十九年十一月，我國主辦「亞洲區教育及職業輔導會
議」，會議由中國輔導學會負責籌辦，會中最重要的成就是決議加
強亞洲地區教育及職業輔導工作之密切合作，成立「亞洲區教育
與職業輔導協會」（ARAVEG）的永久性組織。蔣建白先生並榮任
該協會首任會長。依據該次會議之決議，我國於民國六十二年在
彰化教育學院成立「亞洲區教育與職業輔導資料中心」，負責蒐集
國內外有關輔導之學術性與實務性資料，並與會員國之專家學者
保持密切聯繫，交換研究資料，使我國輔導學術更趨落實。此外，
我國輔導學者亦經常出席國際性輔導會議，保持與世界輔導脈動
之聯繫。

四、社會輔導機構的設立

　　社會輔導機構，在輔導工作裡亦扮演極重要的角色，近年來
其發展亦極爲迅速，重要者有：

　　(1)國民就業輔導機構：爲配合社會實際需要，省市社會局均
　　　已分別設置國民就業輔導中心（處），並於所屬各縣市及轄
　　　區內成立國民就業輔導分支機構。

　　(2)國防部特設「國軍退除役官兵輔導委員會」，對退役官兵之
　　　安置與創業提供服務。

　　(3)行政院青年輔導委員會：專以協助知識青年就業而設，不
　　　但從事職業安置、職業訓練工作，更進行人力供需之調查

及青年創業之指導，近年來對海外留學生之聯繫及協助其返國服務工作上，頗見績效。

(4)救國團「張老師」輔導中心：首創於民國五十八年，目前已遍設於台灣地區各縣市，其所提供之輔導服務範圍至廣，無論生活、學業、職業、婚姻……各方面均包括，在國內聲譽卓著。民國七十七年起，救國團總團部增設「青年諮商服務處」更進一步提昇輔導與諮商服務的層次。

(5)社區心理衛生中心：除了台北市設在市立療養院的台北市社區心理衛生中心之外，台灣省衛生處在台北、台中、台南和高雄四處，均設有社區心理衛生中心，提供心理衛生門診及諮詢服務。此外，民間公益團體推動社區心理衛生服務的也不少，其中除了救國團「張老師」之外，較著名的尚有「生命線」、「勵友中心」、「兒童心理衛生中心」、「青少年門診中心」等。他們推動的一些服務計畫，成果頗為社會各界所肯定（吳武典、洪有義，民76）。

綜合上述我國輔導學之歷史發展，由於社會需求之導向，其發展乃為必然之趨勢，雖然在質與量方面與美國相較，尚有一段距離，然而不論在發展的型態上，或是發展的範圍與廣度上，均可見其模型之初具。尤其政府近年來在各級學校推展之輔導工作已為輔導學之發展，奠定良好基礎。且輔導工作之重要性，已為政府乃至民間共有之體認，其前途必然是樂觀的。

〈本章摘要〉

任何一門學術之發展，皆有其本身的時代背景，更與社會需求息息相關。輔導學這門二十世紀新興的學術，由於工業革命所

帶來社會型態的變遷,孕育了它發展的需求,更由於「民主」型態的政治潮流,強調個人尊嚴、價值與獨特性,給予它發展的有利條件,故其受到重視,乃為必然之趨勢。

本章介紹中、美兩國輔導學之歷史與發展,不難看出其有若干雷同之處。就範圍而言,皆從職業輔導開始,而漸及於教育輔導、生活輔導等;就廣度而言,皆從學校開始,而漸及於社會。就動力而言,皆從民間學術團體之倡導,繼以政府之全力推動。

大體而言,輔導學發展至今,無論在理論或技術方面,均已逐漸建立起屬於自己的體系。回顧過去的歷史,使我們益感珍惜今日的成果,同時展望未來,輔導學仍需在既有的基礎上,繼續充實其內涵,擔負起重建理想社會之責任。

〈討論問題〉

1.影響美國輔導學發展之重要因素有那些?

2.美國輔導學歷史與發展,大致可分為那幾個階段?各階段之特點及重要事件有那些?

3.中國輔導學歷史與發展,大致可分為那幾個階段?各階段之特點及重要事件為何?

4.在中、美兩國輔導學之歷史上,各有一個民間學術團體扮演極重要之角色,其為何?又其主要貢獻為何?

5.為何輔導學起源於美國?是經濟的、工業的力量所致,或社會的、政治的力量所致?

6.依你所見,輔導機構設置於社區或設置於學校,何者更能發揮輔導之效能?理由何在?

〈本章參考文獻〉

朱秉欣（民67）：我國近六十年的輔導運動及其發展動向。載於中
　　國輔導學會主編：**輔導學的回顧與展望**。台北市，幼獅文化
　　事業公司。

多賀秋五郎（民65）：**近代中國教育史資料**。文海書局。

江恆源、沈光烈（民36）：**職業教育**。上海市，正中書局。

吳武典、洪有義（民76）：**心理衞生**。台北，空中大學。

宋湘玲等（民72）：**學校輔導工作的理論與實施**。高雄市，復文書
　　局。

徐慰筠（民69）：學校輔導發展史。載於吳武典主編：**學校輔導工
　　作**。台北市，張老師出版社。

莊澤宣（民36）：**職業教育通論**。商務書局。

Brewer,J.M. (1942) . *History of vacational guidance.* New
　　York: Harper & Brothers.

Herr,E.L. (1979) . *Guidance and counseling in the schools.*
　　Falls Church, VA:American Personnel and Guidance
　　Association.

Mathewson,R.H. (1962) . *Guidance policy and practice.* New
　　York:Harper & Brothers.

Traxler,A.B. (1957) . *Techniques of guidance.* New York:
　　Harper & Brothers.

第 三 章
輔導模式

王文秀・楊文貴

- 早期的輔導模式
- 當代的輔導模式

　　要了解今日輔導工作的方法有二，一是研究有關歷史事件及
評估在輔導工作中，每一個做決定者的個人目標及其做決定的過
程；二是研究促使教育發生改變的主要社會機構有那些？它們的
組織與功能各是如何？並且對於這兩種方法也一定要同時兼顧，
才能對輔導工作有較完整的了解。

　　大約二十多年前，Borow 強調，從職業輔導的歷史中，可以
獲得兩點啓示：(1)一項運動的發展，必須根據時代思潮加以評
估。如果不能徹底地了解現代社會及學術的現象，要解釋以前的
歷史，往往會淪爲扭曲不全。(2)任何的進步，都是從最小的基礎
點開始的。

　　這一章的主要目的，在於檢驗一些已經被應用的輔導模式，
並同時考慮其歷史事件和促使改變的社會機構。每一個模式的說
明，都包括下列四個部份：(1)歷史背景，(2)理論基礎，(3)優缺點，
(4)結果與應用。

第一節　早期的輔導模式

壹、帕森斯模式
Parsonian Model

一、歷史背景

　　1908年，帕森斯在波士頓創設職業局，他在其死後才出版的書：「擇業」(Choosing a Vocation，1909)中，首先創用了職業輔導(vocational guidance)這個詞。當時，人道與博愛主義瀰漫整個社會，智能不足教育及工業化社會變遷問題，也同時受到重視和研究，透過Freud 於1909年在Clark大學所做的有關心理分析的一系列演講。Freudian的心理分析理論開始為歐洲及美國的

人們所接納。個別差異也成爲歐洲及美國心理研究的焦點。

　　採用帕森斯模式的一個人是 Bloomfield(1911)，他接任了職業局局長的職位，並於1911年在哈佛大學首先教授職業輔導的課程。另一個採用帕森斯模式的人是Munsterberg，他在德國出版了一本書，書名是「心理學與工業效能」(Psychology and Industrial Efficiency，1913)，這本書中開始將實驗心理學用於職業輔導之上。

二、理論基礎

　　Parsons 的方法是將個人的特質和職業上所要求的條件加以配合。他認爲這樣個人才能適應工作，並且使得個人和社會兩者同蒙其利。

　　他的理論認爲，在選擇職業的過程中，有三個主要的因素，而這三個因素，可以透過有經驗的個人或者是輔導員提供一些幫助，這三個因素分別是：

1. 個人分析：輔導員和案主一起分析案主個人的能力、興趣，和個性。
2. 工作分析：案主研究就業的機會條件，以及未來可能的出路。
3. 將上列兩種分析合併比較：輔導員和案主，共同找出上列兩種分析的相關性。

　　Parsons 的第一個步驟，也就是在選擇工作之前先評估個人的能力，在當時是比較特殊的見解，他又強調發展個人對於工作的分析能力是非常重要的，而這種能力的促進，在於案主研究書本上所介紹的工作情形，參觀工作的場所，以及和工人或經理人員親身交談等等。

　　Parsons 鼓勵輔導員去蒐集有關這一個工作領域中具有領導

地位的人們年輕時代的自傳，以確定年輕時的個性和未來職業發
展的相關性。

三、優缺點

　　Parsons 模式的優點是相當明顯的：(1)它十分的符合邏輯和
普通常識；(2)它肯定在職業選擇方面有困難的個人，可以受到更
成熟、更有經驗的人的幫忙；(3)因爲它的輔導方法十分具體，所
以可以納入學校的課程之中。

　　它的缺點綜合如下：

1. 這個理論要求將個人和工作加以配合，那麼就必然假定，個人
　 和工作是固定不變的，而事實上，這兩者卻是變動不拘的。
2. 這個理論在還沒有評鑑是否適當之前，就已經付諸實施，因此
　 根本不能預先決定輔導方式是否恰當。
3. 這種觀念的產生來自短期的有限接觸，它只不過植基於請求
　 Parsons 幫忙的那些不到一百人的外國移民者，和 Parsons
　 在僅僅只有三個到三個半月的工作接觸中，由 Parsons 的體
　 驗所發展出來的。
4. 它的理論假設是有錯誤的，例如，它認定輔導員的功能是教給
　 案主一些訊息，或提供資料和給予忠告，並且將職業的問題和
　 個人問題分開處理等。
5. 這個模式使得輔導員的作用，只有依靠小冊子來提供職業的資
　 料，而不能有其他的作爲。
6. 過時的資料，缺乏實際運用的效果和可信度。
7. Parsons 的工作強調職業的選擇在於找出個人和工作的實質
　 關係，而忽略了個人的動機、社經背景，和文化價值觀。

四、結果與應用

　　有很多學者指出：Parsons 的主要貢獻，在於強調選擇職業之前，先作個人分析的重要性。他創先使用心理計量的技術來診斷個人的特質。由於他相信觀察必須是客觀的，因而鼓勵了測驗的發展，以促進對於「個人分析」作更客觀的診斷。他的工作的另一個應用在於視輔導為找到工作之前的一個步驟，這種觀念，持續了好一段時間。許久之後，Super 採用 Buehlers 的生涯輔導的觀念，才放棄上述的想法，開始肯定輔導必須持續不斷地應用在生活的每個階段。Parsons 這種方法的另一個結果是，將輔導的焦點集中於職業的層面。

貳、輔導即敎育
Guidance as Identical with Education

一、歷史背景

　　「輔導即敎育」這個觀念由 Brewer 在1932年所出版的書：「敎育即輔導」(Education as Guidance) 中提出。Brewer 於1916到1917年間在哈佛大學任敎。然後到洛杉磯的加州大學，敎授職業輔導與職業敎育。1919年他回到哈佛敎學並擔任職業輔導局的局長。他重視中等學校的工作，並為準備成為諮商員的人開設了一系列的課程。

　　敎育輔導(educational guidance)這個名詞首先出現於1914年Kelley 在哥倫比亞大學師範學院的博士論文中。他用這個名詞，來描述給予在選課和學校適應有困難的學生的一些幫助。

　　「輔導即敎育」的理念深受美國聯邦政府敎育署（今之敎育部）在1918年簽署的一本小冊的影響，這本小冊名為：「中等敎

育原理」(Cardinal Principles of Secondary Education)。它深深地影響了美國1920到1930年代的教育運動。其中指出：教育的目標在人類活動的七大領域中可以顯現。這七個領域是：健康、心智發展過程、家庭生活、職業、公民生活、有效的運用休閒時間，以及倫理道德等 (health, fundamental mental processes, home membership, vocation, citizenship, worthy use of leisure time, and ethical character)。由Brewer等人所倡導的這種輔導模式，主要是試著將職業輔導，當作實行這七項原理的方法。

Brewer(1932)提出了下列輔導的定義：

輔導經常被誤解；它最好透過自我輔導的觀念來了解。它的最終目的……輔導既不是適應也不是提供建議，既不是有制約也不是控制，既不是指導也不是為任何人負起責任。

所謂真正的輔導工作，是指在學校裡，幫助學生去了解、組織、擴展以及改進他們個人或合作性的活動。(p.2)

二、理論基礎

Brewer 認為現代的學校都太過於偏重知識的傳授，而忽略活動的價值。因此，他將重點置於上述的七個原理之上。他相信學校存在的理由是要指導學生們參與個別或共同的活動。而這些活動又必須根據基本原理來加以界定。Brewer 經常將輔導與教育交互運用，因為二者意味著幫助青年過更好的生活。

Brewer 提出下列輔導的要素：

1. 指導一個人去解決問題，完成一件工作，或者朝向某一個目標而努力。
2. 被輔導者通常是主動地要求輔導。

3. 輔導員是富有同情心的、友善的以及善體人意的。

4. 輔導員必須有經驗、知識和智慧。

5. 輔導所使用的方法必須能增進受輔者新的經驗，並加以擴展運用。

6. 受輔者能夠持續地接受輔導，並保留自己做決定的權利。

7. 所提供的輔導，要能使得受輔者更能自我輔導。

　　由此可見，輔導即教育這個模式，被視爲普及於所有各種教育情境中的一系列活動。

三、優缺點

　　輔導最先的發展一直侷限在職業的領域，等到「輔導即教育」這個模式發展出來之後，便擴大了很多，它強調個人及整個生活情境與全部教育歷程的關係，並且對於激勵教師好好教導學生，成爲優秀的「人師」，也有很大的貢獻。此外更指出每個人都有權利根據自己的需要去找到最好的老師。

　　它的缺點之一是由於過度擴充輔導的領域，以致於和很多的形容詞，諸如：教育、倫理、個人、道德……等等相互混淆不清。

　　另外的一個缺點是，這個模式認爲輔導可以提供所有的教育上所需資料，而事實上，教育原本是由教學、輔導、行政三部份組成的。這樣一來，所提供的資料，當然就無法完全符合教育的需求。

四、結果與應用

　　其中的結果之一是，輔導淪爲科目的一種，所以拿來教給學生。此外，這個模式，雖然沒有廣泛地被應用，但多多少少對當今的諮商與輔導，仍有一些影響。

參、輔導是分配與適應
Guidance as Distribution and Adjustment

一、歷史背景

　　1920年代中期，Proctor(1925)提出這樣的一個概念，「輔導是一種中介力量，用來幫助學生適應學校與生活的壓力」。他認爲高中學生的需求不僅在職業的考慮而已，還應包括課外活動、課程選擇、職業學校選擇……等等。到了1930年代，「敎育與職業輔導」，這個觀念已普遍地爲大家所接受。1925～1937年間，Proctor 將輔導是「中介力量」的概念，修改爲處理學生適應與分配的過程。1930年代初期，Koos和Kefauver(1932)更推展Proctor 的看法。從此，「輔導即分配與適應」這個模式便正式奠基。

　　Hand 也是這個模式的支持者，在他和 Kefauver合著的書(Kefaurer & Hand, 1941)中，強調輔導要有兩項功能：

1. 分配：輔導員幫助學生形成職業、社會、公民、休閒以及其他各方面所追求的目標。如此則需要協助學生了解他自己和所處的環境。在這分配的功能方面，輔導員以最有效的方法幫助學生，儘可能找到適當的敎育與就業機會。
2. 適應：當學生不能將個人的目標和環境的現況加以統整了解時，輔導員應協助他們去適應。

二、理論基礎

　　將輔導視爲分配與適應的這個觀念，主要在於幫助學生在選擇課程、課外活動、大學、職業學校、就業工作時，能和自己的能力、興趣及目標配合。其主要的目的如下：(1)幫助學生在適當的活動中，獲得滿足感與效率感。(2)幫助學生參加適當的校外活

動，而這種方式對學生及社會皆有助益。(3)幫助學生建立參與生活的適當目標以及配合這些目標的教育計畫。(4)幫助學生找到所關心的資料。諸如：(a)確立這些計畫所必需考慮的因素。(b)在職業學校和課外活動中，成功和滿足的可能性。(c)他們個人的能力和興趣。(d)可以決定所選擇的生活方式。(e)他們現在或者即將註冊的學校課程。(f)社區中，非學校機構所可能提供的訓練機會。(g)指導辨識適當的或假的輔導。

三、優缺點

此模式的一些優點，包括所強調的協助學生認清環境和他自己。這個模式幫助學生適應他們的情況，並找到合適的就業機會。另一個優點是它強調個人有機會根據它所了解的自己和環境而去作決定。

這種觀點的缺點之一是，真正適合學生目的和能力的課程，在高中相當缺乏。而它主要的缺點在於過份強調機構卻忽略個人。另外，將輔導視為只有在危機時才有用，也是這個模式的缺點之一。

四、結果與應用

當「輔導即分配與適應」這個觀念逐漸推廣開來之後，使得父母和教師，對於學生的能力、興趣、教育需求等，變得更關心。這將會帶動一些教育計畫的改革，以適應學生的個別差異。另一結果是透過建立目標及說明學生所參與各種不同活動的重要性，以激勵他們的動機，而此模式有效與否的一個指標就是看學生的適應情形而定。

肆、輔導是臨床診療的過程
Guidance as a Clinical Process

嚴格講起來，這並不是一種輔導模式，因為它直接強調輔導中諮商的這個層面。

一、歷史背景

心理學轉變為科學的一門，是起源於1879年 Wundt 所建立的心理實驗室，而他的學生 J.M.Cattell 將研究個別差異的心理測驗，帶到美國。當時所謂的心理測驗，主要包括測量諸如數目、記憶數字等感覺動作能力。此外，於1905年由 Binet 和 Simon 所發展出來的另外一種心智能力測量，帶動了現代的智力測驗。

「輔導即臨床診療的過程」是由 Paterson(1938) 及 Williamson(1939) 等人，首先引介出來的；然而使用這種著重測量研究的臨床方法的心理學家們，與「輔導」的運動並不太有關。他們認為自己主要的工作在於發展測量和職業有關心理特質的方法與技術。

很多人承認需要運用更科學的方法於輔導工作之上，但也有不少人提出反對意見，因為他們擔心，過度的使用科技，將會使個人喪失了自主性。

二、理論基礎

這個模式有以下幾個要點：(1)用來與那些經常偽裝成「輔導」的差勁方法，有所區別。(2)試著發展一些技巧以便為個人作更清楚的分析。(3)教育專家所重視的個別化教育能夠付諸實現。(4)透過教師、顧問、行政人員、臨床醫師……等人發揮各自專長，共同合作為學生提供一系列的服務，而使學生獲得幫助。(5)經過專

業訓練後的諮商員，他的主要工作是在於幫助那些在適應方面有很多困難的學生，以及(6)這些依序運用的技巧，如分析、綜合、診斷、預斷、諮詢和追蹤等，仍富有彈性，不會流於機械化。

此模式的過程強調運用心理測驗、臨床技術以及分析診斷，這樣才能使得諮商員更了解他們的案主，並迅速而有效的解決他們的問題。這臨床的過程包括透過外在的技巧來揭露案主內在的問題，它不在於替案主作決定，而是協助案主搜集並組織所有有關的資料，從中選擇對自己最為有利的行動。

三、優缺點

優點：

(1)允許諮商員以更經濟有效的方法，同時為很多人處理問題。

(2)它採科學的方法，運用客觀的工具，提供具體的資料。

缺點：

(1)由於這種模式的工作是直接面對案主，因此加重諮商員的責任和負擔。

(2)因為它假定個人的每個問題是彼此不相關的，而又過度重視外在的工具，因此將個人剖析得支離破碎而缺乏意義。

四、結果與應用

這個模式比其他模式更強調搜集客觀、具體且科學化的個人資料。由於它強調實証和追蹤研究，所以對於場地論的發展，相當的有助益。另一個結果是由於它認為資料卡是人事工作的基本工具，因而導致教育上也將資料的累積視為輔導的最基本工作。此外，它也促進了輔導工作的專業化，只有從書本或小冊子上所得到的職業知識是不夠的；這種模式，強調諮商員要有心理學、

研究法、統計、臨床過程等知能。

伍、輔導是「做決定」
Guidance as Decision Making

一、歷史背景

　　最早提出「輔導是做決定」的人當中，有兩位權威，一位是Jones(1949,1970)，另一位是Myers(1941)，Jones的輔導原理(Principles of Guidance)一書，自1949年初版到1970年六版，一貫地主張「輔導是用來幫助做決定」(按，第五版國內有孫邦正、陳石貝之合譯本，正中書局出版；第六版則爲其門人在其死後修訂而成)。到了1963年，Katz 正式將這個模式建立。

　　誠如前面所提，輔導最初著重於職業的功能，它直接用來幫助個人選擇最好的訓練與就業機會，且試著協助青年人作最適當的職業選擇。這點即表示在選擇職業時，一定也要考慮到諸如健康、福利、或教育方面的需求。此一觀念演變下來，認爲輔導不再只是單純的處理生活中某部份的問題，而是要各方面都加以考慮。

二、理論基礎

　　Jones 和 Myers 都強調，輔導只有當學生在作選擇、解釋和適應而需要幫助時才存在。對於 Jones 而言，所謂輔導就是在做選擇、適應、和解決問題有困難的情況下所給予的幫助，以促進學生個人自我指導能力的持續發展。 Myers 認爲，輔導只有跟「做決定」有密切的關係，而這種做決定的情況包括兩套具有差異存在的情況。一是個人間的差異，一是可能選擇之間的差異。根據這個標準，Myers把諸如休閒輔導、社會輔導、健康輔導以及

其他五十七個種類，完全摒除於輔導之外，他認為這些都是屬於教育方面，而不是輔導。輔導最基本的領域，就只是教育與職業輔導。

Katz(1963)將輔導定義如下：輔導是個人在選擇為社會接受的教育與職業時的一種專業性的介入。且宣稱，「專業」是一連串的選擇以及這些選擇所帶來的結果。Katz 認為，「做決定」是個人社會與心理和環境交互作用的產物。社會與文化的因素影響到「做決定」時的每一個觀點；在這個模式之下，「價值觀」成為做決定的主要依據。因此，他們將學生所有的特質和社會的因素，加以排列、組織，並檢視他們的價值，作完整的衡鑑。

根據Katz的看法，有兩個時間是「做決定」的關鍵期，一個是上初中的剛開始階段，一個是接近畢業的時刻。在每一個階段所作的決定，可以視為蒐集資料、處理資料所使用的一種策略，真正需要做決定的時刻是當學生有下列的情形時：(1)不知道什麼資料是他們所需要的，(2)缺乏他們所需要的資料，(3)不能運用他們所擁有的資料。這個模式的主要工作，在於鼓勵學生做決定的時刻，能夠對所有的「價值」做全盤的考慮。

在後來的書中，Katz(1966)提到為了要確定各種「價值」，學生必須真正徹底的了解自己。幫助學生以合理的方式解決問題，協助他們從漸進的過程中選擇適當的「價值」，並付諸實施，這就是「生涯輔導」(career guidance)的主要任務。

這個模式的第二個任務是提供學生在做選擇時任何可利用的機會。第三個任務，則是將全部所有的資料與應採的措施，給予合理而有次序的聯結。

三、優缺點

這個模式，對於民主社會是非常有價值的，因爲它提供個人參與「做決定」的工作，使得他們能爲未來生活的需求，建立良好的基礎。

它的缺點是：由於人們經常不願意「做決定」，使得它難於付諸實現；而最受批評的是，過於強調「做決定」的時刻或情況，以致於顯得「輔導」好像只是用來應付危機而已。

四、結果和應用

在民主社會中，每個人經常會面臨做抉擇的時刻，而每一次的「抉擇」都引導個人更進一步的自我發展，因此，這個模式便是植基於這樣的一種民主社會的信念和目標。此種模式強調，一個能夠自我發展的人，便應該能爲自己的幸福，全力以赴。

第二節　當代的輔導模式

壹、輔導是一群人的服務
Guidance as a Constellation of Services

一、歷史背景

這個模式在美國的中小學最爲流行。Hoyt 於1962年提出這個模式，乃是針對當時反對各種改革的情況。在1960年代的早期，有許多專家認爲，諮商員要做更多的工作，而「輔導」這個名詞應該廢棄；他們並指出，諮商員的角色與功能必須加以釐清，諮商工作的實習，應該列入諮商員的養成課程內容之中。而教育訓練和教學經驗，對於學校輔導員來說，並不是必要的條件。Hoyt 反對這些觀點，例如：他要保留「輔導」這個名詞，因爲這

樣才可以使得這個輔導計畫，變成是全校性的協助學生（學校裡的每一個人都有輔導的責任，不只諮商員而已）。他相信這個模式使得諮商員成爲學校輔導計畫中的主要角色，但不是唯一的，學校輔導計畫的責任並不能完全由諮商員來承擔；此外，使用「輔導」這個詞，也可以使諮商員，比其他的專業人員如心理學家、社會工作者……等，和老師們建立更親切的關係。

二、理論基礎

Hoyt(1962)將「輔導」作如下的描述：輔導是學生的人事服務的一部份，因此在小學和中學裡，就是透過全校性的服務，幫助學生充分發展其潛能、解決其個人問題，協助作選擇等。他強調學校的老師都應該有機會擔任「輔導」的工作，並且不能使他們在學校輔導計畫中，淪爲「次要」的角色。

Hoyt 相信，只有當輔導目標能夠統整在學校的課程之下，輔導才有成功的可能。因此，他認爲諮商員不應該以專家自居，而應該肯定自己是對教育有貢獻的教育者；進一步說，諮商員應該有老師資格証書，這樣可以更肯定他們對教育的責任，以及較容易爲老師和行政人員所接納。

Hoyt 建議學校輔導員在參與三項主要工作上的時間分配如下，(1)用二分之一的時間與學生直接的接觸，(2)用三分之一的時間投入其他與輔導有關的工作，(3)花六分之一的時間蒐集、組織、研究、解釋與第一、二項工作有關的資料。根據Hoyt的看法，諮商員能夠很容易地和其他協助學生的專家們有所分別，因爲他們很強調發展性的目標。諮商員與老師和行政人員的不同，在於他專注於諮商的工作，以及他們較具有了解學生的知能和機會。Hoyt 在他早期的文章中指出，諮商員比學校的其他人員，在下列

六方面具備更優的知能：(1)有關了解學生行為的評估程序及動力狀況。(2)提供學生升學與就業機會的訊息。(3)諮商技巧和過程。(4)了解轉介的時機以及轉介的技巧和程序。(5)團體輔導的能力。(6)從事與學生需求有關的地區性研究的方法和程序。

Hoyt 指出諮商員和其他的學校專家都是諮詢者也是被諮詢者，亦即諮商員提供老師解釋學生有關資料的幫助，給予老師環境的訊息，然後再傳達給學生，並且提供諮詢的服務，以及作為老師和那些可供轉介機構之間的媒介者；諮商員鼓勵老師直接和學生接觸，相對的，諮商員也從老師所提供有關學生的資料中獲得幫助而完成他的諮商工作。他將學校其他的專業人員視為能夠給學生特別幫助的轉介資源。並且他自己又具備了解其他校外轉介機構的知能。

最後，Hoyt 認為諮商員應將他自己視為全校重要人物中的一員。而校長負有行政督導及指導學校輔導計畫的責任。另一方面，諮商員則決定採用什麼方法以達成預期的目標。

三、優缺點

毫無問題的，Hoyt 所提的輔導模式，不僅是1962年，即使到了1980年，還是有很多的學校在運用。這個模式的優點如下：(1)它肯定了在學校輔導的助人關係中，不只是需要「諮商」而已，還應該包括更多有助於學生的工作。(2)它認為學生心理健康的責任，不能完全推給少數幾位號稱為「輔導員」的肩上，而應該讓全校的人員來共同分擔。(3)它是一個為教師及校長所容易了解與喜愛的模式。

這個模式的缺點如下：(1)「輔導」這個名詞被大眾認為是一種直接的、開藥方的方法。(2)變成只有透過教學才有可能達成所

謂對教育的貢獻。(3)如果「輔導」正是如同 Hoyt 所說的只是屬於人事行政的一部分，並且諮商的目標和學校的教學目標完全一樣，所謂學校輔導計畫的成果，也就很難評估。(4)與其他專家諸如：心理學家、心理計量學家的諮詢，如果只是被視為用來處理特殊個案的轉介資源的話，那麼將會貶低輔導員的能力和他們對學校的貢獻。(5)降低諮商的地位，認為它只是屬於一種支持性的工作（如測驗，資訊服務……等等）。(6)這種「輔導是一群人的模式」的觀念，並未具有真正的理論基礎。

四、結果與應用

　　贊成這個模式的，通常肯定它的存在可以為老師的工作提供支援；亦即，輔導之所以被認為需要，是因為當學生在情緒或環境因素方面的困擾而妨礙了學習時，才考慮到輔導。這種觀念將老師視為學校中的靈魂人物，而輔導並沒有自己的目標，只是一種輔助性的工作而已。也就是說，它的目標只是用來達成教育目標的一種手段而已。

　　很多專家發現這種模式使得諮商員的地位淪落到用來幫助教師的技師而已。其他人也對 Hoyt 提出質詢，他們認為校長並不具備學校中各方面專家的能力，因此輔導工作的責任，應該由真正對輔導了解，而具有此一方面專業能力的人員擔負起來才對。

貳、發展性的輔導
Developmental Guidance

一、歷史背景

　　輔導即是發展性的過程，這個觀念強調對於學生生活中各個階段的所有領域：如職業的、教育的、以及個人與社會的經驗等

提供幫助，這是一個相當新的觀念。當然，要將這種這麼廣泛的模式付諸實施，仍有待蒐集更多的資料，以驗証其可行性。這種發展性輔導觀念的創始人，包括Little和Chapman（1955），他們的代表性著作是：中等學校的發展性輔導（Developmental Guidance in the Secondary School）；還有Peters和Farwell（1967）的書：「輔導—一個發展性的途徑」（Guidance: A Developmental Approach）。此外，Mathewson(1962)在他的書——輔導政策與實際（Guidance Policy and Practice）中，也記述了很多原則。Mathewson 發現，由於輔導員希望自己的角色能夠界定的更清楚，並獲得更具專業化的地位，因而把很多的模式都加以綜合。他認為這種發展性的模式，強調在教育與職業和個人的領域中，「做決定」的重要性；這種「發展性的輔導」，已經被肯定，對於一個要邁向更成熟發展的學生，具有正向的作用。

二、理論基礎

Mathewson指出與輔導需求有關的四種領域：(1)評估及自我了解的需求，(2)適應現實環境的需求，(3)指引現在及未來發展的需求，(4)發展個人潛能的需求。所謂調適性的輔導（adjustive guidance），通常是以解決問題為中心，多半會有一位有困擾的案主；相反地，發展性的輔導，則嘗試進入個人的內在世界，注重個人的自我功能和自我觀念。它強調長期的成長重於短期的了解，偏向描述性的說明，而少做決定性的論斷。

就哲學的觀點而言，發展性的輔導是透過自我，對周遭環境、對個人與環境關係，對個人與社會價值等的了解，以培養更有效率的個人；雖然它的基礎在於學校，但仍應涵蓋學生、家長以及社區……等；它重視個人性的成長，尤其是個人對自己和對環境

作評價、做決定、採取行動……等能力的養成，而個人改變的動力與潛能也受到特別的重視。至於個人如何界定他自己，以及和社會的關係，則繫於他們的需求、興趣及個人的價值觀。

發展性的輔導，爲個人提供了下列三方面的幫助：(1)提供有關個人環境以及兩者交互作用的資料。(2)幫助他們能夠循序漸進去思考一切問題。(3)使他們的各種能力能運用自如。

就組織來講，一個發展性的輔導計畫，有賴於諮商員、行政人員、其他人事工作者，以及全體教師的合作，並期望每一個人都能了解學生，也都能完全發揮他各自的功能。

發展性的輔導，是從幼稚園到成人教育的整個延續性的過程，並且涵蓋了每一個階段學校的每一個活動；當然，它的重心仍然在於運用團隊的力量來解決學生的需求和困難。

三、優缺點

它的優點如下：(1)結合學校與社區資源給予學生各種協助。(2)它強調幫助學生獲得最大的發展。(3)特別重視個人要了解自己每一分一秒所經歷的發展過程。

它的缺點在於：並不是每一位老師、行政人員或專家，都有足夠的能力去完成所有的任務，而且要使這種模式能夠持續有效，也需有相當大的努力。

四、結果與應用

這個模式提供了很好的基礎，使學生更加了解自己、環境以及二者間交互作用的關係。其重點是放在影響個人動機與行爲的內在改變，它協助學生透過與輔導員的接觸來評價自己及他的個人經驗。輔導員提供一種助人關係，且這種助人關係，可以使受輔者在被動的情境下，清楚的了解到自我和情境間 (self-

situational) 的關係。此一模式，有賴於自我功能長期的發揮，以
及內在的自我指導。它的基本假定是人的一生都需要輔導，而輔
導工作的累積，可以使他們眞正的了解自己，讓自己的能力能夠
獲得充分的發展，而讓個人和社會都蒙受其利。

參、輔導是有目的行爲的科學
Guidance as the Science of Purposeful Action

一、歷史背景

這個模式是由 Tiedeman 和 Field 於1962年所提出來的，
他們認爲當時實際的輔導工作，反映了傳統的觀念，即是希望能
藉著輔導使教學更爲有效，但又不致受限制於老師的影響力，因
爲在教育體系的本質中，教師的地位一向高於輔導員，輔導員只
是被視爲提供一些技術的技師而已。Tiedeman 和 Field 特別指
出，現代的輔導，並沒有完全融入教育體系之中，因而使得眞正
有效的輔導工作，無法發揮。他們列出了造成這現象的兩種原因：

1.不論是在獎學金的提供、所作的研究、所受的訓練或就業
機會等方面所提供的資源都不夠讓輔導員超越「技師」的地位。
因爲輔導員缺乏專業地位，因此難以在教育行爲科學的領域內有
充分的發展；再者，輔導員只是從目前的行爲科學領域內抄襲一
些原理原則以協助老師去發展他們預定的教育目標。事實上在美
國的教育體系中，輔導員自認只是教師的輔助員，而非是共同參
與者。

2.那些嘗試要取得專業地位（通常是心理學家、社會學家、
科學家或教授）的輔導人員，卻被指派去協助老師教學，要在各
部門人士（如教師、心理治療者、校長、教務主任、督學）領導

之下工作。

Tiedeman 和 Field 指出要促使輔導工作的專業化，要注意下列三點：(1)要有專業組織：例如：美國人事與輔導協會 (American Personnel and Guidance Association；已改名爲美國諮商與發展協會，AACD) 和美國心理學會 (American Psychological Association) 等。(2)要注意到法令與經費的影響：例如1958年的國防教育法案……等；(3)要有理論基礎，例如：Mathewson，Super 以及 Wrenn 等人的理論。不過他們覺得這些觀點還沒有普遍地被接受，因爲輔導工作尚未獲得專業地位，而且也缺乏統整性的理論來指導輔導工作的設置、目標及技術……等。

二、理論基礎

Tiedeman 和 Field 將輔導定義爲：在特殊結構的教育中，一種有意義行動的科學的專業功能。他們強調，這種輔導工作必須存在於一種自由自在的氣氛之下。這種氣氛，可以使學生不受「教條、忽視、偏見」等不利因素的控制。在這種過程中，只要給學生一些輔導，他們就可以有能力選擇自己的目標，而這種輔導方法與「制約性的教育」（事先由他人設定目標）是相反的。

Tiedeman 和 Field將教學定義爲：與其他人經驗的溝通，而輔導則重視檢驗學生個人的經驗，以及形成結論的過程。

這個模式爲了維持目標的不變，必須在選擇方法之前，就先確立好目標。雖然目標被認爲是屬於未來的情境，但它確實可以在現在的情況之下加以肯定，學生會因爲內在與外在發展的衝突，而體驗到這種不連續的感覺。輔導工作便是提供學生有關的新情境，評鑑這些情境的標準，可以獲得的資源訊息，和確立或

修訂目標等幫助，以及內在或外在改變的知覺。

　　這個「有目的的行動」一詞，是用來描述下列幾點：(1)指輔導員所期望學生表現的行為。(2)屬於個人所接受的專業性輔導中的具體行為。(3)這些行為是透過當前實地的觀察而確立出來的，並非是隨機取樣的。一個重要的因素是要假設學生對於自己的生活，負有主要的責任。而這種責任有賴於他們「跟得上改變的一種過程」。輔導的重點在於幫助學生經由知道如何去選擇，而有意的和這些「間斷」相接觸，進而聯結它們。

　　這種模式的實行者，將會有下列幾點表現：(1)將學生與資料、老師與學生、案主與諮商員，病患與醫生等加以聯結。(2)建立一種經由理想的體系，理想的過程，培養理想的學生的觀念。(3)有能力了解理想中的學生所感到欠缺的事項。(4)擁有幫助學生解決困難的特別需要的知識與技能。

　　Tiedeman 和**Miller－Tiedeman** (1973) 將有關「輔導是有目的行為的科學」這個觀念加以發揚光大，而強調它必須透過學習 (learning) 而非教育 (education) 加以應用。他們在指出學生有權利為自己而學習時說到：「要使這種權利變得有意義，教導的過程是極為重要的」。他們更進一步指出，把社區、個別化教學、發現式學習、學習資源中心、生涯教育等納入教育領域中，將意味著老師將變成輔導員，而輔導員會成為指導教師。他們強調輔導員變成指導教師時，在教室裡會以學生的興趣，以及所了解的立場去指導和啟發學生們進行學習；他們希望，輔導員不要認為自己只不過是老師的配角而已。

三、優缺點

　　Tiedeman 和 **Field** 指出這個模式的缺點有二：(1)缺乏穩固

的理論基礎，以支持包括行爲改變以及改變過程中個人的獨立性。(2)缺乏有效的訓練計畫，以養成這種模式之下最爲有效的輔導員。而它的優點如下：(1)它屬於教育運作的一環，(2)它可以成爲一種專業，(3)它與教學和行政佔有同等地位。

四、結果與運用

依據 Tiedeman 等人所提的模式，要培養一位合格的輔導員，需要不只一年的時間；他們認爲，今日的輔導員都只是一個用來幫助教學更爲有效的技師而已。然而，事實上，每一個輔導員都眞的不如老師嗎？這是一個值得進一步探究的問題。

肆、輔導即社會的改造
Guidance as Social Reconstruction

一、歷史背景

此模式是 Shoben 於1962年所創，他認爲雖然輔導已發展得很快，但它缺乏具體研究以顯示其特點或成就，而且其基本的諮商與測驗技巧反而造成更多的疑惑。Shoben指出由於輔導追求專業地位且在行爲科學領域裡佔有一席之地，這點反而使它容易故步自封而不易有所突破與進展。

他認爲輔導應該是在無形之中提供一些價值觀，教師的功用只是將學生帶入社會的傳統中去，而輔導員應依學生個別特殊能力或潛能，提供各種訊息、建議與鼓勵，以使其特殊能力得到最大的發展，他主張輔導應是指對某些特殊兒童所作的特殊指引與努力，且這些指引並非只根據一些科學資料或原則而得。他批評輔導員對科學的盲從（如心理測驗的濫用、心理學的發展、及對行爲的預測）如此會將小孩的價值觀引導得跟大家都差不多，因

而減低其個別性與自主性。例如當輔導員接受了由老師在班級中認為是不守秩序者轉過來的個案時，即意味他們的工作即是將小孩塑造成要符合全校共同的行為模式。

二、理論基礎

目前有很多輔導員自視為某領域的專家，如測驗、諮商或職業輔導，雖然如此，輔導運動已開始對特殊化與非個人化（impersonality）感到懷疑。輔導最主要的任務是強調個人的發展，並且協助學生以社會認可的方式表達其獨特性。輔導應能有系統的鼓勵學生去尋求自己的價值觀，且過著有意義的生活。

Shoben 的重點是若要過著真正有意義的生活，且能達到自我探索的境界，則應要和各不同種類型的人都有較深刻的接觸。他指出有些學校在這方面的表現傑出，因為它為小孩提供更多的機會，以和各種不同的人學習，因此發展更多獨特的個人特質。傳統的輔導員角色（如當大學的顧問、施測者或職業輔導的計劃者）應被以下二者取代：(1)一位具回饋功能的人，藉此評估學校所發揮的功用，並依此考慮行政、人事。(2)觸媒者，以澄清學校的角色是一個社區且是青少年發展成長的最佳處所。輔導員即是協助個體在他生命中每一階段予以重新評價、且逐漸修正其目標。Shoben 相信輔導員可以發揮回饋的功能，因為他們比老師或行政人員更有機會傾聽學生所言，他們也可以藉著重建學校文化以達獨媒之作用，因為他們具有行為科學的背景，且他們的重點是放在學生身上。

三、優缺點

此模式的一個缺點是目前真的夠資格有自我實現取向的輔導員並不多，如此怎能一一協助學生達到其自主性？若真要做到，

則人事、訓練等皆需大輻度的改變。此模式的價值是輔導的理想
——促進個別性的發展——可望落實，因爲它強調個性是可塑
造，較積極，因此若是適當的宣導，可發揮更多的力量。

四、結果與應用

　　此模式所要求的輔導員要具備創造性的領導力，例如在學生
的組成、老師工作量的調配、課程的設計等。但是若此模式爲人
所接納且實際做到，並且輔導員如果眞的變成學校社會改革的領
導者，則學校行政人員將有何作用？因爲就傳統及理論上來說，
這些都應是學校行政人員的任務，輔導員是要取代他們嗎？

伍、輔導即個人的發展
Guidance as Personal Development

一、歷史背景

　　這個由Kehas（1970）在1960年末期所提出的模式，起先是
爲了要建立諮商的教育課程架構。Kehas認爲雖然在討論教育目
標時有考慮到「個別性」，但很多情況下，學校卻只偏向考慮學生
智育的發展，他觀察到在學校中通常只有學生有學業困難時，才
會注意到其個人及情緒因素，因此他認爲一般公立學校並未眞正
發揮「個別化發展」的作用；並且他認爲現今的教育中，並沒有
那一部分非常著重且有系統的考慮到個別化發展的問題。

二、理論基礎

　　Kehas 指出在教育界除了教師之外，其他人的學業地位並沒
有被正式的認可，甚至一些專家，如輔導員，心理計量學家、心
理學家並沒有完全的投入整個教育歷程中，也未受到應有的重
視。這種態度可由老師問其他專家人員的問題看得出來：「在目

前的工作上，你有什麼可以幫助我的？」。一些專業人員對於學校的未來似乎無權置喙，他們似乎只要調適自己的地位以配合老師的存在就行。

Kehas 對教育的基本假設如下：(1)教育即教學，(2)教育主要是要和教—學情境一起考慮，(3)最主要的關係是師生關係，(4)只有一類的教育人員—教師。Kehas 認為這些基本假設已足夠說明教師與教學的重要性，只有在師生關係中才有學習的可能性，在此前提下，那些所謂的學校諮商員、社會工作者或心理學家最多只是輔助的作用，其主要任務是使教學功能更能有效的發揮。無可諱言，Kehas 同意今日對輔導的定義，也因為對教育所下的這個定義而受到限制。

為了解除此困境，Kehas 提議將教育重新定義為「參與學習」。如此，要參與的人及其責任都加多，輔導員不再只被視為協助老師的附屬品而已；相反的，他們將被視為教育者，其主要責任是促使個人的成長。

教師在此的作用即是發展學生的智能，只是「經師」，以已具備的學術能力將學生帶入良好的知識領域中，其任務是協助學生體驗在某原理原則下，知識是如何發展而來，學生可更進一步學到如何去體驗所謂的「邏輯的思考」，學生有機會學以致用以達到個人成長的目的。Kehas 認為教師是希望學生統整、運用已有的知識以影響其行為，但是這些已建立的知識全是外在的東西，一般的教師只有當他的教學內容受到影響時，才會考慮到個人的價值體系，因此教師不能，也不應該是個人發展的完全主宰者。

Kehas 對個別發展的定義：其本質是指透過有系統、個別性的探索（有別於科學的或社會的調查）持續不斷的發展有關「自

己」一切的智慧；指透過方法論而得的個人意義體係；同時亦指常為人提到的一些體驗，如自我概念體系、個人架構體系、自我意識、自我評價、自我態度等，此概念認為每個人都應有機會一方面思索他們正為自己所建立與已建立的自我，且思索他們對「自我」所賦予的意義為何，並且考慮到這些想法對他們未來的自我會有何影響。依此所預期的結果是個人將可建立並發展其生活的意義，因此可對自己的發展發揮控制的力量。

綜合以上，Kehas 一直想說明教學和諮商是兩回事，但二者是相輔相成的，如果學校要有所作為，二者都一樣重要，缺一不可。例如他指出光是對教育重新加以界定並不能保証輔導就一定會有良好的發展，只是為輔導提供較好的發展方式而已。

三、優缺點

其優點是它澄清、肯定了輔導的正面意義—個別性的發展，因此與經師之角色不再混淆，強調輔導的獨特性。其缺點是二者之間的互補關係應如何劃分？其互補的變數及其互動的過程都很難決定，更遑論發展。另一個缺點是很容易將學生分為兩部分，老師只負責智能的發展，而輔導員則負責個人的發展；事實上，不可能將求學與做人二者截然劃分。

四、結果與應用

Kehas 指出這個模式一定會影響到現今教師角色的定義，同時他也指出輔導員的師資教育的要求及教導經驗都應取銷。依Kehas的說法，輔導員因為他們的工作是集中在個人的行為歷程，因此應植基於「人性的科學」上；尤有甚者，他們應是精於心理學，且擅長於協助個人去創造並發展其智慧。此模式需要更多的研究以驗証教學與輔導的歷程，並說明教育體系中教學與輔

導的關係。

陸、輔導即心理的教育
Guidance as Psychological Education

一、歷史背景

1960年末、1970年初盛行的是「輔導即心理的或情意的教育」，這個觀點應可視為Kehas「輔導即個別性的發展」的延伸，不過最早有這觀念的是1899年的 William James，1941年的 Bullis，及1953年的 Ojemann。

在1960年代，美國的公立學校可謂衆矢之的，無數的報告、批評、分析及建議傾巢而出，幾乎所有的批評都要求整個公立教育制度徹底改革。或許有人會奇怪爲何會如此？此可由以下數點加以了解：因爲年輕人更早熟；且因教室外的刺激、知識來源太多、變得更世故；爲了就業準備，要求更多的在學年限；以及如學生示威、婦女運動等都是。不過這些因素及力量，看似重要，卻仍不足以解釋要求改變的呼聲爲何那麼大。

此模式的最主要背景是由於對學校的要求希望變得更像情意教育，包含人性的發展及價值澄清。「能力」在以前是指各科學習得很好，這觀念已改變且擴大，包括建立個人目標，並予以實踐的能力。

Mosher 及 Sprintfall (1971) 指出「心理的教育」其基礎具有兩層意義，且對公立教育及輔導的傳統理論都提出質疑。第一層意義，依二人的說法，典型的公立學校輔導計畫只是在提供二項低層次的預防工作：(1)使學生去適應學校。(2)爲學生決定他們該修那些課、該進那所大學。尤有甚者，輔導員充其量只是邊

際的專業人員,通常只跟15%的學生有接觸,與教師、家長的接觸比例更小,所以他倆認爲如此並沒有眞正的「心理性服務」的存在。

第二層意義是來自學校本身的缺陷。所謂的教學主要仍是指把知識告訴那些已養成被動習慣的學生。正因如此,學校已將自己的角色界定爲學術思想的傳達機,除了智能的發展之外,不顧其他。在此情況下,即有許多副作用、反效果產生,如會造成學生有疏離、憤世嫉俗、渾渾噩噩、苦悶等態度,且會使學校的運作僵化,以致嚴重影響到學習、動機及自我概念的發展。

他二人及其他學者都指出,光靠學校表面上想改變傳統是不夠的,最迫切需要的是精心設計並實施心理的教育,以直接促進學生的發展。

二、理論基礎

雖然有關這模式的定義衆說紛紜,各家不一,但仍有其共通性。Weinstein (1983)稱之爲「自我—科學的教育」(self−science education) 並界定如下:自我—科學的教育是指一套計畫,訓練學習者有關的技巧、概念與態度,使他能拓展對自我了解的程度,以發展其自我獨特性。我們假設如果能訓練學習者更清楚的了解自己和自己、和別人、和世界間的關係;能更正確預測自己所體驗到的現象世界,則必可增強他們選擇獨立自主的能力與意願。Weinstein以一螺旋狀的圖表來描述個人自我探索的歷程。圖3−1即說明個人的自我探索是如何的發生、如何被強化。

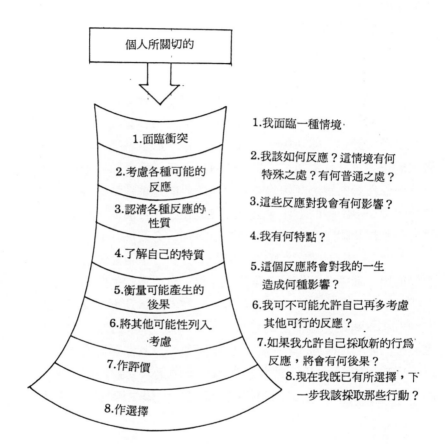

圖3－1 個人自我探索的歷程

　　Mosher 與 Sprintfall則將心理性的教育定義為是設計用來影響青少年時期的個人、道德、美學及哲學的發展的一種教育性的經驗。他們提議應有一種包含一系列課程的計畫，著重在人類生命週期，自嬰兒期、青少年到老年期的各種不同階段。Sprinth-all(1974)依他個人經驗指出這種課程最好是預防危機的取向，並且也是促進青少年健全心理發展而設；這種課程應該是教育性大於治療性。Sprinthall 及 Erikson 說明成立這種課程的理由是：「我們深信針對這種課程必會引起社會性、心理性與智能性方面廣大的爭論，並且這種需求也不是只對某年齡或社會階層而已，事實上任何針對敏感度如此高的人類所設的道德或情感性發展的課程，都是很困難的工作。但正因這些在我們目前的教育機構及課程中都付諸闕如，所以才有發展這課程的必要性。」

　　Sprinthall(1973)及其助手花了三年多的時間嘗試各種方式想發展出一套適合學生的心理教育課程，有很多次失敗的經驗，例如(1)以教學團的方式，直接對高中生教導兒童及青年發展的原則。(2)以Bales的系統修訂的自我分析程序為架構的學習團體，注重過程而非心理學的內容。第一個團隊教學及其他類似方式之所以不成功，依Sprinthall的說法是因為學生仍未受到任何影響；而第二個學習團體的方式則使多數參與的大學生深感狼狽與不安。

　　參考前述失敗的經驗，Sprinthall 提出一個課程可以很有效的用各種不同標準以促進學生的個人發展，依此理論而發展出一系列的課程。Sprinthall 簡單說明其中三種課程：(1)諮商心理學的課程，是同輩團體諮商的實習討論課程。(2)教育心理學的課程，涵蓋小學各年級的教學。(3)兒童發展課程，包括在幼稚園的教學。

由 Alschuler (1969) 所設計的一系列實驗課程則有所不同，他把實驗的程序分爲四類：創造有關個人幻想生活的各種體驗；運用非語文的練習；發展並探索個人對週遭的情緒性反應；及很充實緊湊的活在此時此地。

依 Ivey 及 Alschuler 所言，心理的教育，其共同目標是增加個人的意向(intentionality)，例如有能力預測各種不同的體驗、加以選擇，並達到預期的目標。他們提出達到「心理教育計畫」目標的四項原則：

(1)最好是提倡長程內在化歷程，而不是只著重在短程的知識與滿足。

(2)有關發展的理論與研究都強調應具備與日後發展有密切關係的各種能力。

(3)靈活運用各種組織過的步驟，比只用單一程序來解決各種不同問題有效。

(4)如果眞的要解決問題的話，一些學校或機構亦須加以改善。

Ivey 與 Alschuler (1973) 亦談到了要如何將心理學的教育課程納入現行學校制度中，他們認爲學校輔導員最簡單的工作就是將心理學引進正規學校課程內；第二個方式即是由輔導員任課，教導內容全是心理學的課程；第三個方式名爲「組織性的發展」，即是成立日間照料中心(day－care centers)、啓蒙計畫 (headstart programs) 或成人教育課程等，如此學生、輔導及老師即可共同參與。

三、優缺點

對於這個模式的優缺點，Cottingham(1973)與Goldman

(1973)皆認爲，最主要的優點是所提供的課程活動可以：(1)以認知的態度教導心理發展的一些基本原則；(2)同時拓展自我了解及了解他人的直接體驗。總而言之，個人的發展變成是教育的最主要目標。若是所設計的課程可以協助學生的發展，如此的輔導將更有系統；如此學生的「個別發展」將不致變成是純由機率因素造成；也將有更多的學生會主動和輔導員接觸。這種計畫對輔導員而言將造成很大的衝擊，若照目前大多數學校著重在個別諮商的情況來說，所謂的輔導員只有對那些被個別諮商過的學生而言才有意義。

一個主要的缺點即是由個別諮商的情況要轉變爲課程取向，滋事體大，因無前例可循，故恐窒礙難行。因爲我們對於要如何促進一個人的發展，其過程知道得並不多（尤其運用在課程之內），因此要建構起--套學生會熱烈反應的活動，且要發展出一套方式來教育他們是相當困難且複雜的事；而且要學生將內在隱密性的問題公然提出，亦非易事，恐怕他們心口不能合一。

另一個缺點則是輿論對這種計畫的態度，家長一定要了解並支持這種計畫才行。 Cottingham 指出一定有些學校的董事對於突然增加的預算會有所反應，有些納稅義務人或許會將此模式視爲洗腦的方式之一。

四、結果與應用

Goldman 曾探討過，過去有人將輔導的失敗歸因到如完全依賴個別諮商、治療取向或只強調提供知識的功用是否公平；或是輔導之所以不成功是因爲這些因素並沒有好好的發揮其功效；因此除非「心理的教育」好好運作，否則輔導仍不會突破太多。如此說來，此計畫有效與否要看實行者，也就是說有關輔導員教育

的計畫必須謹慎的選擇參與的人員，接著要能設計一套計畫，使其能好好儲備良好的心理的教育人才。另一有關應用的問題是參與其中的輔導員是否應具備教學經驗？這是一直爭論不休且無定論的問題，如果輔導員要參與設計有關課程，無庸置疑，必須具備教學的經驗與知識。因此，此模式的一個主要任務即是發展一系列有關各科各種資源的材料與程序，不管是針對內容、處理程序或是對課程有關的實驗，都有助於此模式的良好發展。

柒、行動派的輔導
Activist Guidance

一、歷史背景

這個模式是由Menacker（1976）在越戰結束後所提出。那幾年社會的動盪不安亦影響到學校；那時，青年學生人心惶惶，對諸現象都存否定之心，尤以市區內之學校為然；又由於貧窮、道德淪喪等現象，故各種問題層出不窮。Menacker指出，由於正規的輔導方式不能滿足貧困都市學生的需求，「行動派的輔導」乃應運而生。

二、理論基礎

依 Menacker 的說法，「行動派的輔導」強調對環境的控制與干預、輔導員及受輔者的共同參與、和擁護學生的權利。除此之外，此派不斷抗議往往在最需要輔導的貧窮市區學校裡，其輔導卻最無效。他提出三項主要的原則：第一即是輔導員的活動應直接針對具體的行動，如成立免費合法的急救臨床中心，且正式介入學校的行政。第二個原則是輔導員與受輔者彼此要了解，影響受輔者目標及自我發展的各種有利或不利的環境因素各是什麼，

在此原則下，所謂的行動即是加強有利的因素而消除不利的，例如注意到學生的個別經濟狀況、各文化間的相似性、相異性及不同社會階層的行為等。

第三個原則即是身為「行動派輔導」核心人物的輔導員，應能區分受輔者其個人的目標與價值觀，和學校機構的想法之間有何不同。要探究這個原則，可能會發現受輔者個人的目標和價值觀有時會比學校教師的還乎實際。照 Menacker 的說法，毛病的是學校而不是學生，因此學校要重新調整適應。

他同時亦說明，「行動派輔導」與他所謂其他「一般輔導理論」基本前提的差異在於一般理論中的輔導員是扮演口語反應的角色，而「行動派輔導」則要求輔導者要主動積極的去刺激受輔者。另一方面是著重點的不同：在一般的理論中，受輔者是諮商關係的中心，環境則是次要考慮因素。但此派則著重在如何改變環境或加以利用，以促進受輔者的利益。

三、優缺點

優點之一是它點出了一個重要觀點，亦即若要改變個人的行為，則環境因素一定要列入考慮。此外它很強調心理學上的一項真理：「所謂的行為應是指在某種情境下自我的一種作用」。更重要的一點是採用此模式的輔導員可以自各角度來協助受輔者個人的成長—如家庭、社會資源、同輩團體及雇主等。而其主要缺點是這種「行動者」的角色會造成行政人員、輔導員及老師們之間的緊張及衝突。

四、結果與應用

行動派的輔導起源於對抽象輔導理論的不滿，而冀圖以實際的行動解決社會的貧困與人心的危機，使輔導注意到環境的因

素。對於危機情境及貧困地區的輔導產生了鉅大影響。輔導人員的角色有如「聖誕老人」或「急難救助」人員。然而，社會的動盪究竟不是常態，故其應用也頗爲有限，很難成爲輔導的主流。

捌、輔導即一系統
Guidance as a System

一、歷史背景

　　自1960～70年之間，三股輔導諮商的勢力是生涯教育的崛起、對績效責任制(accountability)的重視與系統工學 (systems technology) 的運用，這三股勢力對現在的諮商理論亦有不少的影響，也歷經修正以求進一步的發展。過去對輔導的重點工作是放在諮商服務，但現在已趨向對輔導理論的管理、統整與聯結；這並不表示減低服務的性質，相反的，可藉有系統的計畫、檢核與評鑑而使服務更爲有效。

二、理論基礎

　　有關系統論的學說最具代表性的是Byrne的「行爲與系統參照的諮商模式」(behavior and system – based counseling method) 和 Stewart (1978) 等的系統性模式 (systematic model)，以及以技巧爲基準的諮商 (skill-based model of counseling)。這三者的共同之處是內容包括對整個計畫的整體性評估、決定目標的先後次序、具體實行、考核活動的進行及比較結果。

　　Byrne 的模式很清楚的說明可以根據概念而發展出一套具體可行的方式。它的概念絕大多數是受系統理論與學習論（或謂行爲改變術）的影響。

　　因爲 Byrne 一直強調輔導是整個教育組織或體系的其中一部分，所以他極力主張以系統化的方式來發展輔導計畫。他的重心是放在個別化教育體系及在這體系中輔導計畫所扮演的角色。他認爲輔導計畫必須和學校的目的相銜接，必須協助學校達到預期的目標；因此，若要決定輔導的角色，必須先澄清教育系統的目標。爲了達到這個目的，Byrne 提出一套程序，包含以下階段：

　　⑴擬定有助目達標成的計畫。

　　⑵認清每一計畫中所要達到的目標。

　　⑶釐定所應具備的能力或行爲目標。

　　⑷發展策略。

　　⑸甄選合適的人員。

　　⑹觀察目標達到的程度，通常是測量最後的行爲。

　　基本上，Byrne 這部份的模式是自系統論演變過來的一套過程模式，他認爲，系統分析法可以對諮商計畫所需具備的構成要件及所要進行的活動、成員的組成及其關係、其所應發揮的功能及任務等作清楚的說明。因爲這計畫一開始就以合乎邏輯的方式發展出來的，所以成功率亦較高。也由於其系統性的架構，因此可以預測要搜集那些資料及要如何進行，例如透過對學生或輔導人員實際表現的觀察與評量，可用來對目標、人事組織等加以修正。圖3－2即呈現一套系統化的諮商模式。

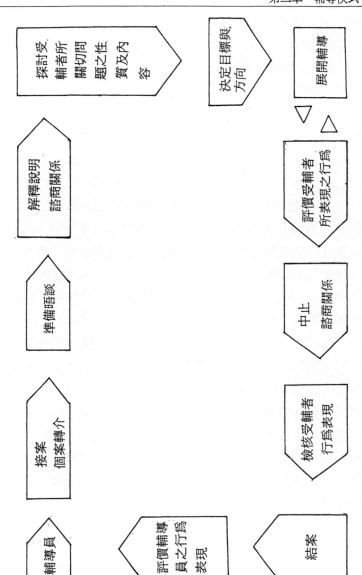

圖3-2　系統化的諮商模式

Byrne 一再強調以可觀察的行為來界定成果，很明顯是自行
為改變的觀念演變而來，同時也導致對預期結果的行為描述。
Byrne所舉的關於行為描述的一個例子是提供一項職業的刺激，
學生應能自學校的職業資料中心去尋找資料，或是利用其他校外
的資源。

俛這種用「預期結果的行為描述」可不用再費神推測目標達
到了多少，只要看到學生進入房間、說明來意、到放資料的地方
去閱讀有關職業資料的小冊子，如此即可清楚判斷學生已知如何
去尋找及運用職業的資料，而不用再口頭詢問或紙筆測驗。

Byrne 亦建議要實施此模式，需具備某些專業人員。因為此
模式著重在行為改變技術，所以 Byrne 主張應有一位行為學派的
專家，他不但要處理學生的行為問題，而且要對其他參與者展開
諮詢工作，以探討針對學生行為改變計畫的發展情況；除此之
外，他還要提供一些新的技巧以協助這些同事。

第二種需要的人是輔導員，他的職責是照顧一般學生的行
為，協助他們處理日常生活中有關教育體系的問題；此外他也是
對所有參與計畫者的輔助教育者。

第三種人是生涯發展專家 (Career Development Techni-
cian; CDT)，此人負責資料資源中心，為學生提供必要的資訊，
以協助計畫其職業。他不是圖書館管理員，而是專家；除了協助
學生之外，尚需協助教師及其他有關人士，將職業發展的知識與
技巧統整到學校的計畫中來。此外，他需與當地有關的商業機構
有密切聯繫，如此學校可以根據當地的需要提供就業資料。

除此之外，Byrne 還提出一些人員，如：(1)CDT的助理。(2)
一位推廣教育專家 (continuing education technician)，可特別

用來協助學生在他們畢業之後從事升學或就業的計畫訓練；(3)教師的顧問，在教育計畫中主動使用輔導原則；(4)聯絡員，負責中途離校學生的追蹤輔導；(5)資料管理員，負責保管有關資料；(6)同儕輔導員或受過訓練的學生，Byrne建議所有的學生都應該訓練成同儕諮商員，因為他們所接受的訓練可以促進自己人際關係技巧的發展。

三、優缺點

　　Byrne 所提的這些人的職責及其所受的訓練至今仍只是理想，因為實際上要配合的地方很多。此模式的價值在於它是自系統論與行為改變論發展出來，且有許多研究可支持其論點。而且在所有模式中，只有Byrne的這個模式將整個體系中各有關人員的角色定義得最清楚。

四、結果與應用

　　圖3－2是指一般系統化諮商模式，每個方格是表示整個諮商情境中的一部分，必須和前後加以連貫才有意義，才可發生作用。讀者可發現整個流程的開始和結束都是在輔導員，換句話說，他負責整個流程的順利進行。雖然輔導員不能操縱所有決定諮商結果的因素，不過輔導員仍須注意諮商進行的情形；輔導員也可以經由各階段各個受輔者的回饋來改進加強自己的專業能力。此模式的第一階段是進行受輔者轉介，這是指在和受輔者見面前，輔導員所要參與的活動，例如和轉介機構討論，搜集有關資料，並決定可能會涉及的範圍。這並不表示輔導員越俎代庖先下結論，相反的是指輔導員事先妥善做好會談前的專業準備。除此之外，還有一個主要任務即是通知轉介機構有關諮商的情形，如將要如何進行、轉介機構要如何配合等。

　　第二階段是準備晤談，這只是很簡單的提醒輔導員先要如何有效的訂好會談的時間，且在會談前妥善準備好所需資料。

　　下一步解釋諮商關係是指在第一次晤談時務必要做到的。有很多受輔者是第一次接受諮商，可能很惶恐；且一般人的觀念是來接受輔導的都是有問題的，所以在晤談時這觀念應要澄清。輔導員可說明諮商是一種學習的歷程，以協助一個人過著更積極有意義的生活，不論是處理日常生活的問題或特別的問題皆可有效。或許有些受輔者以前有接受諮商的經驗，如此輔導員有必要了解他對此次的晤談抱持何種態度。輔導員不必一一追蹤調查受輔者過去的經驗，但不妨參考以前的一些紀錄。在初次晤談時亦須說明清楚二者彼此應負的責任，在此階段亦須聲明諮商的保密性、自主性及其限制。

　　下一階段是探討受輔者所關心問題的性質及內容。在提出任何解決策略之前，二者彼此必須了解干擾受輔者生活的究竟是什麼事件或情境；有很多輔導員在未完全弄清楚前就貿然決定輔導策略，長久下來可能會使諮商變成嘗試錯誤的過程。系統化的諮商要求二人對受輔者為何來求助的原因有全盤了解，如此較能對症下藥。在此階段輔導員應盡可能讓受輔者考慮到各種可能造成問題的因素；即使看起來很單純，甚至只有一個原因，亦需仔細探索。此階段輔導員應靈活運用同理心及直接詢問法，讓受輔者有足夠安全感，以探索並顯現自己的內在世界。接著輔導員協助受輔者討論在所有問題中，何者要優先處理，這時要強調案主的自由抉擇與決定權，輔導員並保証其他問題亦會處理。

　　接下來是二人依所選定的問題來共同建立模式。簡而言之，雖然與問題直接有關的是受輔者的行為(Behavior,B)但其先前

事件(Antecedents, A)及結果(Consequences, C)才是要加以探討的。通常是要受輔者做家庭作業，亦即觀察並記錄這段時間中所發生的歷程，由此歷程受輔者對整個問題將有更深入的了解。

　　下一階段是決定諮商的一個目標或方向。在策略成形之前，二人須定好最後所預期的目標，先由受輔者說明他所認為最理想的結果是什麼，輔導員再提出較實際的可能限制，有必要的話則修改期望，最後輔導員協助受輔者發展出與策略有關的學習目標。其目標需以具體的行為目標加以陳述，每一行為目標應包含三部份：(1)要列出可造成新行為所需的情境或所要作的準備，(2)具體描述所預期的行為，(3)列出衡量預期行為的標準。例如受輔者是位超級胖子，其主要目標是減肥，則其行為目標應如下：大明在採購正確節食食品、建立飲食習慣與實施減肥運動之後，將會節食且作運動，因此他將會得到適合他高度的體重。

　　第六個階段所進行的活動，輔導員可尋求其他專家的支援以協助受輔者達到目標。此階段的成效要視前面的努力情形而定。這套策略的發展是實用性大於理論性。理論可以對策略提供建議，但它們不能取代輔導員的個人經驗、和同事分享的經驗以及綜觀有關研究文獻所得的知識。雖然這個階段大部分要靠輔導員的專門知識，受輔者仍要參與此策略的發展與實施。通常在審慎研討過前面有關問題後，合宜的策略對受輔者來說是具體明確的。在此階段要特別注意到，其他跟此策略有關的工作應是受輔者的責任，輔導員不必一人對策略的發展與實施負全責。最後一點即是特別註明可能的預期結果為何，以便能順利進展到下一階段。

　　在實施完各策略之後，即要評鑑受輔者的行為表現。此處所

採之標準一定要和行為目標所用的一樣，且所得之資料也要和行為目標中所界定的加以比較。此資料亦可供彼此了解還有那些地方未達到；若所得資料顯示一切均達到，則可終止諮商或再探討下一問題；若未達到則再接再厲。

一旦所有目標都達成，或是有些問題無法在諮商情境中解決，則應終止諮商。這不表示將資料歸檔及說再見，輔導員及受輔者需體認到除非真正有效，否則諮商不可能結束。有時受輔者會變得很依賴輔導員；要解決此點，輔導員需在整個過程中坦白言明終止的情形，也讓受輔者有心理準備。最後輔導員要建立一套計畫以便進行追蹤調查，此計畫應包括當受輔者有需要時，如何再來求助。此階段不一定要約定見面時間，只要有聯絡電話即可。

真正檢查受輔者進展情形的是下一步，這期間可能間隔六個月，在這次的考核之後，若沒有再來諮商，則輔導員可以正式結案。

在每一個諮商關係中最重要的一部分是由輔導員評估整個過程進行中的優缺點，以作為往後的參考，至此整個諮商過程即告結束。

〈本章摘要〉

茲將十三個輔導模式的主要代表人物、主要內容及創立年代作一番整理 (表3-1)，以供參考。

表3−1　輔導模式演變摘要

模式	主要人物	主要內容	創立年代
帕森斯模式	F. Parsons M. Bloomfield H. Munsterberg	使個人和職業互相配合。	1900
輔導即教育	J. Brewer	輔導和教育是同義字，不可能有所劃分。	1930
輔導即分配與適應	W. Proctor L.V. Koos G.N.Kefauver H.C.Hand	協助學生謀求教育與職業的最佳機會並獲得良好的適應。	1930
輔導是臨床診療的過程	D.G. Paterson E.G. Williamson	運用心理測驗工具以研究個別差異的問題。	1930
輔導是「做決定」	A.J. Jones G. Myers M.Katz	增進在關鍵時刻做決定的能力。	1940
輔導即一群人的服務	K.B. Hoyt	輔導乃綜合各種理論原則、運用各種不同的方式，是一系列的服務。	1960

發展性的輔導	W.Little H.J. Peters R. Mathew- son	強調長程性的成長 及發展的各階段。	1960
輔導即有目的 行爲的科學	D . T . Tiedeman F. L.Field	輔導應利用學生內 在目的性的行爲因 勢利導，不要依賴 外在制約性控制。	1960
輔導即社會的 改造	E.Shoeben	輔導員是社會的改 造者及行動者	1960
輔導即個人的 發展	C. D. Kehas	教學與輔導是兩種 不同的東西，但二 者相輔相成，缺一 不可。輔導即在促 進個人成長與發 展。	1970
輔導即心理的 教育	R. L. Mosher N. A.Sprinth- all	直接透過心理方面 的教育以促進自我 成長。	1970
行動派的輔導	J.Menacker	強調輔導員要改 善、操縱環境，並 以具體行動表示。	1970
輔導即一系統	R. H.Byrne N.R Stewart	將輔導系統化，加 強績效責任制。	1970

　　到最後，我們終於又必須面對一個看起來可笑但卻很實際的問題：「我們要這些輔導模式做什麼？」。我們很懷疑當任何一位讀者去參觀學校時，有誰會發現除了Hoyt提供的「輔導即一群人的服務」此模式外，還有那些模式正在運作？在學校實際運作的輔導是非理論性的，它只是在很偶然的情況下產生，以對學生提供服務。因此我們所要做的只是要找尋一個合適的理論基礎。有很多作者已指出如此會妨礙系統性的探索，因而妨礙輔導的發展。

　　Kehas 曾針對輔導領域的理論形成作了很精闢的分析，他提出了七項妨礙理論建立的因素，因為這七點至今仍具代表性，故在此摘錄其中六點：

1. 當輔導被視為只是臨床的服務時，理論的探索變得不是頂重要的。
2. 當輔導人員所屬的專業機構，只將重點狹隘的置於諮商而不考慮到輔導的其他方面時。
3. 有關教學與輔導兩種概念的區別至今仍很缺乏。
4. 在目前的學校裡，輔導不論在制度或概念上都被視為是教學或行政的一部分。
5. 很多輔導理論的建立將自己的範圍侷限在生涯發展或諮商理論中。
6. 有一種普遍存在的不正確觀念，認為製造理論的人和輔導的實際工作者是不同領域的人。

〈討論問題〉

1. 早期輔導的概念為何？

2.後來Parsons的輔導模式受到怎樣的修正？

3.今日盛行的輔導模式有那些？

4.當前教育體系中輔導是如何被定位的？

5.今日我國學校輔導工作的實施，較接近何種輔導模式？（可分就小、中、大學加以討論）

〈本章參考文獻〉

吳武典主編（民69）：**學校輔導工作**。台北市，張老師出版社。

Alschuler, A.S. (1969).The origins and nature of psychological education. *Educational Opportunity Forum,* 1:4, 3－18.

Bloomfield, M.(1911). *The vocational guidance of youth.* Boston: Houghton Mifflin Company.

Brewer, J.M.(1932). *Education as guidance.* New York: The Macmillan Co.

Brown, J.H., & Brown, C.S.(1980).*Systematic counseling: A guide for the practitioner research.* Press Company.

Cottingham, H.F.(1973). Psychological education, the guidance function, and the school counselor.*The School Counselor, 20,* 340－345.

Englkes, R., & Vandergoot, D.(1982). *Introduction to counseling.*Boston:Houghton Mifflin Company.

Goldman, L.(1973). Psychological education:where do we go from here? *The School Counselor, 21,* 22－27.

Hoyt, K.B.(1962). Guidance : a constellation of services.

Personnel and Guidance Journal, 40, 690－697.

Ivey, A.E.,&Alschuler, A.S.(1973). An introduction to the field. *Personnel and Guidance Journal, 51,* 592.

Jones, A.J.(1970). *Principles of guidance.* (6th ed.) Revised and updated by B.Stefflre and N.Stewart.New York:McGraw－Hill Book Company.

Katz, M.(1963). *Decisions and values: a rationale for secondary school guidance.* New York: College Entrance Examination Board.

Katz, M.(1966). A model of guidance for career decision－making. *Vocational Guidance Quarterly, 15,* 4.

Kefauver, G.N.,& Hand, H.C.(1941). *Appraising guidance in secondary schools.* New York:The Macmillan Co.

Kehas, C.D.(1970). Education and personal development. In B.Shertzer and S.C.Stone (eds.) , *Introduction to guidance: selected reading.* Boston: Houghton Mifflin Company.

Koos, L.V., & Kefauver, G.N.(1932). *Guidance in the secondary schools.* New York:The Macmillan Co.

Little, W., & Chapman, A.L.(1955). *Developmental guidance in the secondary school.* New York: McGraw－Hill Book Company.

Mathewson, R.H.(1962). *Guidance policy and practice.* New York:Harper& Row, Publishers.

Menacker, J. (1976) .Toward a theory of activist guidance.

Personnel and Guidance Journal, 54, 318−321.

Mosher, R.L., & Sprinthall, N.A.(eds.) , (1971). Psychological education: a means to promote development during adolescence. *The Counseling Psychologist, 2:4,* 8− 9.

Munsterberg, H.(1913). *Psychology and industrial efficiency.* Boston: Houghton Mifflin Company.

Myers, G.(1941). *Principles and techniques of vocational guidance.*New York: McGraw−Hill Book Company.

Parsons, F. (1909) . *Choosing a vocation.* Boston: Houghton Mifflin Company.

Parson. D.G.(1938). The genesis of modern guidance. *The Educational Record, 16,* 41.

Peters, H.J.,& Farwell, G.F.(1967). *Guidance: a developmental approach.* (2nd ed.)Chicago: Rand McNally & Company.

Pietrofesa,J.J., et al.(1980). *Guidance: an introduction.* Chicago: Rand McNally & Company.

Proctor, W.M. (1925) . *Educational and vocational guidance.* Boston: Houghton Mifflin Company.

Shertzer, B., & Stone, S.C. (1981) . *Fundamentals of guidance.* (4th ed.) Boston: Houghton Mifflin Company.

Shoben, E.J. (1962) Guidance: remedial function or social reconstruction? *Harvard Educational Review, 32,* 430−

443.

Sprinthall, N.A. (1973) .A curriculum for secondary schools: counselors as teachers for psychological growth, *The School counselor, 20,* 361－369.

Sprinthall, N.A.,& Erickson, V.L. (1974) . Learning psychology by doing psychology: guidance through the curriculum. *Personnel and Guidance Journal, 52,* 396－405.

Stewart, N.R., Winborn, B. B.; Johnson, R. G.; Burks, H. M. Jr.; & Eagelkes, J. R. (1978). *Systematic Counseling.* Englewood Cliffs, N.J. Prentice-Hall.

Super, D.E.(1942). *The dynamics of vocational adjustment.* New York: Harper & Brothers.

Tiedeman, D.V., & Field, F.L. (1962) . Guidance: the science of purposeful action applied through education. *Harvard Educational Review, 32,* 483－501.

Weinstein, G.(1973). Self－science education: the trumpet. *Personnel and Guidance Journal, 51,* 61.

Williamson, E.G. (1939) . *How to counsel students.* New York: McGraw－Hill Book Company.

第 四 章
學校諮商人員

楊世瑞・李湘屏

- 學校諮商員的供應與需求
- 諮商員的特質
- 諮商員的準備
- 學校諮商員的資格
- 諮商員的角色與功能
- 輔導員的生涯
- 當前的論題

　　實施學校輔導工作，除了要有經費與組織編制之外，最重要的即是要有充足的輔導人員。不但在量的需求上要能充份供應，在質的提昇上亦應不斷加強。本章擬就學校諮商員（school coun-selor）的供需、特質、準備、角色及功能等加以討論。

第一節　學校諮商員的供應與需求

在西元1957～1969年間，美國學校諮商員的聘用大量增加，原因是1957年蘇俄發射了第一顆人造衛星，使美國聯邦政府大受刺激。經由1958年的國防教育法案、1967年的專業發展法案了和1967年的初等、中等教育法案，在1960年代裡，中學諮商員增加了三倍。非但如此，也向下延伸到小學階段，向上推展到高等教育階段。

Metz 等人在國家教育統計中心發表，1970年春天時美國公立學校聘有六萬六千位諮商員，包括專任與兼任的兩種在內。Best估計1978到1979年之間在中學裡有四萬四千位，小學有一萬三千位專任的諮商員。不僅如此，依據美國教育部和APGA的估計，

在中學裡諮商員與學生人數的比例由1958～1959年的1:960，到1978～1979年時的1:469，可見在美國的學校裡，諮商員愈來愈多。

一、諮商員的供應

在美國，諮商員的供應決定於研究生的人數。Hollis &Wantz (1980) 的報告中指出：1980年約有四百七十五個機構提供教育諮商員的計畫，而在1964年時，只有三百二十七個機構提供類似計畫。所以在十六年之中，培養諮商員的機構增加了45%。

現在每年大約可以提供一萬九千位碩士程度，一千位學士程度和七百位博士程度的諮商員。連續幾年以來，每年大約可以增加一千位碩士資格的諮商員，這僅是指獲得「學生人事服務」 (student personnel) 學位的，並未包括在心理系中獲得學位的。

二、諮商員的需求

依據估計，自1970年開始，美國學校諮商員的聘用每年約增加1%到3%。比起1960年代，每年增加6%到10%的比例已經緩和些了。目前諮商員的需求和供應似乎是達到平衡，不過無可諱言地，目前對於諮商員的需要不如幾年前。在1970年代末期，許多學校面臨財務缺乏的問題時，裁減了學校諮商員，另外也包括老師、圖書館員和視聽器材管理人員。

對於未來一項重要的考慮是：一旦學校不再面臨財政壓力時，是否會聘足這項專業人員（兩百五十位學生應有一位專任輔導員）。當學校和社會機構考慮這項需要的同時，也會考慮這種專業人員實際的表現，因此有人表示，學校將來的作法決定於諮商員現在的表現。

另一重要問題是在輔導計畫中採用半專業人員。目前一些學

校、高等教育和構機社區組織中，用半專業人員在生涯教育、外圍活動的比例愈來愈多。這些人的進用與預備情況也漸漸受到重視。

第二節　諮商員的特質

有關諮商員特質的研究，早在1960年APGA開始研究諮商員的角色和功能時即已展開。關於諮商員特質的研究大多經由下列四個方式：

(1)基於經驗和觀察所作的推論。

(2)研究諮商員不同於其他專業人員的特質。

(3)研究有效與無效的諮商員之間特質的差異。

(4)研究諮商員的那些人格特質對諮商效果有較大的影響。

以下分別提出諮商員特質的有關研究。

一、對諮商員特質的推論

1949年，全國職業輔導協會表示理想的諮商員所應具備的特質是：(1)對人有興趣；(2)有耐心；(3)對別人的態度反應很敏感；(4)情緒穩定；(5)客觀；(6)尊重事實；(7)值得信任。1951年時Mowrer（1951）表示，諮商員最重要的特質就是人格成熟，但沒有明確的方法去測量它。另一方面，諮商員教育與督導協會（ACES）指出一位諮商員應該具有六項特質：(1)相信每個個體；(2)承認個人的價值；(3)心胸開闊；(4)了解自己；(5)有敏覺性；(6)有專業精神。

也許這種特質的列舉有一些價值存在，但是也往往會引起一些指責。Cottle 於1953年即曾指出，這種特質的列舉雖然有些幫

助，但並不理想，因為：

(1)只能代表提出這些特質的人的意見而已。

(2)無法分辨出諮商員與其他專業人員特質上的差異。

(3)不同的人所列出的特質相差很大，要列出合適的特質，頗
　　為困難。

(4)這些特質的相互關係或型態才是最重要的。

二、諮商員與其他專業人員所不同的特質

　　另一種方式是比較在標準化人格測量工具上諮商員和非諮商
員分數上的差異。Cottle 與 Lewis （1954） 的研究指出，男性大
專諮商員在「基季氏氣質量表」（GZTS） 上自制性、社會性、情
緒穩定性、客觀性、友善性、人際關係、男性氣質的分數均顯著
高於一般大學生。在同一研究中還發現這些諮商員在「明尼蘇達
多相式人格測驗」（MMPI） 上說謊與 Ma （hypomania，輕度狂
躁症） 量尺，分數均較低；而在K與Si量尺 （Social introversion，
社會性內向） 分數上均較高。

　　Cottle，Lewis 和 Penny （1954） 三人擴大了這項研究。他
們由GZTS、MMPI 和 SVIB （史創職業興趣測驗） 中選擇題目
重新組合，結果發現男性諮商員與男性的準諮商員在該實驗性態
度量表中的表現，顯著的不同於男性教師。

　　Kemp （1962） 報告中也指出在EPPS （艾德華氏個人偏好量
表） 上，校長和諮商員的心理需求不同。校長們在成就性、秩序
性、攻擊性、堅毅性和順從性的需求較高；而諮商員則在省察性、
表現性、親和性上的分數較高。

　　Chenault 與 Seegars （1962） 所作研究結果指出：校長希望
諮商員更有力、更具支配性和提供更多建議，他們希望諮商員所

扮演的是作決定的領導人物的角色。Filbeck（1965）的研究發現：在諮商的處理方式上，校長和諮商員大致上是相似的，可是在控制的向度因素上，二者卻有明顯的差異。因為校長多半以很有效率的方式來管理學校所發生的事，所以若有類似學生違紀之事件時，校長較採控制的方式處理，而諮商人員則否。

Polmantier（1966）整理這些研究和其他有關諮商員特質的報告後，歸納出十種諮商員的人格特質。茲摘出其中的六種：

(1)諮商員有足夠的語文、數學能力去思考、推理和應用邏輯去解決問題。

(2)雖然諮商員的主要興趣是在為人服務，但他仍須充分了解並運用個人及社會行為的有關知識。

(3)諮商員較能自我接納。諮商員不利用當事人來滿足個人需求。

(4)因為諮商員能影響諮商的行為及一般的行為，因此諮商員對自己的價值體系較有深刻的了解。

(5)能容忍且面對曖昧不明的情境，不致因此而攪亂專業生活或私生活。

(6)諮商員能很有彈性且符合心理學原則的處理各種人類行為，而不須使用權威式社會壓力迫使當事人順從。

三、有效的諮商員之特質

最常用來了解有效諮商員特質的方式是透過社會計量法，由受試者選出其同儕團體中最像諮商員的人。其他的效標還有實習的成績，督導的評分，以及當事人的評分。

Arbuckle（1956）曾以一群被班上選出「最願意向他求助」的同學為準諮商員，在這些人彼此認識後請他們(1)選出團體中最

願意和他進行諮商的三個人，(2)選出最不願和他進行諮商的三個人，(3)最希望諮商員具備的三項特質，(4)最不喜歡諮商員具備的三項特質。結果發現在團體中最受歡迎的準諮商員在　Heston Personality Inventory上表現自信的程度最高；在　MMPI　上表現得最正常；在庫德職業興趣量表上社會服務、說服性、文學性和科學活動上有較高的興趣。希望諮商員具備的特質是：耐心、溫暖、風趣和親切。不喜歡諮商員具有的特質是缺乏了解、缺乏興趣、攻擊性、追根究底、權威性、不親切、道德取向和優越感。

　　Kazienko 與 Neidt（1962）測量了二十五個全美諮商與輔導訓練機構派去參加訓練的諮商員。受試者是經由其所屬學校的專業人員評分，選出最高、最低25％的人來，共有一百二十四位被歸爲「好的諮商員」和一百一十五位「差的諮商員」。這些受試接受 Bennett Poly Diagnostic Index，亦即他們要描述自己的自我觀念、動機來源、價值和對別人的感覺。從該報告中我們也許能得到對「好的諮商員」的描述。好的諮商員在自我觀念上常用到的形容詞有：聰明的、認眞的、說話輕柔的、不輕易下判斷的和可靠的；有些人也提到不嚴謹的、有秩序的、膽大的、獨斷的及活潑的。有些部份也許好的和差的諮商員都具備，但是在感覺的強度、信念或知覺上，二者卻有顯著的差距。關於兩組較顯著的差距附表說明如下（表4－1）：

表4－1　好的和差的諮商員的特質

好的諮商員	差的諮商員
自我概念	
認眞、熱誠、耐心、說話輕柔、察覺得到自我中心、眞切而非表面的、不機械或刻板的。	不夠認眞、沒耐心，聲音較大、沒覺察到自我中心、認爲自己旣眞切而又表面、機械且刻板的。
動機	
較關心擁有相當的安全感，但沒有財富的需求。	安全感及財富對其均無影響。
價值	
不以狡滑、機靈等特質爲滿足；認爲人應有權表現不同；不喜歡嚴謹、精確。	沒有較特殊的價值觀，由順從中得到快樂；傾向於嚴格遵守規則。
對別人的感覺	
認爲人們雖然自我中心，卻擁有適當的才智能力。	對別人的才智行爲沒有特殊的信心。

四、統計上的特質

1.種族：

在1970年代的研究，集中於與諮商員有關變項上的研究，如性別、種族、外在吸引力等。舉例來說，Vontress（1971）強調要一個白人諮商員和一個黑人當事人建立並維持良好關係是困難的。他認為黑人當事人常會將對一般白人的不滿，轉移到這位白人諮商員身上。更有甚者，特別是男性黑人可能不願開放自己，因為他們對所要開放的人缺乏信任。

Berman（1979）調查不同性別與種族的人所使用的諮商技術。當她經由錄影帶呈現不同文化背景當事人的畫面時，要求她的受試寫下「你願對這個人說什麼？」的答案。Berman 的研究指出黑人的男性和女性都比白人傾向於表達的技巧（指導、解釋、說明內容等）。而白人男性和女性則表現出更多專注的技巧（開放式的問句、簡述語意及反映情感等），女性白人較常使用情感反映，而白人男性常用問句來作反應。雖然種族的不同是主要的因素，但性別上的差異卻未顯現出來。Thompson 與 Cimbolic（1978）針對四十二個黑人大學女生和三十三個黑人大學男生，調查黑人學生使用大學內諮商中心的相關因素。研究發現黑人當事人較喜歡黑人諮商員，隨著對諮商員喜歡程度的提高，提出困難的情況也增多。但是諮商中心的運作，並不受當事人和諮商員的性別及學生求助的類型等所影響。

Merlvzzi 與 Merlvzzi（1978）嘗試研究種族標記（racial lables）是否會影響諮商員對當事人的評估。從六個大學中選出八十六名研究生在看了對第一次接來的當事人的簡要敘述後，依十一點由正向到負向的態度量表加以評定。其中第一組的諮商員即受試，告訴他們當事人是黑人；第二組是白人；第三組則不告訴他們當事人的種族。結果顯示對被標成黑人的個案的評分優於被

標成白人或未被標記的個案。此結果可能是因為這些諮商員為避免別人說他們有種族偏見，而產生過度補償的現象。

2.性別：

多年以前，Farson（1954）認為諮商員的特質是社會上傳統認為女性的特質：仁慈、溫和、善於接納和被動。McClain（1968）驗證 Farson 的理論指出，在他的研究裡，男性和女性諮商員均具有Farson認為成功的諮商員所應有一些特質，且有足夠的自我強度（ego－strength）。Carkhuff 和 Berenson（1969）的研究則指出諮商員不只要仁慈、溫和，同時也要主動、自我肯定、能去面質、且能表現立即性。這兩人皆認為隨著諮商員、受輔者及情境的不斷交互作用，剛開始時，諮商員通常是以溫暖熱誠的反應來建立關係，但在此之後，諮商員應該轉變成更主動、肯定，同時能以面質的技術以促使當事人依其對環境的了解程度而採取適當的行動。

Johnson（1978）要求一百二十八位大學男生和兩百四十九位大學女生選擇，如果他們要和諮商員談自己個人的問題時，他們希望和一位男性或女性諮商員談話。結果顯示男性大學生比女生較不喜歡男性氣質的諮商員；再者，男性諮商員最好是具有男性特質，但是女性諮商員則最好是中性的。Johnson 指出對諮商員性別有選擇偏好的學生較沒選擇偏好的學生，對於諮商員有「刻板印象」的期待。

Shullman 與 Betz（1979）的研究發現當事人的性別及所提出的問題和與他進行個別諮商的諮商員性別有關。他們的個案資料選自一百四十二位經過初步接談，即轉給諮商員進行個別諮商的大學生，在該中心廿五位專業諮商員中，有十四位是男性、十

一位是女性。研究結果發現：不管當事人的性別、初步接談者的性別或所提出的問題為何，與當事人同性別的諮商員所進行之個別諮商效果均優於異性別者。因此他二人認為在分派當事人給諮商員時，性別是一個重要的因素。

另一方面，Hayes 和 Wolleat（1978）所作之研究是要具研究生程度的受訓諮商員男女各二十位，在聽過模擬的諮商情境錄音帶後評分。其中一半的受試評的是女性當事人，另一半評的是男性當事人。結果發現在他們二人所設計的三十七個評分項目中，有十六項是因當事人性別不同而有顯著不同的，但是諮商員的性別和二者交互作用均未達到顯著的差異水準。

雖然有關諮商員的性別與諮商關係上的研究，並未獲得一致的結論，但是至少這是一個很有趣也很實際的問題，國內的情況又是如何呢？很值得我們去進一步的研究。

3.專業性和吸引力：

另一個影響諮商效果的重要因素是當事人對諮商員的信任感。Strong（1968）認為諮商就是人際間交互影響的歷程，在這歷程中，諮商員的表現要能使當事人認為他是有吸引力的，值得信賴的和具專業性的。專業地位經常和聲望、地位、學位等聯接在一起。Schmidt 和 Strong（1970）的研究指出：當諮商員被認是專家時（事實上他可能是沒有經驗的諮商員），他們常被視為是輕鬆的、風趣的、友善的、專注的和值得信任的；相反地，被認為不是專家的諮商員（事實上他可能是經驗豐富的），就常被視為是笨拙的、緊張的、不安的和不被信賴的。

Guttman 和 Haase（1972）所作的研究又是另一種情況。他們對三十一個大一新生進行短期職業諮商，再請學生評價。結

果學生表示和那些剛開始被介紹為「非專家」的諮商員，建立較良好的關係；但是和被介紹為「專家」的諮商員進行諮商的學生，談話後的收穫較大；在整個評分上，所謂「專家」和「非專家」諮商員之間並沒有顯著差異。因此，這二人認為諮商員的「專業性」是被過度強調了。

Cash和Salzbach（1978）以一百四十四位大學女性探討諮商情境中，非專業諮商員的自我表露（self-disclosure），外表吸引力（physical attractiveness）對初期諮商的影響。這些受試所看的諮商錄影帶，其中有外表吸引人的、不吸引人的、身體殘障的男諮商員分別表現出不肯自我表露與肯表露一些類似經驗的情境，再請受試評定。研究結果顯示：不肯表露和不吸引人的諮商員的行為表現及對諮商的期望都比有吸引力的諮商員來得差。他們的結論認為外表吸引力與其他因素的交互作用相當的複雜。

Lewis 和 Walsh （1978）請三十位男士和三十位女士看一捲諮商錄影帶，有些人看到的諮商員是很吸引人，有些人看到的則不。結果發現女受試對有吸引力的諮商員更易表示好感，尤其推崇她的能力、專業性、肯定性、風趣及解決當事人害羞、焦慮、職業選擇和自卑感的問題的能力。

經由許多研究證實一些標準化的測驗工具能將諮商者及非諮商者智力以外的變項測量出來，但是也往往發現這些工具在區別有效的諮商員和無效的諮商員上缺乏效度。諮商員的需求架構包括接納、表現和親和，而非諮商員有較強的成就和攻擊需求，同時想要操縱別人。大份的研究指出諮商員是善解人意的、敏感的、友善的，他們重視他人存在的價值、能容忍錯綜的人際關係中的曖昧性。然而大致說來，在區別有效和無效諮商員的特質上，則

發現二者只是程度的強弱不同，而非全有或全無的。

　　從現有的測量非智力測驗工具的分歧不同，即可證實目前缺乏適當的方法去測量這些非智能特質。甚至於一些標準化的人格、興趣測驗也僅小有成就。無法獲致預期變項和致標間的關係，有人歸咎於諮商員測驗時不夠誠實，有人則歸咎於所定效標有問題。

　　在研究任何有關人際關係中的興趣、人格特質和效果等問題時，最基本的關鍵是效標的界定與選擇，這也是本章各研究中需出現的一項問題。無論是使用那種效標，從這些文獻中要作結論是不周全且有所困惑的。這表示我們仍需要再進一步的作研究。

第三節　諮商員的準備

　　要使一項職業被當成一種專業，其標準包括一套專門的技術和知識。所謂的專業性是指社會所公認對保障生命、促進生活、增進人類智慧及提昇精神層次等方面能發揮影響的作用。社會給予這些專業人員權力去制定和執行自己所訂的規則（當然也需遵守道德和法律），並由其決定那些人可以進入這項專業。因此，諮商工作必須在加強對諮商者能力、倫理態度的訓練計畫後，才能建立起眞正的專業地位。

　　基本上，一個諮商員的準備計畫就是要使一個學生能充份發揮潛能而成爲一位諮商員。計畫的目標必須包括兩種型態：一是那些行爲該加以修正、改正或避免；另一是那些該要發展、擴大或建立。訓練機構首先要提供的計畫是幫助那些受訓的諮商員，促進他們的專業能力，增進他們的人性發展。

　　據估計目前美國有四百七十五所大學院校提供諮商員的訓練計畫，且這個數目仍在增加之中。在這些機構中，無論是量或質的方面，均有參差不齊的情況出現，也因此使人愈來愈關心訓練計畫品質的問題。此外，究竟需要多少的訓練機構才能提供全國足夠的諮商員，也還是一項待答的問題。

一、計畫的選擇

　　一項有效的諮商員訓練計畫，重點在於選擇最有潛力的人學習諮商的過程。一般說來，每個人不同的心理需求將會促使他選擇不同的職業，藉以表現出與該職業有關的人格特質。許多諮商訓練計畫的申請人被問到他們申請的動機時，均表示他們極願意服務人群或協助他人。

　　一套良好的諮商員訓練甄選計畫，應該包括：

(1)明確的選擇效標。

(2)靈敏的測量工具和實施。

(3)有系統和嚴格的篩選過程。

　　以上三項之中，以第三項篩選過程在一般的訓練計畫中最弱。無論是在諮商員教育或其他領域裡，篩選的標準一定要依該機構對這個職位的角色期待為何而定；所以對此角色之概念越清楚，越有助於完成此工作。通常我們無法在選擇、任用過程中，選出高層次的受訓諮商員，這不僅是所使用的工具的問題，而是負責挑撰、任用的人不能確定最終訓練是否符合各種不同諮商情境的需要。在篩選過程中所使用的各種工具及方式，只有當它們能與該機構的需求密切配合時，才可能發揮最大的功效。

　　通常用來錄取或淘汰申請者參加諮商員訓練的依據有：

(1)大學成績。

(2)標準化學業性向測驗（GRE或MAT）。

(3)自己或專業人員的推薦。

(4)申請者對其職業目標的陳述。

(5)標準化人格、職業興趣測驗的測量結果。

前三項通常是研究所入學的依據，後二者則是特殊的諮商員訓練計畫所需的。

目前愈來愈多機構要求申請者在加入諮商員訓練計畫前進行晤談。晤談不但對機構本身有益，對申請者也有好處；它能使雙方更進一步了解彼此能提供什麼給對方。

Gimmestad 和 Goldsmith（1973）隨機抽取一百個諮商員訓練機構，調查他們對研究生入學許可的政策和程序。由六十八個可採用的回答顯示，他們首先依據學業成就，然後再考慮其他的標準。在這六十八個機構中的五十九個已建立一最低的成績標準，以審核碩士學位的入學許可。最低標準在四點量表上，介於2.0到3.0之間，平均成績（GPA）是2.5。這些機構中有三十九個要求有 GRE 考試的成績，分數由700到1401，平均是900左右。十七個大學要求有 MAT 的成績，其中十一所定的最低分數由25分到50分不等，平均是40分左右。

諮商教育學者（counselor educators）大都認為現有的選擇過程並不適當。知能的測量雖然能推測個人在研究學習上的成就，同時也淘汰那些在知能上不合課程需要的人，但是愈來愈多的研究顯示，非智能的變項才是有效諮商的重要因素。例如Wrenn的研究結論即說到：熱心協助當事人和致力於自己的專業的同時，絕不可忽略諮商關係中的一項重要元素，即就是諮商員的真誠、自我信任、體驗更多生活的美與樂趣，以及關心別人。

近幾年來已較重視測量諮商員的人格特質。不但使用標準化人格測驗，在某些情況下還使用Q技術、檢核表和評定量表。但是以選擇的目的而言，這些努力價值不大，因為其應用範圍有限，只注意一些和諮商晤談有關的因素。另外，一些標準化人格測驗對於學過測量的研究生也不太合適，因為他們可能作假；可行的方法是由諮商的結果來評定諮商過程；目前研究的重點也導向諮商過程，這樣才能提供實際的資料以供選擇。

二、計畫的內容

Sanford (1966) 曾指出要刺激個人及其專業能力發展的基本前提，是在教育上要能把握挑戰與反應的原則。他認為學生只有在現有方式已無法適應某種情境時才會改變，也只有提供新的情境給他們，學生才會產生一些新的反應。

對於接受諮商員訓練的研究生而言，挑戰性仍嫌不夠。他們大部份都因襲成規，往往在到達一個機構兩週以後即感覺索然無味，然後自己也定型下來。大致上他們都能適應良好，而教師 (instructor) 也認為在他們身上不會有什麼新鮮事；但事實上，老師應該向學生們「挑戰」，使他們打破例行常規而重新修正待人的方式，因而激發不同的反應。

一套諮商員教育訓練計畫中，應該包括有幾個次級系統 (sub-systems)，最重要的一個次級系統就是課程。設計給碩士程度的諮商課程應該包括：

(1)輔導的基本課程
(2)生涯發展理論及教育、職業訊息的應用
(3)統計
(4)測驗與測量技術

(5)諮商理論與技術

(6)輔導方案的組織與行政

(7)團體歷程

(8)諮商實習

(9)心理發展

(10)有督導的實務經驗

(11)相關的心理學、社會學科目

Hill（1973）認為小學諮商員的訓練，在課程上至少有四分之一是不同於中學諮商員的訓練，應該另外包括對兒童的諮商實習與測驗課程，心理衡鑑技術、兒童心理學等。

依照 APGA （即現AACD）的標準，諮商員的訓練最重要的是課程，另有環境和專題的研究及督導的經驗，其中八項核心重點是：

(1)人類成長與發展

(2)社會及文化基礎

(3)助人關係

(4)團體實務

(5)生活方式及生涯發展

(6)個人衡鑑技術

(7)研究與評鑑

(8)專業導向 （professional orientation）

環境及專題研究則包括工作機構的歷史、哲學觀、趨向、目的、倫理、法律、標準和角色等項。

督導經驗則是使學習所得之知識、技術能加以統整，其來源有實務經驗、實習活動和實驗室；其中最重要的是實務經驗，包

括個別諮商和小團體諮商。APGA建議最短在九個月內,應開設六十個小時的個別或團體諮商實務活動,以增進其專業知能的發展。

三、諮商員訓練的特色

諮商員教育計畫的特色,都一直在改變中,不論在計畫的內容、技術、程序和組織上,大部分計畫的目的是爲增進個人專業和人格的發展,亦即用以鼓勵學生發展:

(1)人際關係技巧。

(2)技術性技巧,如了解測驗技術等。

(3)觀念性技巧,如構思與解釋等。

Blocher (1968) 將諮商員教育計畫分成三種不同型式呈現給學生:

1. **立即－直觀方式** (immediate－intuitive):

這種計畫強調個人體驗的歷程,包括敏覺性訓練、小團體活動、溝通、回饋、及覺知個人行爲等,Hallberg (1971) 稱之爲「靜默課程」(silent curriculum)。

2. **認知－理論方式** (cognitive－theoretical):

亦即運用一些認知結構以協助個人建立起對人際交往情境的知覺;包括閱讀、演說、討論和使用圖書館等。

3. **實證－運用方式** (empirical－pragmatic):

本項方式著重研究、實務練習、實地工作與實習等,可以使剛出道的諮商員驗證自己的知識與技術。

一項研究生的諮商訓練計畫中若能包括上述的三種方式,將會更爲理想,因爲一位好的諮商員必須三方面兼具。Carkhuff (1972) 就曾經指出,有系統的訓練計畫才可能促使人員與計畫

有效的發展。

諮商員教育的特色，綜而言之包括：

1. 課程內容自具體到抽象都有；例如有關測量的方面即相當具體，而在其他的課程上可能非常抽象而需要心靈上的操作 (mental manipulation)。

2. 學生花在每一階段的學習時間也隨著內容的複雜程度而不同。例如在諮商理論中，有許多錯綜複雜的假設或模式以驗證各理論，如此則需靠學生對基本概念的了解，具有較高層次的心智能力，才能予以同化吸收。

3. 由於諮商的有關領域擴展太多，而使課程內容的選擇逐漸困難。許多諮商員的教育計畫即在應該強調理論分析或強調應用的取捨之間搖擺不定。

4. 必須確定諮商員的教育中究竟應具備那些「質」(quality)？一般學者認為：(1)課程內容愈抽象，對一般人而言愈困難；(2)課程愈困難，其質的程度愈高。然而卻有少數訓練計畫企圖將教育的「質」與「抽象的程度」混淆在一起。

5. 諮商員教育的機構是促進改變的機構。藉著提供學生本來不知道的訊息，協助他們獲得從未有的技巧，以及使他們重新以另一種態度來面對世界及所產生的問題，而使它們改變。

諮商員教育計畫中，不論是整個政策的制定或是課程的修訂，都有越來越多的學生主動參與。這些學生均必須脫離往常所扮演的期待角色及習慣性行為，以適應新的方式。此外，我們也不能忽略影響當代諮商員教育的一些發展性因素：

1. 傳統的諮商員教育是研究生的教育，而現在有愈來愈多的訓練提供一些機會給大學生。

2．愈來愈多的諮商員訓練計畫提供給受訓練者自我發展的機會。

3．在訓練計畫裡，使用愈來愈多的科技及模擬教材，如電腦、錄影機等。

4．指出一些基本而又屬於專業性的諮商技巧，並發展出訓練方案以協助學生熟悉並運用這些技巧。

總而言之，提供諮商訓練的機構，一定要提供足夠的挑戰給學生，並正確地且有系統地評估他們的能力是否足以因應這些挑戰，同時在挑戰太強烈時能給予學生支持。無庸置疑地，有一些諮商員訓練機構能呈現一股力量以刺激學生在諮商工作上表現得更完美；有些機構則完全發揮不了作用，而仍有許多機構對自己應發揮的力量都還不甚明確。這種力量一部分來自學生的承受度、教師的品質、機構的設備與傳統等；但這些並非全部，若無這種力量，其他條件再如何的配合也是不夠。相反地，這種力量甚至可以彌補其他條件的不足。

第四節　學校諮商員的資格

美國的諮商員主要具有二項條件，即具有碩士學位及取得輔導人員證書。

Forster（1977）指出，取得證書的方式有二：

一個是由州政府立法，明訂專業的職稱及工作內容。第二種方式是由政府有關機構來頒發證書，以確定其能力及職稱，由州政府教育廳檢查申請者是否修夠必要的課程以及具有相關的經驗。通常學校輔導員必須有一～三年教學經驗、合格教師證明、

碩士學位及若干小時。不過近年來，許多州開始改變申請的條件，採用二～三階段的頒證制度，隨著不同的階段而要求不同時數的輔導課程經驗。

Vogel（1978）歸納由1967年～1976年之間對「專業資格」的認定，其改變情形如下（見表4-2）：

(1)減少碩士班的輔導課程。

(2)減少教學年資的要求；或改以實習經驗取代之。

(3)區分對小學與中學輔導員的不同要求。

(4)強調諮商的實習。

(5)建立起以「實際表現爲準」（performance－based）的效標。

表4－2　美國1967、1972與1976年對諮商員資格要求的比較

要　　　求	1967	1972	1976
教 師 證 書	50	43	35
教 學 經 驗	46	37	26
工 作 經 驗	21	16	16
學 士 資 格	18	10	10
碩 士 資 格	33	36	34
實 習 演 練	25	36	40
專 業 科 目	50	43	39

註：表中數字爲州數

華盛頓州已建立起一個能力本位（competency－based）的模

式來認定輔導人員資格。Brammer 與 Springer（1971）說明這個模式不包括課程、學分或學位的要求，而是要求有關的儲訓或正式服務機構重視對學童、教師與家長所提供的實質性服務。此模式的基本前提是認爲專業性的發展是終其一生的歷程，因此所有的諮商員最起碼要能符合專業的基本標準；其訓練的聯鎖範圍涵蓋了該地區的各級學校及和專業機構，這些參與者除了參加此訓練計畫之外，並有責任向州教育局推薦合於發證資格的人。此計畫的儲備諮商員訓練分爲四階段，亦即準備（preparatory）或見習（intern）階段、入門（initial）階段（已學過一些基本技巧，但尚未有實習或督導經驗）、持續（continuing）階段（已表現出諮商的能力），以及諮詢（consultant）階段（此時的諮商員可擔任學校的訓練顧問，亦即以實際工作爲主的諮商員與教育者）。由此可見以實際表現爲準的諮商員頒證制度將是未來的主流趨勢。

　　大多數辦理輔導員訓練計畫的大學，所有的受訓練者在得到州政府頒發的諮商員證書之前，均須符合一些要求，這些要求比州政府教育部門的要求嚴格，例如以前列爲選修課程的督導實習，現在已成爲必修。至於州政府所立的標準，也有越來越嚴的趨勢。大多數的課程傾向於技術導向，即重視諮商技術、個案研究、輔導組織及行政等課程的訓練。此外，另一個趨勢是各州之間認可學校輔導員的「互惠性」（reciprocity），即各州可頒給他州已獲得輔導員證書者另一張證書。

第五節　諮商員的角色與功能

學校輔導員都做些什麼工作？他們的角色如何？這些問題可由學生、老師、行政人員及家長的觀點加以探討。

壹、輔導員的角色

一、學生的觀點

許多學生認為輔導工作是有用的，這些學生認為輔導員是他們學業上的輔助者，也希望輔導人員多了解有關升學或就業的各種機會，但論及個人問題，則輔導員幫助不大。Van Riper（1971）調查了七百三十五個九年級學生，問他們對輔導員角色的看法，覺得輔導員給予的協助與服務有多少，以及尋求輔導員協助的頻率，結果發現大多數的同學認為輔導員的角色即是協助他們做教育的計畫；有些人認為輔導員主要是解決學校方面的問題，但是很少人認為輔導員可以解決個人困擾問題。進一步更發現到學生對輔導員角色的看法與教師、校長其實並無太大差異。

Leviton（1977）編製「輔導的自評問卷」，以明尼蘇達州五百五十位高中一～三年級學生為對象，發現關於就業上的問題，45％的人會找父母，26％找輔導員幫助；若因違規犯過方面的問題，則54％會找輔導員；當遇到學校學習上的問題時，有42％找老師，27％會找輔導員；若論及個人困擾，54％會找朋友或親戚，29％找父母，而只有4％找輔導員或心理醫師。在所有受試中，84％在求學階段曾與輔導員有過最少一～兩次的晤談經驗。77％表示是主動找輔導員，其中又有四分之三說有得到幫助。

Wells及Ritter（1979）調查中學生對於輔導員角色的看法，見表4-3。在五百五十位學生中，超過五分之四的人會為轉班、畢業後工作的抉擇找輔導員，但是只有4％會因個人困擾找輔導員。

表4-3　**學生求助對象**

	諮商員	處主任	生涯輔導員	教師	校長	親友	父母	其他
1.選大學	29	1	27	4	0	8	27	2
2.轉班	81	3	1	7	1	2	5	0
3.與老師發生衝突	40	18	0	8	10	6	17	1
4.朋友間的問題	6	2	1	3	1	49	28	10
5.經濟問題	24	2	17	2	3	7	38	5
6.畢業的要求	80	3	6	6	1	1	2	0
7.生涯抉擇	26	1	29	4	0	5	28	7
8.有關性的問題	4	0	2	3	0	32	45	14
9.親子間的問題	12	1	1	4	0	54	16	12
10.決定大學主修科目	26	1	29	4	0	5	28	7
11.有關就業機會之資訊	8	1	78	2	0	5	4	1
12.個人的困擾	4	0	2	1	0	46	35	11
13.協助找工作	4	0	52	1	0	11	21	10
14.有嚴重困擾	7	4	0	2	3	32	43	6
15.擬定在學期間之計畫	51	1	6	5	0	7	26	4

註：表中數字係所有回答人數的百分比

Wells 與 Ritter 的研究同時指出,學生眼中諮商員工作項目的的重要性,依等級排列爲:(1)協助學生擬定計畫,(2)協助學生計畫考大學,(3)與學生就其個人困擾問題進行諮商,(4)協助學生選擇就讀學校,(5)提供職業資料,(6)保存學生正確的紀錄,(7)處理學生紀律問題,(8)協助就業安居,(9)高中的定向輔導,(10)舉辦家長、教師、學生間的座談,(11)解釋測驗分數,(12)進行出缺席的輔導,(13)校園內的視察。

因爲各調查得到的結果的均不相同,很難看出學生眼中輔導員的角色究竟如何,不過可確知的就是學生在教育與職業方面做抉擇時,較會尋求輔導員的協助。

二、教師的觀點

三十多年前,Darley (1956) 發現在一般教師心目中,輔導員是:

(1)相當於行政人員的角色,校內不可少卻也不受歡迎。

(2)只提供「協助」,所以可有可無。

(3)只會偏袒將被學校開除的學生。

(4)扛著心理學家的名號,把大家都懂的事用大家都不懂的話說出來。

(5)所謂的輔導隱私性 (confidentiality),只是當該機構的福祉受到威脅或所採取的行動受到挑戰時所持的藉口。

Lewis (1972) 的描述更尖酸刻薄,多少反映了Darley的看法,如下文所說:

「輔導員忘記了教室內的壓力、教室的限制及它的規定;輔導員把孩子帶出教室,說他有權如此;輔導員是無能者,因爲不能擔任教師,才做輔導員;真正的好輔導員,每天至少教二堂課,

晤談三名學生，但其實他明白，晤談中的二名是關於預習功課的小問題。所謂專任的輔導員是騙人的，當他遇到專任的老師，他鞠躬哈腰，說我只是輔導員，而你是老師。好的輔導員，從不做任何判斷，因為他知道他做不出來，所以他只好集中精力去背孩子們的名字。他是靠著介紹新學習方法而和學生保持接觸的。如果發現學生有犯法之行為，馬上通知其觀護人；在家庭訪問時，提醒家長不要疏忽管教子女，這就是所謂的輔導員。」

其實許多輔導員以前也是教師，這些指責的確冷酷無情，造成教師對輔導員如此有敵意的可能原因是老師很難接受「學校需要一個人際關係專家」的觀念，而若承認了輔導員存在的價值，似乎表示這些教師的確有些自己不敢面對的弱點。

不過，老師們的指責有些可能是對的，因為：

(1)輔導員的功能有類似行政人員之處，所以很容易被視為行政人員。

(2)輔導員對學生與老師的服務並沒有很完整及有價值，若只是居於協助的地位，那將是可有可無的角色。

(3)對功課不好學生的接納及無條件積極關懷，易成為無目的的縱容，易造成學生對其他老師的反感。

(4)輔導員在與一般老師溝通時，愛賣弄專業術語，有時又不懂裝懂。

(5)把輔導上的保密工作，當成自我保護的措施，而不把它視為專業倫理，使一般老師對輔導員的工作內容由於不知道，產生懷疑而且不安。

三、行政人員的觀點

Hart 及 Prince （1970）指出輔導員的角色，在輔導員與行

政人員觀點中，相當衝突不一致，行政人員不認爲輔導員眞的有能力處理學生個別的與情緒上的困擾，甚至不少調查發現，行政人員習慣於把輔導人員視爲文書工作者或是半行政人員，他們希望輔導員做的工作是設計學校課程、監督學生出席率、訂定行事曆、充任代課老師。

Arbuckle（1971）指出行政人員認爲輔導員是：

(1)校內決策者的助手。

(2)對學生的學業及就業，給予忠告。

(3)負責把學生的心聲傳達給行政主管。

(4)設法讓學生適應學校現有的生活環境。

而輔導人員學習到他所要負責的任務卻是：

(1)透過個別或團體輔導，增進學生自我了解。

(2)對學生所說的一切負保密之責。

(3)使學生對自己的良心負責比去適應學校行政體系更重要。

若照行政人員的觀點看來，他們是希望輔導人員能在各面都兼顧得很好，但事實上，輔導人員若眞的達到他們的要求，他們又會認爲輔導人員充其量只是一群「博而不精」的人。像這種既要馬兒肥，又要馬兒不吃草的態度，對輔導人員相當不公平，但令人不解的是爲什麼行政人員會一直持續這種觀念？難道會是因爲行輔導人員對自己的專業亦未能有正確淸楚的認識，因而任人擺佈？

四、父母的觀點

Evraiff（1961）的調查發現父母認爲輔導員的工作重點，排列等級如下：

(1)擬定計畫。

(2)處理學校的問題。

(3)對學生進行未來生涯的諮商。

(4)處理學生的個人困擾。

Bergstein 及 Grant（1961）曾調查六～十二年級學生中的一百八十七位母親，一百七十九位父親，發現父母認爲輔導員對學生的教育、職業問題最有幫助，而在個人情緒與社會這些問題上無大助益。

由這兩項二十多年前的調查結果發現有兩個現象值得探討，一點是當時的父母認爲輔導員首要之務是擬訂計畫，這種觀念已經過時了；並非這項工作不再重要，而是有其他更重要的工作。此外，值得輔導員反省的，就是雖然被稱之爲助人的專業，但是尋求輔導員協助的父母人數只比找親友協助的人多一點點。

雖然正式的文獻很少提出父母對輔導員的工作期望，但在許多學者專家的文章中仍不難看出，也就是家長普遍希望輔導員能幫他們勸導子女去做有關升學或就業的抉擇，或是糾正他們不當的育兒方式。但是顯而易見的是這種代子女決定升學就業問題，或是要馬上解決長久存在親子間的衝突的作法，都是很不合理的期望。而且，問題是，輔導員應該勸導孩子去做「正確的抉擇」嗎？尤其這種所謂「正確」的抉擇有時只是指順從父母的要求而已！

五、社會大衆對輔導員形象的看法

自1957年蘇俄發射人造衛星後，美國受到了震撼，輿論一致要求輔導員及教育人員應盡全力使美國的靑少年加入生產的陣容，各界輔導員變成有義務提供人力以滿足社會需求，甚至認爲他們應協助及說服學生培養社會亟需的特殊才能，職業輔導因而

被視爲當務之急，因此，學生的心理健康問題變成是次要的工作重點。像這種看法已忽視或扭曲了「工作成就與工作滿意度和個人心理健康與生活適應有關」的觀念；再者，人力資源的提供的確是輔導員工作之一，但若過於偏重，是否將使一般人以爲輔導員淪爲只是幫職業輔導處填滿就業者名單的人而已。

貳、輔導員的功能

由以上所述可看出，對輔導員的角色與功能確是各家說法不一，所以逐漸有些學者與專業機構均致力於明確地建立輔導員的角色與功能，如Wrenn（1962）提出輔導員應具備下列功能：

(1)與學生進行諮商：經由個別及團體諮商，幫助學生了解自己，做決定及訂計畫。

(2)與家長與教師、行政人員諮商：以幫助了解學生，及管理學生。

(3)了解學生身心特性的變化情形：並且將此資料提供給學校行政單位及課程發展委員會參考。

(4)與其他學校社區資源相配合，使老師及學生能善加利用這些校外資源。

「美國學校輔導人員協會」（ASCA）探討過各級學校輔導員的角色及功能（如表4-4），近來 ASCA 更提出以「發展性諮商」（developmental guidance）爲學校的輔導模式，此模式兼具積極主動及預防的功能，更能使輔導人員發揮助人關係，其主要方式如教授迷你課程，參與課業輔導、留校超過七小時，與教師諮詢、以及多利用教具等。

表4-4　不同機構諮商員的角色功能

特點／機構	小學	初中	高中	高中後
宗旨	關心兒童的發展過程以發揮其潛力。	滿足青少年前期特殊的生理、情緒及社會需求。	協助學生確定並滿足其教育、職業及個人、社會方面的需求。	主要的重點在於學生正常的發展需求。
內容	居輔導工作的主導地位，重視兒童自我概念及其經驗的交互作用。	輔導計畫中的一部分。	輔導是學生人事服務的一部分。	是學生服務的工作者。
諮商目標	獲得「認定」，做決策。	促進自我發展，自我了解與認定。	協助學生培養做決策的能力並訂定未來的計畫。	協助學生擷取資料，培養對自己及環境的洞察力與良好的態度。

諮商關係	關心每個兒童對現在的知覺以及如何連接現在與未來。	沒有特別註明。	尊重來談者的統整性；保密；對全校同學開放。	教育、生涯及個人社會的諮商。
功能	個人與團體諮商；為教師、其他同時及家長提供諮詢；評估輔導及諮商計畫；生涯諮商，宣導諮商工作。	個人與團體諮商；對同事及家長諮詢；與社區接觸；中學生定向輔導；生涯發展活動。	個別與團體諮商；同事諮詢；協助家長；學生自我評估；提供資訊與計畫；轉介；公共關係。	個人與團體諮商；諮詢；始業輔導；測驗；與其他機構連繫；做研究；公共關係。
專業關係	學生、家長、轉介單位。	學生、家長、教師、行政人員、人事單位。	學生、家長、教師、行政人員、社區人士。	學生、同事、行政人員。

　　綜上所述，雖然已有許多人致力於澄清學校輔導員的角色與功能，但似有許多待努力之處，尤其當專業的訓練變得更有制度、更有連續性的時候，角色與功能的確立更有其必要。如此將有助於專業形象的建立，到那個時候，學校輔導工作才有可能真的成

爲一種事業，而非只是儕身爲行政人員的踏脚石，或是逃避教師工作的藉口。

第六節　輔導員的生涯

近來有許多人在討論輔導員的事業發展型態，卻很少人去深入研究。最爲人熟知的路線是由老師→輔導員→校長，這種三部曲很讓計劃輔導員教育的人頭痛，認爲因此會喪失許多輔導員。雖然這種流失情形已屢見不鮮，但眞正的原因卻乏人探討，例如，是因爲自然的發展？經濟因素？地位因素？或因爲本來大家就認爲輔導員訓練就是培養行政主管人員的「搖籃」？

此外，流失的人數有多少也應深入探討，有些學者認爲這種進階路線只代表1965年以前的情形，此後將漸漸減少。

壹、流失量的推估

Fujinaka 與 Stone 調查1974年輔導員訓練與其日後工作情形的相關，結果顯示，訓練後六年，只有45%的輔導員留在輔導工作的領域中，流失的原因有二：

(1)傳統的老師→輔導員→校長的升遷過程。

(2)受完訓練後又回原來的教師職位上。

而有關近年來的流失比率則無人調查，但可確定的是仍有流失現象產生，雖可找到些可能的理由，但較明確的資料卻無。因此應建立起縱貫性的研究資料，因爲對那些訓練輔導員的機構及想進入這領域的個人而言，若能得到較客觀、有效的資料，將可避免因爲選錯人而投資太多無謂的時間與金錢。

貳、典型的型態

在美國，在接受教師訓練課程及若干年教學經驗後，有些人進而接受輔導員訓練，通常是以在職進修的方式，完成輔導員訓練課程，再擔任學校輔導員。通常在受過訓練後，有下列數種發展型態：

(1)仍然是輔導員，只是由郊區小學校調到市區的大學校。
(2)有數年輔導員經歷之後，擔任輔導行政人員或輔導方面的督導。
(3)成為校長、副校長或主管人員，因此脫離輔導界。
(4)繼續深造，然後擔任如大學的輔導員，輔導教育家，教育心理學家及學校心理學家等。也有些人是受完訓練之後，完全沒有在這個領域工作過的。

參、影響生涯型態的因素

影響輔導員生涯發展型態的因素須視個人人格因素與就業市場的交互作用而定，亦即其型態受到許多因素影響，例如：

一、開始時的動機

由申請進入普渡大學 (Purdue University) 就讀諮商與人事服務課程的學生意見中，發現排名前四個的動機是：

(1)喜愛從事人的研究。
(2)想換工作。
(3)受某一個人的影響。
(4)想成為更好的老師。

Frey 與 Shertzer (1969) 以輔導員的生活史 (life history)

分數爲效標，以預測其就業情況，發現繼續留任輔導員者，傾向于愛接近人群，較有慾望達成目標。Schutz與Mazer（1964）用因素分析法，調查一百五十三位輔導研究所學生，選擇這職業的動機，發現比較正向的因素包括想追求個人生活意義，想幫助他人，及想繼續深造，研究輔導等；而負向的因素則包括避免個人受到傷害，不想從商，不想跟人競爭以及不喜歡勞力的工作。Kehas 與 Morse（1970）探討由老師轉爲輔導員的原因，發現大部分都是被動的因素造成，例如十二位接受調查的輔導員中，有五位是因校長要予以重用。這十二位原都是表現良好的教師，只因爲可由此得到進修機會。由調查結果發現這些人參加訓練的動機相當不一致，有些甚至毫無想成爲輔導員的意願，而有些是受完訓練後即退出此領域。

二、經濟因素

　　毫無疑問，有一些輔導人員是因爲經濟因素而脫離此領域。只有當輔導員階級的薪水能與其他行業收入相抗衡時，輔導員的比率才略增加。

　　Dunlop（1969）曾調查一百個待遇較好的公立學區的輔導員就業狀況，結果發現：這些輔導員有較高的訓練水準，是專任的，不一定只找曾在本地區工作的人，及不限制要有教師資格或教學經驗，所有的輔導員皆有實務經驗。

三、社會地位因素

　　Granger（1959）的調查結果發現，在心理學各專業的等級上，學校輔導員幾乎是敬陪末座。Kondrasuk（1971）將 Granger 的問卷給二百九十二位明尼蘇達大學心理研究所學生填卷，發現在二十種輔導專業中，學校輔導員居第十八位，只高於心理計量

人員及就業晤談員；但輔導員在學校的校長及老師眼中，地位似乎比較高些。Moses 及Delaney（1971）的調查發現，在十八個有關專業中，學校輔導員居第六位，位在老師之下，學校心理學家之上。

如果學校輔導員主觀認為自己的社會地位很低，則隨之而來的不安全感，挫折感及焦慮意識皆可能使這個人轉行。

四、工作環境

絕大多數的輔導員是在設備不足的情形下工作，有些輔導員得身兼數職，甚至得做一些與輔導業務不甚有關的瑣碎工作。不同的工作情境，可讓一名最有能力的輔導員更賣力工作或喪失工作興趣，因而轉行。

五、適宜的或受限制的角色行為

如前所述，不同的人對輔導員的角色行為有不同的看法。由文獻得知，這些紛歧的意見是因為每個人對輔導員的角色期待，人格特質及功能的要求上均有不同所致。因此當輔導員發現若別人對他的角色期待，他能接受，並樂於遵守，則他極可能留在工作崗位；反之，若此角色期待令他不安，甚至造成威脅，則他當然較易另謀出路。

第七節　當前的論題

一、諮商員應該是通才或是專才？
贊成「通才」的理由是：

1. 就歷史觀點，輔導功能的發展至少在某些方面是能超越大眾教育的特殊化與非個人化，因此認為諮商員是專才的觀點是

一種似是而非的理論。

2. 諮商員基本的工作即是協助個人從事學習、計畫個人事項、作決定、也是個人困難的基本協助者，這需要一個通才能完成這些目標。

3. 諮商員大部份的時間都用於個別調查、定向服務、團體輔導、計畫、安置、追蹤等活動。要扮演一個通才，諮商員始能推展有效諮商服務，而這些技巧只是輔導計畫中的一項而已。

4. 諮商員的技巧最好是用來增進老師、行政人員、家長、社區資源者、學生等人的關係，而非只對單獨一個案主而已。

5. 諮商員的養成訓練不足以扮演治療角色中專業上的需要。擔任一個通才，他們可以發展預防性與發展性輔導計畫，負有「提供健康」的功能。

6. 老師及行政人員期望諮商員所做的不只是諮商工作，他們希望諮商員也擔負治療、訓導及行政責任。

贊成「專才」的理由是：

1. 由歷史觀點看來，諮商員即是以職業輔導專家身份進入公立學校。儘管專業性已擴大於職業輔導範圍以外，其基本義務仍是在與學生進行諮商。

2. 通才的功能使諮商員的時間及精力過於分散，以致使學生或學校對這個機構無深刻的印象。

3. 老師和其他學校同仁亦能擔任資料提供的服務，所以諮商員的技巧應該全部致力於和學生諮商。

4. 如果要使學生繼續在學校且從受教經驗中獲益的話，他們需要更進一步的矯正與治療性諮商服務。

討論：

　　雖然許多作者將諮商者二分成通才或專才，但在某些方面的爭論是太兩極化。專才的負面被過份強調，通才的正面也太被強調。但是對於「諮商員的存在是因學生個別發展需要」上卻沒有太大的不一致。因此，專業化眞正的目的是使諮商員導向於了解、協助個人，此點有利於專才方面。

二、學校輔導員是技術人員或專業人員？

是「技術人員」，因爲：

1. 諮商員在學校裡是協助老師的。老師們在傳統上即扮演優於輔導人員立場的角色，現代輔導即源於傳統學校當局的需要，以使教學更有力，而不致限制了老師的權威性。
2. 現代輔導工作是位於教育的旁邊(beside)而不是在教育之內(within)。因此，諮商員缺少明確的專業肯定，亦即不將諮商視爲是教育整體的一部份，也被期望對教育提供創造。
3. 獲得專業地位者已當心理學家、科學家或教授，而不是學校輔導人員。
4. 社會並未明確要求諮商員應發揮的功能。
5. 諮商員應用現代行爲科學的原則協助老師建立自己的教育目標時，由於本身興趣、技術、目標的分歧，而無法建立一個統整的輔導科學。

是「專業人員」，因爲：

1. 諮商員所負的責任和對案主所作的判斷，已太廣泛，不只是「技術人員」所活動的範圍而已。
2. 諮商員的角色與功能已爲大衆所接受。關於角色與功能已傳給大衆知曉。
3. 進入這種職業已須由訓練機構所設之標準所約束，而且是經

全國國性專業組織所接受的標準所指導。

討論：

在諮商人員、教師與行政人員三種人之中，這種爭論常引起很大情緒反應，因爲這可能成爲專業間猜忌的焦點。在表面上，上面任何一種人都支持諮商人員的專業，每種團體的成員理論上均清楚知道理想的諮商人員所負之責任。如果職務上的活動符合理想諮商員的功能時，對於學校諮商的專業地位即很少爭論；但是理想與現實之間的差距是很大的。在學校情境中，當諮商人員描述他們的工作範圍與性質時，總會導致一個結論：即他們的行爲是「技術人員」的行爲。

理想諮商人員功能的敍述已經由諮商教育者釐清過。最近的一些論著已提到學校諮商人員接受這種理想，尤其是那些已踏入這個領域的人，但卻不被學校其他人員所接受。無可置疑地，對於這個專業形象的了解與支持仍然需要一些時間的。

〈本章摘要〉

在本章中，以很長的篇幅討論學校輔導人員，大的項目包括供需、特質、準備、角色及功能等項。

就供需而言，目前諮商人員與學校中學生人數的比值增大，亦即諮商人員的人數增多，同時由於提供訓練的機構增多而使人員的素質水準提高。在美國輔導人員大多是碩士級程度者。

至於特質上的研究，則由四個觀點出發，包括：

(1)基於經驗、觀察而作的推論。

(2)研究諮商員不同於其他專業人員的特質。

(3)研究有效、無效諮商員之間特質的差異。

(4)研究在諮商中，諮商員的那些人格特質有較大影響。舉出許多國外研究，也可供國內有興趣人士研究時的參考。

在諮商員的準備上，談到如何才能選取好的人員，適合的人員來擔任諮商的工作，另外也要考慮訓練計畫應包括那些項目才能使學生獲益最多。

學校輔導員的專業資格，美國的情形是大部分的州，要求其有碩士學位及輔導員的證書，但最近幾年有一些改變；本章提出三項新的趨勢，例如，輔導員不需要受到碩士資格及教學經驗的限制，而是對學生、教師、社區實際的工作表現；輔導員的訓練課程注重專業技術及方法的訓練；各州已建立互惠性，州與州之間互相認可合格的輔導員。

輔導員的角色與功能，可就學生、教師、行政人員，家長、及社會大衆的觀點來探討。總結而言，學生認爲在教育及職業輔導上，輔導員較有幫助，但對於個人困擾的問題，則較不願意找輔導員；老師們則不太喜歡輔導人員，認爲他們是特殊人物；學校行政人員將輔導員視爲無所不能，常要求他們從事一些專業之外的工作，而社會一般大衆認爲輔導員主要是幫助學生發展才能及找到良好工作。

輔導員的生涯發展，可以從流動的人數、傳統的型態、影響變動的因素等來闡述。

〈討論問題〉

1．教學經驗是成爲學校輔導員所必備的條件之一嗎？
2．有較可行的方法來保留這些專業人士，以免因流失而形成訓練的成效不彰嗎？

3.兩年的專業研究是學校輔導員訓練所必需的嗎？

4.輔導員的訓練課程，是否需要以現在輔導員的職務爲依據？

5.如何將敎學內容與實務工作相結合，使輔導訓練課程更落實？

〈本章參考文獻〉

吳武典主編（民69）：**學校輔導工作**。台北市，張老師出版社（第
十一章）。

吳武典（民76）：**散播愛的種子——輔導的理念與方法**。台北市，
張老師出版社（第七一九章）。

Arbuckle, D.S. (1956) . Client perception of counselor personality. *Journal of counseling Psychology, 3.* 93–96.

Arbuckle, D.S. (1971) . Educating who for what? *Counselor Education and Supervision. 11,* 43.

Bergstein, H.B., & Grant, C.W. (1961) . How parents perceive the counselor's role. *Personnel and Guidance Journal, 39,* 698–703.

Berman, J. (1979) . Counseling skills used by black and white male and female counselors. *Journal of Counseling Psychology, 26,* 81–84.

Blocher, D.H. (1968) . Counselor education: facilitating the development of a helping person. In C.A. Parker (ed.) . *Counseling theories and counselor education.* Boston: Houghton Mifflin Company, 133–144.

Brammer, L.M., & Springer, H.C. (1971) . A radical

change in counselor education and certification. *Personnel and Guidance Journal, 49,* 803−808.

Carkhuff, R.R. (1972) . New directions in training for the helping professions: toward a technology for human and community resource development, *The Counseling Psychologist, 3,* 14.

Carkhuff, R.R., & Berenson, B.G. (1969) . The counselor is a man and a woman. *Personnel and Guidance Journal, 48,* 24−28.

Cash, T.F., & Salzbach, R.F. (1978) . The beauty of counseling: effects of counselor physical attractiveness and self−disclosures on perceptions of counselor behavior. *Journal of Counseling Psychology, 25,* 283−291.

Chenault, J., & Seegars, J.E. (1962) . The interpersonal diagnosis of principals and counselors. *Personnel and Guidance Journal, 41,* 118−122.

Cottle, W.C. (1953) . Personal characteristics of counselors: I. *Persosnnel and Guidance Journal, 31,* 445−450.

Cottle, W.C., & Lewis, W.W. (1954) . Personality characteristics of counselors, II: male counselor responses to MMPI and GZTS, *Journal of Counseling Psychology, 1,* 27−30.

Cottle, W.C., Lewis, W.W., & Penny, M.M. (1954) . Personal characteristics of counselors, III: an experimental scale, *Journal of Counseling Psychology,* 1, 74−

77.

Darley, J.G. (1956) . The faculty is human, too. *Personnel and Guidance Journal, 35,* 225−230.

Dunlop, R.S. (1969) . Employment and compensation practices for counselors. *Personnel and Guidance Journal, 47,* 944−950.

Evraiff, W. (1961). Perceptions of the counselor. *School Counselor, 8,* 78-82.

Farson, R.E. (1954) . The counselor is a woman, *Journal of Counseling Psychology, 1,* 221−223.

Filbeck, R.W. (1965) . Perceptions of appropriateness of counselor behavior: a comparison of counselors and principals. *Personnel and Guidance Journal, 43,* 891−896.

Foster, J.R. (1977) . What shall we do about credentialing? *Personnel and Guidance Journal, 55,* 573−576.

Fretz, B.R., & Mills, D.H. (1980) . *Licensing and certification of psychologists and counselors.* San Francisco: Jossey−Bass.

Frey, D.H., & Shertzer, B. (1969) . Life history correlates of a career commitment to school counseling. *Personnel and Guidance Journal, 47,*951−957.

Fujinaka, L.H., & Stone, S.C. (1974) . Conuselor commitment and career development, *Counselor Education and Supervision, 14,* 47−53.

Guttman, M.A.J., & Haase, R.F. (1972) . Effect of experimentally induced sets of high and low ``expert-ness'' during brief vocational counseling.*Counselor Education and Supervision, 11,* 171−177.

Gimmestad, M.J., & Goldsmith, E.B. (1973) . Admission policies for graduate programs in counselor education. *Counselor Education and Supervision. 12,* 172.

Granger, S.G. (1959) . ``Psychologists'' prestige rankings of psychological occupations. *Journal of Counseling Psychology, 6,* 183−188.

Hallberg, E.C. (1971) . The silent curriculum in counselor education.*Perosnnel and Guidance Journal, 50,* 198−201.

Hart, D.H., & Prince, D.J. (1970) . Role conflict for school counselors: training vs. job demands. *Personnel and Guidance Journal, 48,* 374−380.

Hayes, K.E., & Wolleat, P.L. (1978) . Effects of sex in judgments of a simulated counseling interview. *Journal of Counseling Psychology, 25,*164−168.

Herr, E.L. (1979) . *Guidance and counseling in the school.* Fall Church, Va.: American Personnel and Guidance Association.

Hill, G.E. (1973) . Preparation of the elementary school counselor: 1972.*Counselor Education and Supervision, 13,* 84−92.

Hollis, J.W., & Wantz, R.A. (1980). *Counselor preparation,* (4th ed). Muncie, Ind.: Accelerated Development, Inc.

Johnson, M. (1978) . Influence of counselor on reactivity to clients. *Journal of Counseling Psychology, 25,* 359–365.

Kazienko, L.W. & Neidt, C.O. (1962) . Self–descriptions of good and poor counselor trainees. *Counselor Education and Supervision, 1,* 106–123.

Kehas, C.D., & Morse, J.L. (1970) . Perceptions in role change from teacher to counselor. *Counselor Education and Supervision, 9,* 248–258.

Kehas, C.D., & Morse, J.L. (1971) . Perceptions in role change from teacher to counselor, II. Intra-role conflict and motivation for change. *Counselor Education and Supervision, 10,* 200–208.

Kondrasuk, J.N. (1971) . Graduate students' rankings of prestige among occupations in psychology, *Journal of Counseling Psychology, 18,* 142–146.

Kemp, C.G. (1962) . Counseling responses and need structures of high school principals and counselors. *Journal of Counseling Psychology, 9,*326–328.

Leviton, H.S. (1977) . Consumer feedback on a secondary school guidance program. *Personnel and Guidance Journal, 55,* 242–244.

Lewis, F.C. (1972) . Some of my best friends and counselors. *Phi Delta Kappan, 53,* 372.

Lewis, K.N., & Walsh, W.B. (1978) . Physical attractiveness: its impact on the perception of a female counselor, *Journal of counseling Psychology, 25,* 210−216.

Merluzzi, B.H., & Merluzzi, T.V. (1978) . Influence of client race on counselors' assessment of case materials. *Journal of Counseling psychology, 25,* 399−404.

McClain, E.W. (1968) . Is the counselor a woman? *Personnel and Guidance Journal, 46,* 444−448.

Moses, H., & Dalaney, D.J. (1971) . Status of school personnel. *Journal of the Student Personnel Association for Teacher Education, 9,* 41−46.

Mowrer, O.H. (1951) . Training in psychotherapy. *Journal of Counseling Psychology, 15,* 274−277.

Polmantier, P.C. (1966) . The personality of the counselor. *Vocational Guidance Quarterly, 15,* 95−100.

Sanford, N. (1966) . *Self and society.* New York: Atherton Press, Inc.

Schmidt, L.D. & Strong, S.R. (1970) . Expert and non expert counselors. *Journal of Counseling Psychology, 17,* 115−118.

Schutz, R.E., & Mazer, G.E. (1964) . A factor analysis of the occupational choice motives of counselors. *Journal of Counseling Psychology, 11,*267−271.

Shertzer, B., & Stone, S.C. (1981) . *Fundamentals of*

Guidance. (4th ed). Boston: Houghton Mifflin Company.

Shullman, S., & Betz, N.E. (1979). An investigation of the effects of client sex and presenting problem in referral from intake. *Journal of Counseling Psychology, 26,* 140−145.

Strong, S.R. (1968). Counseling: an interpersonal influence process.*Journal of Counseling Psychology, 15,* 215−224.

Thompson, R.A., & Cimbolic, P. (1978). Black student's counselor preference and attitudes toward counseling center use. *Journal of Counseling Psychology, 25,* 570−575.

Van Riper, B.W. (1971). Student perception: the counselor is what he does.*The School Counselor, 19,* 54.

Vogel, F.J. (1978). Counselor certification trends and predictions. *Journal of Counseling Services, 2,* 15−20.

Vontress, C.E. (1971). Racial differences: impediments to rapport. *Journal of Counseling Psychology, 18,* 7−13.

Wells, C.E., & Ritter, K.Y. (1979). Paperwork, pressure, and discouragement: student attitudes toward guidance services and implications for the profession. *Personnel and Guidance Journal, 58,* 170−175.

Wrenn, C.G. (1962). *The counselor in a changing world.* Washington, D.C.: American Personnel and Guidance

Association.

第 五 章
個別諮商

鄭玄藏

- ●輔導、諮商與心理治療
- ●諮商之目的
- ●基本諮商理論
- ●諮商之本質
- ●初次晤談指導原則

　　諮商可視爲「一種審愼從事，用以有系統地改變個人行爲的應用藝術 (applied art)」(Shertzer & Stone, 1981)。此處所以用「應用藝術」一辭，係因諮商過程包含極多的變異因素，不容易具體界定，故很難給予操作性定義，且諮商工作者所使用的各種技術，均是由實際工作過程中所累積下來的經驗，歸納整理而得的假設性結果。依據這種「結果」而提出的各種理論，常是衆說紛紜，各行其是；因此，從事諮商工作的的輔導員，對自己之能力限度宜有清楚之了解，俾能不斷針對工作需要來做修正與改進。

　　一個學校的諮商服務品質如何，和以下各項因素有極密切的關係：包括學校的組織與功能、輔導員的素質，以及學校教師與行政人員對諮商之認識等。此外，由於諮商亦不斷受到當地社會文化及其他文化的影響（例如我國的輔導工作便受到很多外來文化的影響），因此，若要在此文化環境中達到預期的輔導效果，輔導員便需不斷藉助理論與實證研究，加上自己的智慧和經驗，以協助學生改變其行爲，對所處環境做良好適應，以達成其人生目標。本章旨在呈現一些基本的諮商理論，描述其目標、性質與主要概念，供讀者參考。

第一節　輔導、諮商與心理治療

壹、定義

一、輔導

「輔導是協助個人了解自己與其生活環境之過程」(Shertzer & Stone, 1981)。輔導是涵義廣泛的用語，通常指整個學校之輔導計畫與活動而言，目的在於協助學生訂定適合自己之發展計畫，經由執行此一計畫而達成生活上的圓滿適應。

二、諮商

(1)協助個人解決問題之歷程 (Krumboltz & Thoresen, 1976)。

(2)一種學習的歷程，藉此個人可以認識自己並了解自己之人際關係，因而增進個人之整體發展。

(3)諮商是指一種介於受過專業訓練的輔導員與來求助的當事人之間的一種專業關係，這種關係通常是面對面進行的，用以協助當事人了解並澄清他對生活環境之看法，經由解決當事人人際上、情緒上與生活上的問題，進而學習如何清楚地在多種選擇中做決策，並建立生活目標（**Burks & Stefflre,1979**）。

(4)諮商是一種心理上的協助，這種協助係在幫個人自我認定（**self-identity**），並有意願去做選擇，進而依據選擇而採取行動（**Tyler, 1969**）。

三、心理治療

依照**Wolberg**之解釋：「心理治療是一種方法，用來處理個人情緒方面的問題，在處理過程中，受過專門訓練之治療者，應與患者建立專業關係。其目的在於消除現存之症狀，改正其困擾之行為，並促成人格的積極成長與發展。」

從上述定義中，可知三者之基本目的相同，均在協助個人達成適應與充分發揮功能之目標。其區別則是基於理論的、人為的標準，為了訓練上方便及使不同工作者有所依循而建立的。輔導與諮商，及諮商與心理治療，彼此在某些方面往往是可互換的。

貳、輔導、諮商與心理治療之區別

由上述定義中，可發現這三者之基本目的相同，均以助人關係為基礎，希冀透過此種關係，協助當事人成為自我引導（self-directive）的人，因此有時三者可互換，但由於理論及運用時機

的不同，三者（在理論上）可區分如下：

1. 以廣度而言，輔導的涵義最廣，通常指學校中所實施的整體性輔導計畫與服務活動，目的在協助學生訂定適宜的計畫，並有效地執行，進而達成圓滿的生活適應。而諮商通常是指輔導服務中的一種方式。在此定義下，諮商一辭可涵攝於輔導內，但不可視為輔導之同義語。

2. 以深度而言，心理治療通常是指深入個人人格結構，著重於改善個人較嚴重之行為困擾的處理過程。而輔導計畫以及其中所包含的諮商服務則是處理一般情境性的問題，著重的是在面對情境中的壓力時，要如何訂定合理的計畫，如何解決問題，以及提供支持性的力量等。心理治療則處理個人較嚴重之困擾，所涉及之心理、情緒層面較輔導與諮商來得強烈而深入。

3. 從服務對象看，諮商之對象是一般正常個人，不處理行為異常或極端適應困難的人，旨在協助當事人解除干擾個人功能發揮之挫折與障礙。心理治療之對象則是心理失常的人，主要在處理因人格衝突導致功能失調或不統整的個人，希望能協助其人格重整。

4. 從取向上看，諮商強調此時此地的經驗，著重當事人意識層面的內容。心理治療則強調個人過去歷史或象徵意義之材料，偏重潛意識過程中的個人活動與想法。

5. 就服務場合看，諮商通常運用於學校內之學生輔導中心、社區內之服務中心或教會組織等。心理治療則多在診所或醫院內進行。

6. 就使用之技術層面看，諮商所使用之技術，強調個人能力的發揮與社會資源之運用，所收集的是個人一般性的資料。心理治療

則強調診斷與矯治技術，所收集的是深入當事人心理層面的資料。

7.就需要之時間看，諮商通常是短期、有限度的接觸關係，心理治療則是較長時間的治療關係。

8.就所欲達成之目標看，諮商是協助當事人獲得清楚之自我認定，以順利完成個人之發展任務，例如澄清個人價值觀、了解個人能力、性向與潛在資源等。心理治療則致力於處理個人內在衝突，以求建立統整之人格。

9.教導、輔導、諮商與心理治療之關係圖如下：

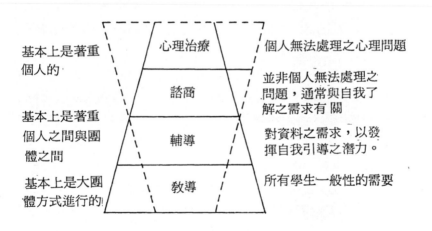

圖5-1　教導、輔導、諮商與心理治療之關係

資料來源：Gurran, C. A. (1952). *Counseling in Catholic life and education.* New York: Macmillian Co., p.18.

　　圖5－1係對教導、輔導、諮商與心理治療四者關係之描述，雖然理論上強調四者間之區別，但實際上四者之關係十分密切，且均具共同之終極目標，亦即協助每個人能夠自我指導。

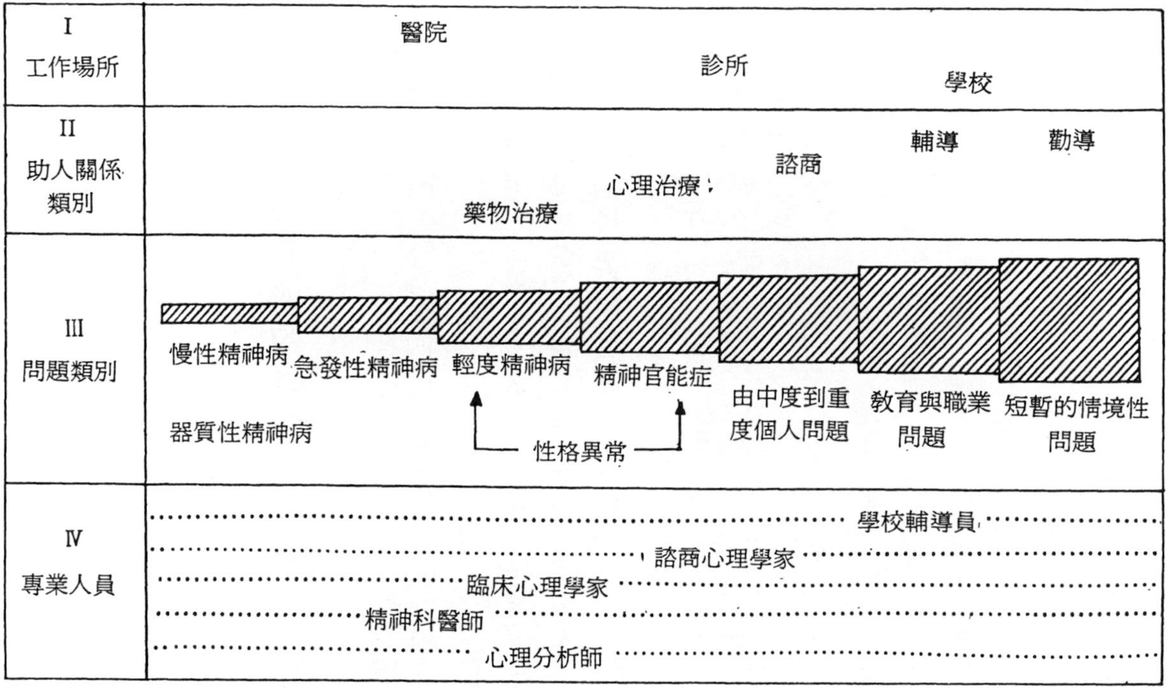

I 工作場所	醫院	診所	學校		
II 助人關係類別	藥物治療；	心理治療；	諮商	輔導	勸導
III 問題類別	器質性精神病 慢性精神病	急發性精神病 輕度精神病 精神官能症 性格異常	由中度到重度個人問題	教育與職業問題	短暫的情境性問題
IV 專業人員	心理分析師…… 精神科醫師……	臨床心理學家…… 諮商心理學家……		學校輔導員……	

圖5-2　助人關係

資料來源：Shertzer, B., & Stone, S. C. (1981). *Fundamentals of guidance.* (4th ed.) Boston: Houghton Mifflin, p. 171.

　　圖5-2是將個人的問題置於一連續圖上（見第Ⅲ欄），也指出特定問題所需求助的專業人員類別（見第Ⅳ欄），不同問題之處理場所（第Ⅰ欄），及不同助人關係之類型（第Ⅲ欄）。由圖5-2可看出各類別問題間有其重疊部份，輔導、諮商與心理治療各有其適用範圍。第Ⅲ欄內，斜線部分的大小代表有此問題的人數，即由右向左，問題愈來愈嚴重，而其人數則愈來愈少。

　　另一種可區分輔導、諮商與心理治療之方法，是評估當事人在助人關係中自我表露程度。如圖5-3所示：

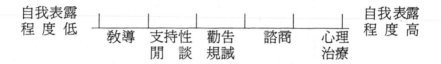

圖5-3　各種助人關係中自我表露的程度

資料來源：Shertzer, B., & Stone, S. C. (1981). *Fundamentals of guidance.* (4th ed.) Boston: Houghton Mifflin, p. 172.

可見諮商與心理治療需要當事人較多的自我表露，而一般性的談話則無此需要。

第二節　諮商之目的

　　一般而言，諮商之目的可籠統地說是「透過諮商過程，協助個人真正了解自己，進而促進自我成長」。由於此一目的是人人均應達成的，故諮商被多數學者視為輔導計畫中的核心部份，任何

學生都可以要求諮商，不應有所限制。但就「諮商之特定目標有那些？」來探討，便找不出一個範圍明確、具體，又可以被所有學者所接受的結論。因為每一個輔導員在從事諮商時所設定之目標，必然受其訓練背景、價值體系、對角色的認定及當事人的需求等因素所影響。雖然如此，學者們大致上都同意諮商最基本之目的是：「協助當事人改變其行為，俾能過著更積極且更自我滿意的生活。」

Frey & Raming（1979）從十四種諮商理論中歸納整理出七類的諮商方法與目標，分別是：能將諮商過程中所學習到的遷移到諮商外的情境；能了解並接納在衝突中的自我；能去除特殊的症狀；能加強自我的功能；能逐漸認清自己內在的潛力與資源；能因應並掌握周遭的環境；能化解內在負向或衝突的思想與情感。

大多數學生在其發展過程中的某些時刻，均會經驗到生命的不連續性與不確定性，現代社會生活中，充滿了「衝突的年代」、「失落的一代」等象徵性名辭，使得學生處於煩擾時，不知如何做決定。因此學校諮商的重點在於協助學生具備計畫與決策的能力。但這並不表示輔導員要直接告訴學生什麼是對的，什麼是應該做的；而是適時提供資料與諮商，協助學生了解自己在教育上、生活上、社會適應上有那些需要達成的目標，配合學生之能力努力去實現，俾使他們更有能力、勇氣去面對困惑與壓力，並經由此種過程，整理出一套自己認同的有價值的生活哲學。

Thompson & Zimmerman（1969）使用「目標檢核表」（goal checklist），讓315名當事人及27位輔導員，在諮商過程的各階段填寫當事人自己認定的目標以及輔導員認為當事人要達成的目

標，以探討：①輔導員所設定之目標與當事人所設定之目標間相關程度如何？②此種相關程度是否會隨時間而改變？結果發現：①輔導員所設定之目標與當事人所設定之目標間的相關係數為.20；②當事人自己在諮商過程中的不同階段目標之間的相關為.50，輔導員在不同階段所定目標的一致性為.30。由於這個結果指出當事人與輔導員彼此間所設定之目標，並沒有隨著諮商的進展更趨於一致的現象，故研究者建議：輔導員與當事人應該在諮商初期，就彼此想達成的目標加以討論，以決定雙方所期待達成的共同目的。此研究也指出：是否有「適合每一個人的共通諮商目的」，是件值得懷疑的事情。

　　Krumboltz長久以來，一直批評含糊與不確定的諮商目的，例如當事人中心學派對每位當事人的目標都是自我實現，便是一個極含糊的觀念；他認為每位當事人在接受諮時，均應建立一個合乎自己期待的目標，換言之，每位當事人所定之目標，應當是各不相同的。

　　Krumboltz（1969）列出訂定諮商目標時應考慮的三項準則：
　　⑴這目標必須是當事人本身想達成的。
　　⑵輔導員須誠心地協助當事人達成他自己所訂之目標,。
　　⑶目標達成之程度，必須是可評估的。
　　Walker & Peiffer（1957），從另一角度來思考這問題，並提出幾種不適當的諮商目標，要求輔導員避免之：
　　⑴諮商目的只考慮到當事人一己之適應者。
　　⑵諮商目的只是為了當事人一己之滿足或快樂者。
　　⑶只考慮當事人心理的需求，而忽略了社會責任者。

(4)只考慮如何順從社會規範者。

(5)認為當事人情緒健康之標準應與輔導員完全一致者。

Arbuckle（1975）也指出下列四種不適當之目標：

(1)直接替當事人解決問題。

(2)只顧讓當事人高興或滿意。（這只能是諮商過程之附帶產品，不應成為主要目標。）

(3)只顧讓社會大眾以當事人的表現為榮。（作秀式的表功做法，嚴重違反輔導專業倫理）。

(4)為了符合所謂「對」的價值判斷，拼命說服當事人放棄他本想做的決定或目標。

他認為諮商應遵循下列原則：

(1)人基本上具有我決定的能力。

(2)當事人經由諮商，應變得更能自我接納與自我了解。

(3)當事人經由諮商，應發展出更高層次的誠信，特別是對自我的誠信。

(4)諮商目標之確定,應基於當事人，而非輔導員之需求。

Byrne（1963）則將諮商目標畫分為三類：

(1)終極目標：依據輔導員對人之哲學觀而建立，例如當事人中心學派之諮商終極目標為—當事人之自我實現。

(2)中程目標：當事人（或學生）所以來尋求協助之原因，亦即當事人期待達成之目標。

(3)短期（立即的）目標：諮商過程中的每一瞬間，輔導員能了解、接納當事人，滿足當事人當時之需求等，便是立即性的目標。

第三節　基本諮商理論

　　對初學輔導的人來說，最感到困擾的便是輔導理論太多，每派理論各具特色以致取捨上十分困難！因此先具備「各家理論都可能教給我一些東西，這些是我在深入了解各家理論時用來衡量不同理論之特殊價值及適用時機之基礎。」之概念，是很必要的。

　　理論是一套實際可行的方式或架構，可用來有系統的觀察並對各種現象加以解釋。諮商的理論便是嘗試了解並解釋諮關係中所出現之各種現象。在諮商過程中所作的一切解釋、預測或評估都源自人類行為之理論研究。Shoben（1950）及其同事曾提到輔導員在與當事人接觸時，事實上他們都運用到理論的概念，並且他們在作決定時，不是「要」或「不要」依據理論，而是考慮自己對人類行為的引導方向是偏向「明確」的，或是偏向「隱喻」的。

　　Burks & Stefflre（1979）　在「諮商理論」一書中提到：

　　問題不在輔導員應否依據理論來進行諮商，而是在於輔導員應如何選擇適合的理論做為諮商之依據，及如何正確運用此種理論所提供之技術。例如在諮商的情境中，當事人說：「我恨我母親！」輔導員如何反應？給當事人一巴掌，暴跳如雷地指責當事人沒天良，並將之趕出諮商室；還是用諸如「想到母親，你就覺得很痛苦！」之類的話語來反應；或者做其他的反應？……當輔導員要在眾多反應方式中選擇一種時，他必須有理論依據；也就是說，他必清楚這位當事人說這句話的真正涵義，這句話在其生活中代表何種意義？諮商的適當目標是什麼？輔導員能發揮什麼

功能？有那些技術能協助當事人成功地達成目標？……這些答案組織起來,便是這個輔導員所依循的理論。

對於有興趣進一步去探討「理論是什麼？」「理論的基本根據是什麼？」「理論有什麼用處？」「如何知曉理論的好壞？」「如何實際應用理論？」等問題的讀者而言,Burks & Stefflre (1979) 的「諮商理論」一書很值得參考。另外從 Brammer (1979) 所寫的「助人關係」與Eagen & Eagen (1987) 的「有效的輔導員」一書（國內均有譯本）,也可以找到許多有關理論之用途,及輔導員如何建立起自己的人格理論架構之看法。

雖然目前尚沒有充分的證據可支持「諮商之成敗繫於輔導員所採用之理論」的說法,也沒法確定「某一理論較另幾種理論優越」；但近年來有不少的研究都在針對各種理論之架構進行探討,相信經由嚴謹的比較分析之後,紛歧的理論是有整合之可能性的。

以下就六個涵蓋較廣的理論派別做簡要之說明：

壹、精神分析學派
Psychoanalytic Adaptations

「精神分析」可說是目前大多數諮商理論的本源,由Freud 創立於1890～1939年間。「精神分析」一詞,不僅指Freud所建立之理論,尚包含了Freud的學生及後來的追隨者所做的補充與修正—被稱為「新佛洛依德學派 (neo－Freudians)」。它不僅包括分析心理學派 (Jung, Fromm) 個體心理學派 (Adler)、正統Freud學派、新精神分析學派 (Sullivan, Erickson) 等,也包括受到Freud理論影響的文學、政治學、社會學的理念等,可說是含義廣

泛的名辭！

　　精神分析源自Freud的反理性主義，著重人的潛意識動機歷程、衝突、象徵意義等等基本概念。Freud經長期努力所建立之人格理論，簡單的說是建基於下列三個基本假設上：

1. **經濟性假設**（economic premise）：認為每個人都擁有特定的心理能量供其運用，所有行為都可以能量的互換和轉移來了解，個體行為的目的乃在維持能量之恆定、平衡，解除緊張。

2. **發生性假設**（genetic premise）：即個人之心理發展有其次序性存在，前一階段發展是後面階段發展的基礎，前面階段之衝突未能解決，會影響到後面階段的發展。例如人的「心—性」（psycho-sexual）發展順序依次為口腔期、肛門期、性蕾期、潛伏期。

3. **結構性假設**（structural premise）：Freud以「心理本體」（psychic entities）概念來闡釋人格結構，例如潛意識、前意識、意識、本我、自我、超我等。對於人類心理結構的理論性解釋很有助益。

　　若將Frend的理論，單純地視為只是一種治療方法，將是極大的錯誤；因為事實上它已深入的影響了當今所有的人格理論，而且目前許多心理治療及諮商的實務工作均是以精神分析為基礎。

　　Abeles（1979）將精神分析療法的涵義簡述於下：

　　精神分析最基本的原則是「自由聯想」。在這個原則下，當事人可以將任何湧上心田的念頭，不加檢選地表達出來，治療者在分析過程中著重於處理當事人的抗拒及對治療者的轉移關係。另一基本技術便是「夢的解析」，分析當事人潛藏在夢的表面內容底下的真正涵義，是了解潛意識過程的重要工具。這部份所遭遇的

困難是：當事人所回憶的夢通常經過扭曲與偽裝，表面看來毫無意義，其結構又常是無邏輯性、非理性且是零碎片斷的組合（亦即夢所遵循的是原始思考原則）；然而若能對這些材料有所領悟，對於當事人症狀之改善會有關鍵性的效果。此種改變多半與當事人的情緒有關，在精神分析的後段過程；等於是對當事人處理自身情緒之方式的再教育過程；而這種情緒再教育的力量，又多得自於治療者與當事人之間對於彼此轉移關係的運用。(pp. 169~170)

貳、特質─因素論
Trait─and─Factor Theory

有些學者（如C. Rogers）稱此學派為「指導學派」或「輔導員中心學派」。E.G. Williamson被視為是最廣泛運用此學派之學者。此派學者將「諮商」視為「以客觀測量為主的過程」。將「人格」解釋為「個人所具備的特質或因素間交互作用的體系，例如能力（包括記憶、空間概念、語文能力等）、興趣、態度與氣質等都是。」

個人從幼稚期進到成人期，其間之發展速率與上述因素（能力、興趣、態度、氣質等）之成熟與強度有關。此種理論嘗試以各種不同的特質將個體加以分類，其對個體所做的研究包括：

　(1)以心理測驗及其他工具來評估人之各種特質。

　(2)對個體加以界定或描述。

　(3)協助個人知曉，進而了解自己與其環境。

　(4)預測個人在某一方面之發展可能性。

特質─因素學派對「諮商」有四個基本假定：

⑴「諮商」基本上是一種智能的歷程。

⑵正常人所以會適應不佳，是因其大部分的心智（mind）尚未開啓，故可經由學習與再學習歷程來恢復心智之完整。

⑶個人實際之表現，可經由客觀、標準化測量工具，來有效測得。

⑷輔導員比當事人擁有更優越之知識與經驗，故能提供當事人較佳之協助，並教導他們如何去解決問題。

此學派之輔導員通常被視爲「教師」，可指導當事人經由學習而改變，輔導員有責任替當事人確定何種資料是他所需要的，並蒐集這些資料，指導當事人如何有效使用之。輔導員也會提供自己之意見，向當事人說明如何做會得到較佳的結果，使當事人獲得更好的之適應。

特質—因素學派強調輔導員的基本功能在衡鑑與診斷，在採取行動之前，須透過診斷，才可以確定所要考慮的因素有那些。

參、當事人中心理論
Client-Centered Counseling

又稱「自我理論」、「非指導學派」或「羅吉斯式諮商學派」。

由於Carl Rogers及其同道之努力，當事人中心學派較其他學派（行爲學派除外）做了更多的實徵研究工作，對於自我理論之基本原則，也做了許多發展性、敍述性與驗証性的探討。

此派強調當事人有能力決定自己想談的主題，也能夠自行解決問題。在此過程中，輔導員的干預非常少，諮商關係中最重要的是：建立溫暖、接納與自由許可的氣氛，在此種氣氛中，任由當事人探討與其獨特經驗有關的自我架構（self－structure），當

事人處在不受威脅、不覺得焦慮的情境下，開始能面對以前不被自己所接受的特質，因此逐漸變得較自我接納，較能肯定自己之價值，故能改善自己覺得應改進之部份。

依照Rogers（1961）之看法，自我理論諮商之核心結構是當事人的自我概念，亦即自我是當事人現象界中知覺的主體。Rogers將自我概念界定如下：「自我概念或謂自我結構，可視爲是自己所能知覺到的對自己整體的看法，其中包含了對自己的特點、能力、價值觀、目標、理念等，以及對自己與別人或與週遭環境關係所持的看法。」（p.136）

當事人中心學派的理論核心是：所有的人均致力於自我擴展，並朝個人之整體性、統整性、完美性與自發性邁進。因此人理所當然的能夠自行解決其問題。輔導員僅是運用其態度與技巧，來協助當事人發揮此種能力。Rogers認爲人天生便有自我實現的傾向，但是此種發揮成長潛力之方向，則受個人所處之文化因素（經由父母、師長、同儕等人）所決定。此種成長力量之所以有所偏差常常是因爲當事人無法接受和他們自我概念相衝突的一些看法所致。

另一個重要假設是所謂的「現實」（reality），指的是個人所知覺到的一切內容，例如某件事之所以重要，係因爲個人的知覺告訴他「這很重要」所致。輔導員一定要由當事人的行爲表現，推論這個人的知覺場如何，如此才能了解這位當事人。所以輔導員必須能同理（empathy）當事人，學習以當事人之觀點來思索他對自己與環境之問題的看法。

Rogers以十九個命題來陳述當事人中心學派對諮商之看法：

(1)每一個體生存於變動不居的經驗世界中，此種經驗是以個
　體自身爲知覺的中心。

(2)個體向自己所經驗（或感覺）到的世界，作出各種反應，
　此種個體經驗到的世界，便是他所知覺的「現實」。

(3)個體對現實世界之反應，是一種有組織的整體性反應，他
　們是「目標導向的」，各個反應都有一種均衡之傾向，要設
　法保持個體的平衡。

(4)個體具有自我實現、維持並擴展經驗的基本傾向；即使是
　心理失常者，也竭力使其行爲表現得自認爲合理。

(5)行爲是個體目標導向的嚐試，以滿足個體所知覺到經驗世
　界中的需要。行爲的方向係由知覺（並非理論上之現實）
　來決定。

(6)情緒與目標導向有關，並可使目標易於實現。不同的情緒
　對行爲有不同之影響，情緒強度對維持並擴展有機體的行
　爲，關係十分重大。

(7)了解行爲的最好方法，便是從個體之內在參考架構來看。
　如同要了解一不同類型文化，應從該文化本身之內在參考
　架構著手一樣，不可僅以自己之經驗爲衡量標準。

(8)整個知覺界中之一部份逐漸形成了分化的自我（self），一
　個有意識的自我之發展，不一定須與生理之機體並存，個
　體與環境二者之間並無明顯界線。同樣，自我的經驗與外
　界之經驗也無明確之界限。

(9)因與環境相互作用之結果，特別是與他人相互評估作用之
　結果，產生對於「我」的特質與關係之有組織觀念系統，
　此即形成「自我結構」（The structure of self）。

⑽屬於個體經驗中的各種價值（或自我結構中的一部份價值體系），在某些情況下是個體直接經驗得來的，在另外之情況下，則是接收了他人之價值觀，加以曲解後，就如同個體直接經驗得來的一樣。

⑾個體生活中所產生的許多經驗，可分為三類：①與自我有關的表象的、知覺的與有組織的經驗。②因自我結構未覺察而忽略了的經驗。③因某一經驗與自我結構不一致，而被抑制或曲解了的經驗。

⑿個體所使用之大部份行為方式，是與其自我觀念相一致的。

⒀有時行為之發生，係經由未曾表象化的個體經驗與需要而來的，此種行為可能與自我結構不一致，而不為個體所承認（覺知）。

⒁心理方面的不良適應，係因為個體抑制了感官與內臟經驗之知覺的結果，由於這些知覺經驗都未能與自我結構統合為一，故造成個體基本的、內在的心理緊張狀態。

⒂心理的適應，是存在於個體內的一切感官與內臟經驗，都能和自我概念有協同一致的關係。個體若能解除內在之緊張狀態，便能達成適當的心理適應。

⒃任何經驗，若與個體之自我結構不相一致，對個體而言便造成一種威脅，此種不一致之知覺經驗愈多，個體便愈須費力（固執地）維持他原先之自我結構。

⒄有時，許多經驗與個體之自我結構不相一致，但因在某種情況下（例如溫暖、接納之自由允許的氣氛下），個體並不感受到威脅，此時，自我結構可因一再知覺與體驗到這些

經驗而慢慢修正，而與這些經驗同化。亦即自我結構有重新組織之可能，這是一種學習過程，或稱自我學習。

⒅當個體感受到其感官與內臟經驗，是相互一致的統整體系時，則他便會更明瞭他人之經驗體系爲何，並更能把他人視爲與他一樣的獨特個體。此即一個人較自我悅納時，則他的人際關係必較好。

⒆個體如能在其自我結構中接受較多的有機經驗，則他便會以一種連續性的（有彈性的，容受力大的）有機價值體系，來替換原先之價值體系（僵化、固執、刻板的）。由於我們的價值體系可不斷的改變，故人類經驗乃有趨於相似之可能。

自我理論諮商學派強調「經驗的個體」，認爲行爲所以會改變，係個人對其經驗重新評估，獲得新的領悟，因此而能發揮個人原有潛力之結果。經由接納，輔導員讓當事人敢於自由表達、珍視自己之經驗，並試著將先前一致與不相一致的各種經驗統合爲自我概念（self－concept）。這可引導當事人更能接納別人，也更能向前發展，終於成爲更能充分發揮功能的人。

當事人中心學派對諮商之貢獻如下：

⑴強調輔導員與當事人之間關係的重要性。

⑵嘗試說明當事人在諮商關係中，是與輔導員平等的地位，而非以往所認爲的被動差勁的角色。

⑶確認輔導員之態度如眞誠一致、接納、無條件積極關注與同理心的了解對方等，是有效輔導關係的必要條件。

⑷首先對諮商做有系統的評估與研究，並提供許多用來評估諮商效果之方法學。

肆、行爲論
Behavioral Theories

行爲學派諮商理論係由行爲心理學發展出來的，強調所有行爲均是學習而來的概念。其基本原則大多來自實驗心理學之研究結果，J.B.Watson被認爲是近代行爲主義心理學之創始者。

由於行爲學派強調只有客觀、可觀察到的行爲，才能作爲科學研究的材料，排除了所有假設的構念（例如動機、潛意識、人格……），因此引起頗多爭議。但至少「絕大多數的人類行爲是經由學習得來的」此一假設已爲大多數學者所接受，也因此可推論出「行爲亦可經由對環境及學習條件的重新安排而改變」，故行爲諮商之基本原理便是「對個人行爲經驗的一種學習與再學習過程之專門設計」。

Hosford（1969）提出五項行爲諮商之假設如下：

(1)絕大部份的行爲是學習得來的，故行爲是個人與環境之函數，即$B=f(P,E)$。

(2)行爲改變之關鍵在於對環境變項的操弄。

(3)人格是個人所學習到的良好習慣與不良習慣之組合。

(4)輔導員只需直接處理個人的外顯行爲即可，不必假設個人具有無法觀察之內隱狀態（如潛意識）。

(5)決定那些行爲應予修正，並提供再學習之方法，遠較傳統式的診斷處理更爲有效。

Hosford認爲行爲學派輔導員應具備之技術爲：工具制約、社會模仿學習、角色扮演、行爲模擬演練、面質、減敏感法及反制約過程等。「增強」原則無疑是行爲學派輔導員最常使用的技

巧。

La Fleur認為行為學派與其他學派諮商方法之區別在於：

(1)行為諮商是一種學習的過程。

(2)行為諮商係依照當事人的情況來設計最適合此人之處理方法。

(3)行為諮商依據的是實驗方法。

(4)具備科學的方法學基礎。(以上見 Burks & Stefflre, 1979, pp.220～253)

La Fleur認為諮商是種教育歷程，其效果可以由諮商後當事人的行為改變情況來評估，諮商焦點在於當事人本身及其所處之環境上，所使用之技術是用來幫助當事人學會不同的行為方式，至於輔導員應使用何種技術來幫助當事人，須依當事人之情況及過去之學習經驗，以及適合的學習理論等來選擇，以設計出最適合此人的學習計畫。輔導員就是一個應用行為的科學家，使用實驗方法（意謂著要操弄環境變項），將諮商視為客觀的科學過程，以發展出最切合當事人需要之技術。

行為諮商之貢獻如下

(1)行為學派經由實驗室的研究，並且將研究結果所得的知識運用到諮商過程中，因而將諮商提升至科學的境界。

(2)提醒輔導員要重視諮商結果之可測量性，對於特定行為之界定要清楚、具體。

(3)解釋並強調了環境因素對行為之重要影響。

伍、發展性諮商理論
Developmental Theories

　　發展性諮商學派係從「發展」的觀點來說明行為問題的產生乃個體發展受挫的結果。多年來，許多輔導學家致力於創建一個以「人類發展」為核心架構之諮商模式，這種努力同時促成了發展性輔導模式之建立（參閱本書第三章）。

　　發展（development）乃個體與環境交互作用的結果，我們最初將發展視為個體質變的現象，而將成長（growth）視為量變的現象；而現在則以「發展」一辭來涵攝成長、成熟、學習等現象，並將這些名辭視為同義語。

　　人類發展之共通原則，可從人類各種不同功能之發展歷程與交互作用中歸納出來，最基本的現象便是所有人均遵循著從出生、經成熟，終達死亡的過程。

Blocher（1974）提出二個發展性諮商之目標：

(1)幫助當事人覺知此時此地的經驗，了解個人與環境如何交互作用，及自己適應環境的方式，以尋求自己行為的意義。

(2)促使當事人一方面對於周遭可以掌握的情境予以有效的控制；另一方面對於無法掌握的情境，亦能調整自己的情緒反應，如此才能充分發揮個人之效能。經由精確了解並熟悉環境中可掌握之因素，協助當事人從過去被動式地適應環境的困境中解脫出來，而主動地去控制、操縱環境，以利自己之發展。當事人能對自己原本在環境中無能為力的情緒反應加以適當控制後，內在的效能自然能發揮出來，而成為有效能的人。

Blocher並提出五項發展性諮商理論的重要假設,簡述如下:

(1)不可以將諮商關係中的當事人視為心智失常者(心理不正常者)。

(2)諮商著重於目前與未來。

(3)當事人並非病人。

(4)輔導員不是中立或超道德者。(亦即輔導員會影響當事人之看法、做法。)

(5)當事人是獨特的個體,致力於發展出自己之個性,並將之整合形成自己獨特的生活型態。

Swenson(1980)依據Loevinger(1976)所建立之自我發展理論,認為自我發展的過程是諮商的核心架構,並依此架構來評估當事人。近年,Kegan(1980)亦提出其發展性架構,作為發展性諮商理論之基礎,他認為:

(1)人類是意義的創造者。

(2)個人透過所創造的意義體系形成其經驗世界。

(3)依據這些意義體系而產生出個人的行為。

(4)經由所建立之意義體系,組織成個人的思想、感受,並發揮廣泛的功能。

(5)雖然每個人均以其獨特之方式來創造意義,但大多數的人在建立意義體系時,仍有規則可循。

(6)個人在發展與變化的過程中,所感受到的內在體驗很可能會令其感到苦惱。

陸、折衷性諮商學派
Eclectic System

「折衷」意謂著從各種不同諮商理論學派中，依當事人之需要，抽取出各種適當之原則或技術來加以靈活運用，打破各學派門限之意，由Thorne（1950）首先提出。其基本假定為：個人偶而會需要得到專業之協助，以了解自己及環境，並獲得與解決問題有關之資料。這種協助應是教育性的，它可提供個人在別的地方不易得到的人格及社會現況等的資料，以避免不必要的嘗試錯誤歷程。

折衷派學者相信，如果當事人對人類本質有所了解並能預測，對環境亦有所認識，使能學習如何訂定計畫。因此輔導員所要做的，就是視當事人的學習能力，採取適當的輔導方式，以助其自我了解並採取適當的行動。因此，折衷學派認為，單一理論之諮商取向其限制相當多，而從不同理論取向擷取出適當之諮商目的、技術與觀點，較能符合當事人之需求。折衷派學者並確信他們也有其一貫的哲學基礎與目的，而且其諮商技術也是經過充分的驗證而得，並非僅是依據嘗試錯誤所得的結果而已！

折衷派諮商給予輔導員充分的選擇自由，他可使用自己所精熟的各種諮商技術，依據他對當事人知覺、發展、學習與人格等各方面之認識，設計出最有效的處理方法來協助當事人達成諮商目標。折衷派諮商特別重視診斷過程，認為這是了解當事人的核心工作，且發展出許多適合於特定情況之診斷公式（參閱柯永河，民67心理治療一書）。輔導員必須先能正確的了解各種理論的特點及限制，運用起來才不會有所偏差。

　　由於具有寬廣的視野與綜合的特性，折衷學派較能符合民主之精神，依據當事人的不同需要，提供適切的服務。然而批評者認爲折衷學派最大的缺點在於：它並未擁有一套一致的哲理，僅是零碎片斷地抽取互相矛盾、對立的不同學派技術，加以拼湊成一大雜燴而已。有的學者甚至認爲使用折衷性諮商之輔導員，更難界定清楚其職責與功能的標準。再者，若輔導員只受過一種學派的訓練，或是對其他技術並不精熟，便無法有效發揮折衷之特長與功能。事實上，輔導員的確很難同時精熟各種不同派別之做法，也無法隨心所欲地駕御其原本並不熟稔之理論，故能否充分發揮此派之特長，值得三思。

　　折衷學派曾經被視爲是避免各派諮商理論趨於極端的調和者。指導←折衷→非指導，不過這個觀點近來已不流行，因爲Williamson與Rogers這兩派本身亦不斷在做修正，同時由於學校輔導員所接觸的問題亦是包羅萬象，因此也不可能只採取某種極端的理論來運用。此外，由於目前對於折衷性諮商方法之研究並不多，故其功能如何？仍未能清楚確定。

第四節　諮商之本質

　　就一般人而言，諮商似乎就是平常的一對一式的面談而已；而對於正準備從事輔導工作者而言，諮商又似乎是件很複雜且神秘的工作。故歷來有許多研究在探討「諮商之本質究竟如何？」期能提供清楚之說明。早期的研究偏重於對諮商內容做分析，近來的研究則將諮商視爲一種過程來探討。

壹、諮商的一般特質

Ford & Urban (1963) 提出四個基本特質來描述心理治療，但也適用於諮商：

(1)諮商係二個人面對面的溝通，直截言之，即二個人互相交換意見，包括直接的口語對談、聆聽與非口語的表達（例如姿勢、眼神、點頭、搖頭、皺眉……等）。這種溝通係建立在「彼此互信」的基礎上。且因當事人會表達出其內心深層的困擾，故此種談話具有高度隱私性，應是不可被第三者觀察、監聽的。

(2)溝通方式一般是以口語表達為主，輔導員與當事人互相交談，當事人談論其切身的情況，例如想法、感受、行動等，以及發生在當事人實際生活中的事件及其反應方式，輔導員則聆聽、做反應，並激發當事人做更深層的吐露，雙方共同思考、討論，並分享彼此之意念。

(3)此種溝通經常是長期性的，因為「改變」（行為或觀念）往往需要相當的時間才能達成。普通朋友式的短時間談話中，個人扭曲的期望與潛意識的慾望仍然會持續存在，而且往往只能得到短暫的紓解。而諮商係以改變當事人的行為為目標，亦即希冀透過諮商，當事人能及時領悟並改變其對環境與現實之曲解，進而改變自己之行為。

(4)二者間的關係係建立在改變當事人的行為上，輔導員全心致力於與當事人的互動關係，當事人不必曲意贏取輔導員之歡心，最重要的是要致力去改變自己。

上述看法明白地指出：諮商是一種輔導員與當事人間同心協

力的關係，在此種關係中，鼓勵當事人自由的表達並探索內在的
自我及與其切身有關的問題。除非雙方均有強烈的意願如此做，
否則諮商目標是難以達成的！這也就是爲什麼當事人對輔導員之
信任與信心，是諮商能否有效之最重要因素的原因。

　　Strong（1971）則以實驗室研究法來探討諮商，結果發現了
五項諮商特質，他特稱之爲諮商的臨界條件（boundary condi-
tions），認爲這五項特質對諮商之實際效果有重大的影響：
　　⑴諮商是一種人與人的談話，具有情緒、感受之特色，而非
　　　機械式的對答。
　　⑵在諮商關係中，若輔導員與當事人之地位有差別（即雙方
　　　並未建立平等關係），會限制二個人之間的談話深度。
　　⑶諮商時間的長短因人而異，而且有時會持續很長的時間。
　　⑷當事人經常是被輔導員引發出改變的動機。
　　⑸許多當事人之問題係源自於心理方面的沮喪，且深受其想
　　　改變之行爲所困擾。

貳、諮商的特殊性質

　　Dinkmeyer & Caldwell（1970）以四個階段來說明諮商的
特質─建立關係、動力之探討、闡釋、重新導向。茲簡述如下：
　　⑴關係：諮商是一種合作關係，輔導員與當事人共同商定當
　　　事人想達成及雙方均同意達成的目標。
　　⑵探討：探討當事人對其目前生活情境的看法。輔導員找出
　　　引起當事人抱怨的內容、問題及有關的症狀等。
　　⑶闡釋：輔導員把重點放在對目標的闡釋，其內容與方式不
　　　僅促使當事人面對其感受，而且也面對潛伏在這些感受底

下的眞正動機與目的。此外也指出當事人的動機、意念及
其個人的邏輯觀。

(4)重新導向：當事人願意放棄從前之謬誤概念與信仰，逐漸
開始建立正確的想法及信仰系統時，重新導向的階段便開
始了。

**Patterson(1971)則從「那些做法違背了諮商本質」之角度，，
來闡釋諮商之本質應該如何。下列是六種違背諮商本質的做法：**

(1)僅是提供當事人資料，並非諮商！雖然諮商中包括提供資
料在內。

(2)僅是給予當事人勸告或建議，並非諮商。

(3)不管是透過直接或間接之方式，只要是以說服、教導、或
威望來促成當事人改變態度、信仰等，皆非諮商。

(4)凡是以訓誡、警告、威脅或強迫之方式，來影響當事人之
行爲者，皆非諮商。(故訓導工作不等於是諮商工作)。

(5)指派當事人職業或安排他參加活動，並非諮商。

(6)面談不等於諮商。(雖然諮商必定包含面談在內！)

依照 Patterson 之看法，諮商之本質應如下述：

(1)諮商關切的是促使當事人有意願、自動自發地改變其行
爲。(亦即當事人先有改變之意願，藉由輔導員之協助而達
成目的。)

(2)諮商目的在於提供有利於當事人改變之情境。例如協助當
事人更能深思熟慮地做決定，更獨立自主、自動自發等。

(3)就跟任何人與人之間的關係一樣，當事人亦會受到一些限
制。(此種限制與諮商目標有關，且涉及輔導員之哲理信念
與價值判斷等。)

(4)經由面談，儘可能提供有利於當事人行爲改變之條件。(並非所有的晤談都是諮商，但是諮商通常都包括晤談。)

(5)傾聽 (傾聽是有諮商功能的行爲，但光是傾聽並不等於諮商。)

(6)輔導員能真正地了解當事人。

(7)諮商必需在安全、隱密性高的場所進行，當事人是高度信任輔導員的。

(8)當事人是遭到心理困擾者，而輔導員則是受過專業訓練，精於助人解決心理困擾者。

Morrill, Oetting與Hurst (1974) 以立方體說明諮商的向度：

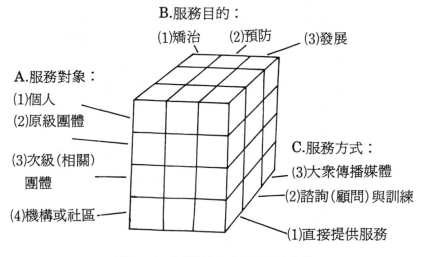

圖5−4　輔導員之各種層面功能

此模式之基本觀點在於視諮商爲一種調適服務之工作，故列

舉輔導員所需發揮的各種主要功能，以顯現諮商本質之意義。茲
將此一模式說明如下：

1.**服務對象**：輔導員所要顧及的對象包括：

　　(1)當事人本身。

　　(2)對當事人有重要影響力之主要團體(家庭、配偶、子女等)。

　　(3)當事人所屬的次要團體(如班級、寢室室友、同事、社團
　　　等)。

　　(4)機構或社區：學校、鄰居、所屬教會、教堂、公司等。

2.**服務目的**：輔導員應協助當事人達成下述目標：

　　(1)矯治－去除當事人不適應行為，學習有效之適應行為。

　　(2)預防－協助當事人具備目前或日後所須的各種技巧及達到
　　　技巧所需的方法。

　　(3)發展－增進當事人之適應能力，協助當事人有效發揮潛
　　　能，健康快樂地生活。

3.**服務方式**：輔導員可使用之方法極多，端視所擬定之輔導計畫
　之需要而定，包括：

　　(1)直接提供服務予當事人（例如面對面諮商）。

　　(2)提供諮詢與訓練（甄選、訓練半專業人員）。

　　(3)運用大眾傳播媒體（例如電視、廣播、電腦、……）及有
　　　關的訓練方案來進行推廣輔導知能之工作。

　　Morrill（1974）和他的同事們亦指出，不管在上述的任一向
度中，都強調輔導員的評估與評鑑過程。由他們對諮商的概念可
看出著重在輔導員功能整體性的發揮。像這種涵攝面廣又清楚具
體的模式，對於輔導員的儲備與養成將是很具參考價值的依據。

叁、輔導員應具備的態度與技巧

輔導員如何對當事人做反應？又如何與當事人溝通諮商中的各種感受？這些均是諮商工作中極關鍵的要素。當事人來尋求輔導員之協助時，常帶著許多他個人掙扎不已、糾結紛亂的想法、感受、恐懼及期待，輔導員面對這些事情的態度，對當事人是否有意願按部就班地處理自己的問題，有決定性的影響。如果輔導員表現出對當事人真誠的接納，當事人會立即感受到，並願意誠心與輔導員合作。

基本而言，「**接納**」代表輔導員願意讓當事人就當他自己；亦即輔導員不會明示或暗示當事人必需達到輔導員所訂之標準以博取他的歡心，此種「不評價」的心態，讓當事人能自由呈現出自己是怎樣的人，有助於他真正的了解自己。

Brammer & Shostrom (1977) 提出「接納」的四個基本要素：

(1)接納是以「當事人具有獨特之價值與尊嚴」為基礎。

(2)「做決定」的權利，是屬於當事人的基本人權。

(3)當事人具有明智抉擇的能力與過著充實、自主、有用的社會生活的潛力。

(4)每個人都要為自己的生活方式負責。

接著說明其他的重要概念：

「**了解**」：意謂著輔導員無論在認知上或情感上，均能清楚且完全地接收到當事人想要表達的意思。由於當事人並非一直都能清楚地表達出自己的意思，因此輔導員有責任去了解並同理當事人潛藏在話語表面下的感受與想法。

「溝通」：輔導員不僅了解到當事人所表達的意思，且能將這份了解清楚地回饋給當事人知曉，這是有效的諮商關係中必備的技術。輔導員運用溝通技術來反映出當事人的態度與內在參考架構，且能比當事人更深一層地思索，此有助於當事人發現其問題的多面性，提昇當事人為自己的決定負責之能力。輔導員也應運用溝通技巧，協助當事人追憶與其問題有關之各方面資料，讓當事人獲得（即學到）新的探討問題之方法。

「同理心」（或敏覺性）：即輔導員從當事人口語與非口語的行為中，能夠覺察到目前諮商關係進展到什麼情況的能力。敏覺性高的輔導員能覺察到當事人的語調、情緒及其衝突；能對其作反應，並能表達出來。不僅對當事人之口語內容做反應，也對非口語之行為與態度做反應。可見「同理心」涵蓋了「了解」與「溝通」兩部份。

Rogers（1957）會提出六項能促使當事人產生積極的人格改變之條件：

(1)輔導員與當事人能做到真正心理層面的接觸。

(2)當事人是處於混亂（不統整）、脆弱的焦慮狀態。

(3)輔導員在整個諮商關係中是統整一致的。

(4)輔導員能做到對當事人無條件積極的關懷。

(5)輔導員能設身處地地了解當事人之內在參考架構，並清楚而準確地將所了解到的表達給當事人知曉。

(6)輔導員所表現出來的對當事人之了解與無條件積極關懷，開始對當事人產生了一些效果。

Rogers非常強調輔導員能正確了解當事人意思，且能敏銳感受當事人心情的能力；亦即輔導員必需設身處地的去了解當事人

的內在世界，並表達給當事人知道。在Rogers提出的六項條件裡，也一再地強調非占有性的溫暖及接納在有效的諮商關係中的重要性。

Truax & Carkhuff (1967) 綜合了Rogers等人的理論，提出四項「有效助人」的要素：

(1)同理的了解(empathic understanding)：意指輔導員不僅能正確地敏銳察覺當事人之心情，且能正確地將所了解到的內涵表達給當事人知曉。

(2)非占有性的溫暖 (nonpossessive warmth)，類似Rogers所提的「無條件積極關懷」，即輔導員體驗到，並表達出對當事人之尊重、接納、感興趣，樂於與他接近等態度，對當事人不做任何批判，也不賦予他任何行事標準。亦即輔導員充分接納當事人是個完整的人。Wrenn (1978) 對「關懷」(care) 做了如下闡釋：

我原本不知道為什麼，花費我如許時光的是什麼？但後來我學到：人可犯錯、說錯，只要輔導員表示關懷，他便是可接受的，他便被接納了！關懷他怎麼啦？目前出了什麼事？代表輔導員的注意力是放在「人」上，而非他所做的事，或他如何做上。注意與關懷的焦點是：他意識到的是什麼？

(3)真誠一致 (genuineness)：意指輔導員是自在而不做作的，是心口如一的。真誠並非是要輔導員做很多的自我表露，而是指輔導員是可靠的、真實的、不防衛的而言。

(4)具體明晰 (concreteness and specificity)：輔導員表達出的意思是具體且清楚的，對諮商談話之進展極有幫助，亦即輔導員能明確說出當事人的經驗、感受和行為方式等。

Truax & Carkhuff說明「具體」的作用在於：

第一、使輔導員之反應內容不致於太抽象或太學術性，以免超出了當事人之情感、經驗層面。其次是促使輔導員用清楚、具體的話語來表達出對當事人之了解，如此，即使輔導員只是些微地誤解了當事人的意思，當事人都可清楚地察覺到，而馬上澄清。第三個作用是，當事人由於受到輔導員之影響，所以他也改用具體的話語來思索自己之問題與情感的衝突。

由上述說明，可知Truax & Carkhuff極強調輔導員的口語表達，一定要致力於清晰、切題、有效，才有助於理清當事人之問題內涵。

肆、當事人應負之責任

當事人之首要責任是：必須呈現出自己真正的面目，要能接受自己的過去與種種未來可能的行為。當事人不能處處依賴輔導員，要求輔導員為他做決定；因為任何內在意念之改變都不是輕易便能達成的，所以當事人需要集中全力去探討自己未能察覺的內在資源，以發掘並運用其潛在能力。由於這些對當事人而言，是迴異於其習慣的，故當事人必需願意面對且擔負此一艱鉅之重任。

伍、諮商之私密性與信任關係

諮商之私密性與彼此信任關係密切關聯，因為這部份會影響到當事人向輔導員自我表露之安全感，及對輔導員之觀感，除非當事人充分信任輔導員是個真誠一致的人，否則他便不會真正吐露心聲！

APGA(即今之AACD)與APA都明訂出諮商關係中的倫理守則。諮商中個人資料必須保密，輔導員必須對所處之社會及所服務的機構負責，這是最基本的原則。但保密之程度究應如何？因為受到許多因素之影響，例如談話內容所涵蓋的資料性質、種類，父母對未成年子女之資料有某部份知的權利等等．便無法做到「絕對保密」(即談話內容只有對談的雙方知道，不會再有第三者得知)之程度。

APGA (1974) 有如下原則：「當當事人因年齡、心智遲滯、犯罪監禁等因素影響，而未能擁有充分自主權時，輔導員必須與對當事人有監護權之第三者合作，在此種情況下，輔導員須告知當事人因這些限制，他們無法享有充分自由選擇之事實。」

APGA對於諮商關係中，輔導員須遵循的倫理守則，有下列幾項重要規定：

(1)不論當事人接受個別或團體輔導，輔導員之首要職責均在於尊重當事人之完整性，並增進當事人之福祉。

(2)對經由諮商關係所得的資料加以保密，是輔導員必須恪遵的專業職責。

(3)若當事人已先與別的輔導員建立了諮商關係，則在未得原輔導者同意之前，其他輔導員不得與此位當事人開始另一新的諮商關係。

(4)當當事人具有明顯的危險性時 (會傷害自己或他人)，輔導員必須照會有權處理此種事情之權責單位·。

由於保密的要求程度，及輔導員之倫理守則間常是錯綜複雜的關係，必須依照個別情況來處理，無法一概而論，故所有輔導員均應熟稔專業倫理守則之內容，並視之為自己專業工作上的指

導原則。有關此部份之詳細內容，請讀者參閱APGA頒行之Ethi-cal Standards Casebook（Callis, 1976）。

第五節 初次晤談指導原則

一般而言，晤談只是談話之雙方互換訊息或獲取資料之過程，而諮商所涵蓋之範圍遠超過晤談。但輔導員必須先認清「輔導員與當事人初次接觸時，雙方關係是較接近於晤談的」此一事實。因為初次談話之目的在於多了解當事人的背景資料，故初次晤談是敏銳了解當事人，協助他發現與其問題、環境因素等有關之個人意義如何，並提供當事人表達對自己與生活之看法的最適當機會。

Tyler（1969）認為初次晤談有下列三個目的：

(1)輔導員與當事人開始建立良好的諮商關係。

(2)啟發當事人想談個人內在感受之心理氣氛。

(3)釐清諮商（助人）過程之架構。（即說明輔導員與當事人彼此角色職責，一次談話時間長度如何，諮商關係為期多少……等。）

至於在學校中與學生晤談之情況，可遵循下列原則：

一、與來談之學生建立和諧關係

輔導員與學生先相互認識，對來談學生感興趣，並花費一些時間來塑造出輕鬆、自在、可信任之氣氛。讓學生覺得舒適是成功的初次晤談必備之要件，也是未來談話能順利進行的基礎。輔導員以誠摯、自然之態度先開始引發談話，話題不妨先集中於一般性的話題上，以消除多數學生在初次晤談中常有的焦慮、恐懼，

等來談之學生不再覺得拘束不安後，輔導員須敏銳掌握當事人在此種開放氣氛下所談內容中的重要線索。此部份談話一般稱爲「解凍」，通常僅進行幾分鐘。接著輔導員應了解當事人來談之原因，由於學生會主動來找輔導員，通常是他多少察覺到自己遭遇到了困擾，故輔導員可運用如下之話語：「您願告訴我今天來談的原因嗎？」，「您想談的主題是……」，「今天所以請您來，是因爲想和您談……」。

二、提供談話架構

輔導員宜儘早向來談學生詳細說明諮商關係之性質，輔導員所能提供協助之方式，雙方在諮商關係中角色各是如何，每次談話時間有多長等等。這樣做並不表示要由輔導員來決定談話主題，而是因爲學生多半沒有具備輔導概念，故在談話中澄清輔導員與當事人之責任是必要的。

Cormier & Cormier（1979）將「場面構成」（structuring）解釋成：輔導員爲了與新的當事人建立初步諮商關係，所做的努力。

在初次晤談中，「場面構成」有下列幾種好處·

⑴可引發當事人繼續接受諮商之動機。

⑵提高當事人再次來談的意願。

⑶避免當事人對諮商過程有所誤解。

⑷減除當事人因爲不知能從談話中得到什麼，而可能產生的負向感受。

⑸澄清輔導員與當事人彼此對諮商過程之期望。

三、協助當事人說出他想談的問題

如果來談學生很了解並信任輔導員，他會主動說出自己想要

處理的問題；但往往學生在開始時和輔導員並不熟，想要談的問題對他而言又多少帶有些威脅性，故他可能無法說出真正想談的問題。此時，輔導員可運用情緒反映、簡述語義、接納、沈默、傾聽、了解、鼓勵等技巧，來協助當事人說出對自己所遭遇情況的看法。輔導員需先廣泛引導當事人談話，再從中擷取適於深入探討之話題。協助當事人傾訴，不只要靠輔導員之引導技巧，還需配合輔導員自發性的音調、情感等。在此階段，輔導員宜配合當事人的狀況調整晤談之深度與速度。

由於當事人主要是想來談自己的事情，而不是想來聆聽別人之故事，故良好的輔導員不會急著將個人之經驗、看法、反應方式等告訴當事人，而會善用可引發當事人深談的話語來反應。

四、輔導員對於當事人談話時的情緒變化，宜敏銳加以反應，並適度滿足當事人之需求

輔導員將注意力集中在當事人人身上，不僅注意當事人在說什麼，還要注意到當事人這句話是怎麼說的（例如語氣、表情、動作……），他說這句話時的非口語行為可能在表達何種訊息？……。當事人之需求可能是：資料提供，選擇決策、澄清、做計畫、得到支持、肯定、……，或以上諸因素之組合，輔導員須判斷當事人之需求為何？並適度予以滿足。如果當事人之需求，必須其他專業人員才能提供，則輔導員宜做適當之轉介。

在此階段輔導員之目的在於透過晤談協助當事人自我發展。

五、結束初次晤談

談話必須技巧且自然的結束。Brammer & Shostrom (1977) 提出「蓋瓶蓋」（capping）技巧來說明如何結束一次晤談。要結束談話前，輔導員宜將談話主題改換為較不強烈的內容，例如可將

主題換回先前已談過的（例如最早的症狀），或是一新的但範圍明確的話題。另外要試著減短當事人的談話長度；此時輔導員宜維持一貫之音調，以免引發當事人的不舒服、抗拒等感受。輔導員可以藉著延長接話之停頓時間、次數等方法來減緩當事人之談話速度。最後要對今天的談話內容做個摘要，內容包括：①今天談了什麼？②今天談到的重要事情等。然後起身，送當事人到門口，道別並提醒下次談話的時間。

以上五項指引係僅就初次晤談可能發生的行為而言，應能包括主要因素。不過，也請讀者注意：每次晤談有其自己的方式，視當時輔導員與當事人的互動而定。

〈本章摘要〉

諮商可視為一種審慎從事，用以系統地改變個人行為的應用藝術。它與輔導、心理治療之基本目的相同，但在適用範圍、使用時機、專業人員類別、問題處理場所、助人關係之性質及自我表露程度上有所差別。

諮商之目的在協助當事人改變其行為，俾能過著積極而滿意的生活，詳細可分為終極目標、中程目標與短程目標。

輔導員應知道如何選擇並應用適合的諮商理論，本章簡要介紹六種主要理論，包括：精神分析論、特質因素論、當事人中心論、行為論、發展論與折衷體系。

諮商有四項特質：建立關係、動力的探討、闡釋與重新導向。輔導員從事諮商工作，須具備「同理的了解」、「非占有性的溫暖」、「真誠一致」、「具體」等要素。此外，應維持諮商之私密性與信任關係。初次晤談應著重建立關係、場面構成、引導談話，

並敏覺其問題與需要，以便作繼續輔導。

〈討論問題〉

1.諮商與輔導、心理治療有何區別？
2.諮商的目的是什麼？
3.現有主要諮商學派有那些？
4.有效的晤談須遵從那些指導原則？

〈本章參考文獻〉

王文秀等譯，吳武典校閱，Eagen原著（民77）：**有效的輔導員**。
　　台北市，張老師出版社。

柯永河（民67）：**臨床心理學——心理治療**。台北市，大洋出版社。

American Personnel and Guidance Association (1974). *Ethical standards*. Washington, D.C.: The Association.

Arbuckle, D.S. (1975). *Counseling and psychotherapy*. (3rd ed.) Boston: Allyn & Bacon.

Blocher, D. (1974). *Developmental counseling*. (2nd ed.) New York: The Ronald Press.

Brammer, L.W. (1979). *The helping relationship*. (2nd ed.) Englewood Cliffs, N.J.: Prentice-Hall.

Brammer, L.M., & Shostrom, E.L. (1977). *Therapeutic psychology*. (3rd ed.) Englewood Cliffs, N.J.: Prentice-Hall.

Burks, H.M., & Stefflre, B. (1979). *Theories of counseling*. (3rd ed.) New York: McGraw-Hill.

Byrne, R.H. (1963). *The school counselor.* Boston: Houghton Mifflin.

Callis, R. (ed.),(1976). *Ethical standards casebook.* Washington, D.C.:American Personnel and Guidance Association.

Cormier,W.H., & Cormier, S. (1979). *Interviewing strategies for helpers.* Monterey, Ca.: Brooks/Cole Publishing.

Ford, D.H., & Urban, H.B. (1963). *Systems of psychotherapy.* New York: John Wiley & Sons.

Frey, D.H., & Raming, H.E. (1979). A taxonomy of counseling goals and methods. *Personnel and Guidance Journal, 58,* 26~33.

Hosford, R.E. (1969). Behavioral counseling—a contemporary overview. *The counseling Psychologist,* 1, 1~12.

Kegan, R. (1980). Making meaning: the constructive-developmental approach to persons and practices. *Personnel and Guidance Journal, 58,* 373~381.

Krumboltz, J.D., & Thoresen, C.E. (1976). *Counseling methods.* New York: Holt, Rinehart & Winston.

Loevinger, J. (1976). *Ego development.* San Francisco: Jossey-Bass.

Morrill, W.H., Oetting, E.R., & Hurst, J.C. (1974). Dimensions of counselor functioning. *Personnel and Guidance Journal, 52,* 354~359.

Patterson, C. C. (ed.) (1971). *An introduction to counseling in the school.* New York: Harper & Row.

Rogers, C.R. (1957). The necessary and sufficient conditions of therapeutic personality change. *Journal of Consulting Psychology 21,* 95~103.

Roges, C.R. (1961). *Client-centered therapy.* Boston: Houghton Mifflin.

Shertzer, B., & Stone, S.C. (1981). *Fundamentals of guidance,* (4th ed.) Boston: Houghton Mifflin.

Shoben, Jr. E. J. et al. (1956). Behavior theories and a counseling case: a symposium. *Journal of Counseling Psychology, 3.* 107~124.

Strong, S.R. (1971). Experimental laboratory research in counseling. *Journal of Counseling Psychology, 18,* 106 ~110.

Swenson, C. H. (1980). Ego development and a general model for counseling and psychotherapy. *Personnel and Guidance Journal, 58,* 382~388.

Thompson, A., & Zimmerman, R. (1969) . Goals of counseling: whose, when? *Journal of Counseling Psychotherapy, 16,* 121~125.

Thorne F. (1950). *Principles of personality counseling.* Bradon, Vt.: Journal of Clinical Psychology.

Truax. C. B., & Carkhuff, R. R. (1967). *Toward effective counseling and psychotherapy: training and practice.*

Chicago: Aldine Publishing Co.

Tyler, L.E. (1969). *The work of the counselor.* (3rd ed.) New York: Appleton-Century-Crofts.

Walker, D. E., & Peiffer. H.C. (1957). The goals of counseling. *Journal of Counseling Psychology, 4,* 204~209.

Williamson, E.G. (1950). *Counseling adolescents.* New York: McGraw-Hill.

Wrenn, C.G. (1973). *The world of the contemporary counselor.* Boston: Houghton Mifflin Co.

第　六　章
團體諮商

周美伶・楊文貴

- 團體工作的術語和觀念
- 團體諮商的目的、要素和研究
- 團體諮商的優點與限制
- 輔導計畫中的團體諮商
- 個別諮商與團體諮商的比較

　　團體生活是當代人類的生活方式，團體保留了社會的遺產，對個人有深遠的影響，它透過多種途徑塑造了個人的人格並控制個人的行為。

　　今日的學校輔導人員及社會機構的諮商員運用各種團體的情形不斷增加，諮商員不但要有個別諮商的能力，並且要具備團體工作的能力，本章即着重於討論學校輔導計畫中如何運用團體諮商。

第一節　團體工作的術語和觀念

　　有些術語諸如：團體(group)、團體動力(group dynamics)、團體歷程(group process)、團體輔導(group guidance)、團體治療(group therapy)、敏覺性訓練團體(sensitivity groups)、馬拉松團體(marathon groups)等，這些術語的意義仍常被混淆，但初學諮商者對這些術語應有基本了解，透過這些詞彙才能清晰的與人溝通。

壹、團體的定義

　　「團體」一詞意義甚多，通常所指的意義可歸納如下：
　　(1)就某種意義而言是在一起的一些物或人稱為團體。

這種在一起其實只是一種聚集或集合，應該不算爲團體，因爲集合之中的個體彼此之間完全不相干。

(2)個體間具有一些共同特質的集合體稱爲團體。

就這種說法而言，在某方面具有共通性的集合可指一堆雜誌，也可指一群年收入3,500美元以下的社經地位階級。然而這些團體中的個體不一定有實質的接觸與互動。

(3)成員間彼此有互動，藉著團體成員的交互作用來改變成員，重點在於彼此間有心理上的聯結關係。

本章所指的團體即是第三種——團體成員間在追求共同目標時產生的心理互動，因此當(1)成員間有互動，(2)成員同意或共同分享某目標，(3)成員依自己的意願出席時，這一群人的組合即成團體。

貳、社會團體的類型

人的一生大部分時間都是活在團體中，人類不僅處在團體中及製造團體，還發展出語文來予以界定，一般用來區分團體的分類方式包括：團體大小、社會互動之性質、成員間的親密程度、團體興趣的範圍、興趣的持續性、組織或組織的組合。以下列出四類社會團體。

1.主要與次要團體(primary vs secondary groups)：

主要團體係指讓成員能夠面對面的尋求援助及情緒慰藉，並解決所遭遇的問題。例如家庭、遊戲團體與讀書團體等皆是，特點在於其重要性及所佔時間的比例，其特點是：(1)人數少；(2)成員的背景相似性高；(3)較不顧及個人私利；(4)共同分享興趣的程度較明顯。而次要團體的成員間的接觸則較不頻繁、關

係亦較不親近,例大型的演講團體或委員會等。

2.**內團體與外團體**(in-group vs out-group):

　　所謂內團體是指個體能清楚的意識到自己某特性與此團體相似,因而產生團體的意識,如家庭、性別、俱樂部、職業、宗教等特性。在內團體中的個體經常會表達出個人主觀的態度或感受,而這些成員亦常被歸納為某特殊的社會團體。

　　而非外團體則與內團體相反,通常以我們—他們相對映,對外團體的成員通常表達出冷漠、敵意、偏見、恨意或疏離的態度。

3.**心理性與社會性團體**(psycho vs social groups):

　　心理性團體(幫派、小團體) 的特色是非正式的結構、較少規範、成員是自願的、年齡的同質性高、且沒有具體可見的目標,其目的在滿足成員的情緒需求。而社會性團體 (如學校的輟學處理委員會),其目標具體明確、年齡異質性大、且成員的地位參差不齊,這種團體多半是為解決問題,或是工作導向而組成的。

4.**封閉性團體與開放性團體**(closed vs continuous groups):

　　封閉性團體指團體的成員限於團體一開始就加入者,不允許團體進行中有新成員加入,通常團體都是這種形式。而開放團體則允許在團體進行的任何階段中加入新成員。這種情況下,新加入的成員常在溝通、接納與完全投入等方面遭遇困難。

叁、團體動力

　　團體動力指團體成員在團體內組織、運作以達到團體目標的一切互動勢力,團體和諧地交互作用可促進團體的生產力。

團體動力一詞也被用來指團體的過程、或團體成員所扮演的角色。團體專家們已發展並修訂可增進團體控制與問題解決的技術。譬如在團體進行中安排觀察員記錄，以發現影響團體變好或變壞的因素。

Cartwright 和 Zander（1968）對團體動力的描述是：

自從第二次世界大戰後，團體動力一詞變爲大家所熟悉，但是它越流行，意義也就越不清楚。歸納起來，它有三個通俗定義：

(1)它指一種政治意識型態。這種意識型態強調民主領導、成員參與做決定，以及經由團體內的合作而獲得社會及個人的滿足。它所關心的是如何組織、操縱團體，譬如：投票行爲。對於這個觀點受人批評的是太強調「群性」：它宣稱由於團體成員能夠同等而完全的參與，所以團體每件事都能做得很好，這種看法失之於過度樂觀。

(2)它指一套技巧。例如：角色扮演、小組討論法、團體的觀察和回饋，以及團體的決定等。此技巧在過去一、二十年間被廣泛的應用在人際關係訓練及會議管理方面，美國國家訓練實驗室（NTL）的年度訓練計畫卽以此爲重點。

(3)它是探討團體性質、發展法則及個體與團體交互關係的一套知識。從社會心理學的觀點來看，是社會心理學的一環。它強調科際整合的研究，是一新的知識領域。

肆、團體歷程

歷程是一種持續的、動力的、且有方向性的移動。團體歷程則指兩個以上的人，針對某些需要或問題朝向同一目標一起工作。它也是一種爲了發展、保持團體本身及其對成員的影响力，

所表現出的所有行動和交互作用。

　　個別諮商的「歷程」存在於諮商員與當事人之間，而團體諮商的「歷程」卻有三個運作途徑：成員對成員、成員對團體、團體對成員，透過團體歷程達到增進凝聚力、合作與士氣的目的。

伍、團體輔導

　　團體輔導通常指學校為學生設計的輔導計畫，基本目的是提供資料幫助學生的行為或作決定，本質上是預防性的。學生獲得的幫助包括：訊息詢問、對逐漸成形的問題有所了解、學生活動的計畫與實施、升學就業資料的提供。

　　Gazda（1978）對此作歸納，認為團體輔導是用來預防問題的發生，它的內容涵蓋了最基本的教育—職業—個人的訊息。通常在教室進行，成員數通常為20至25。

　　團體輔導與團體諮商涉及的領域有不少相同之處，但團體輔導中有關管理、方向、活動與結構的責任，主要在於領導者身上。相反的，團體諮商的焦點是在每一個成員（而非所探討的主題）及成員行為的改變。

陸、團體諮商

　　團體諮商指在一段歷程內，諮商員同時和幾位當事人發展關係。成員的數目有的建議是4—8人，大部分建議為6人較理想。

　　Gazda（1978）認為團體諮商的基本特徵是：(1)著重在能夠意識到的思想和行為。(2)它的功能包括：支持、面對現實、疏洩、互信、關心、了解和接納等；(3)它的成員所擁有的問題都是屬於正常人的、可解決的。此外，團體輔導與團體諮商的不同如下：

(1)團體輔導是按照固定計畫施行，施用於學校全體學生；團體諮商則應用於正遭到持續性或短暫性問題的人。(2)團體輔導強調提供訊息，透過認知功能間接的改變態度和行爲，團體諮商則強調感情的投入，直接引起態度和行爲的改變；(3)團體輔導適合教室般大小的團體，而團體諮商則較適用親密的小團體。

柒、家庭團體的諮詢
Family Group Consultation

家庭團體諮詢是利用教—學模式小團體，以減少不美滿家庭成員所受的傷害。1958年，Fullmer（1971）在奧瑞岡州高等教育推廣教育部門的報告中，首先提出「以教—學模式的小團體來改變個人行爲」的概念，並加以應用。

它是二個以上的家庭與二個以上的輔導員聚會，以達到下列目標：(1)改變家庭的溝通及互動情形；(2)減少家人對現實事件的誤解；(3)了解自己對家人的反應方式及對家人的影響；(4)澄清個別家庭成員的角色與期望。這種方法表現出一種獨特的觀念：直接處理整個家庭的問題便可以改變目標人物的行爲。

捌、學習團體
T-groups

學習團體起源於1947年Kurt Lewin, Ronald Lippitt，以及Kenneth Benne，在國家訓練實驗室與國家教育協會(NEA)中，所帶領的一連串訓練和聚會。在聚會中成員們學習人際關係、人際技巧，並發展領導、影响及組織方面的能力，成員交互作用達成工作目標，並增進團體的效率。

　　Benne（1963）及其助理將早期學習團體分爲兩派。一派是
由Kurt Lewin和他的支持者等社會心理學家所組成。他們的興趣
在於團體動力的運作，並視學習團體爲增進成員管理、組織、工
作效率及社會改變的方法。另外一派是由臨床心理學家組成，他
們的主要焦點在於團體中交互作用所產生的互動情形，將學習團
體視爲增進自我覺知、對人敏覺及發揮人際功能的方法。

　　總之，學習團體的重點在於成員產生的人際互動與團體動
力。參與團體的歷程中，成員由自己或別人的行爲中學習，如學
習幫助別人或接受幫助的技巧、人際關係的類型、溝通的能力、
團體動力學與團體發展的知識等。

玖、敏覺性團體、會心團體與其他團體
Sensitivity, Encounter, and Other Groups

　　以下團體基本上都是以實際體驗和活動來促進自我發展和自
我改變，它們可說是大同小異。

1.敏覺性訓練：

　　這字原指國家實驗室所進行的小團體訓練，着重成員交互作
用所導致的結果，包括生活目標的澄清，對人或對己敏覺性的增
加，接納自己和他人，使個人有良好的適應。現在幾乎所有的小
團體訓練都可稱爲敏覺訓練。

2.實驗室訓練：

　　這是一種教育性的方法，強調透過經驗活動來學習。Blum-
berg（1977）指出此種學習的環境是實驗性的，學習者的反應可
以不限於平常的交往型態，它提供學習者一個與日常型態不同的
團體。

3.個人成長團體：

它是爲了增進個人正確的體驗他人與事物的能力而進行的團體。

4.會心團體：

強調知覺的擴展、探索內在精神力量和人際間問題。紓解受壓抑的功能，透過這些達到個人的成長。

這些團體經驗的效果本質上是教育性而非治療性，它不是要矯正或治療病態或情緒障碍者，其所花的時間從2天到21天不等。

5.馬拉松團體：

馬拉松團體是在一段極長的時間內，持續的進行團體活動。在團體內，成員探索對自己、他人、及親密的人之看法和關係，學習對威脅、反對和偏見的反應方式。這種團體假設「不受干擾的歷程可減低心理防衛，使人能更眞實無僞、完全坦露的交往」。團體成員在接納的前提下彼此面質、挑戰，促使成員盡力發展一種開放、眞誠、自己負責的行爲，它又稱爲坦誠團體。

國內何長珠、蔣素娥、張金水在（民73）「永不停蹄的跑者——記一次馬拉松團體的經驗」一文中，提出國內進行馬拉松團體的四點意見：

(1)馬拉松要求自我負責、自我內在導向，而國人特性是依賴、順從、保守、謙退、忍耐，採無領導者、非結構性團體是否適於國人？有待修正。

(2)嚴禁談與此時此地無關的知性問題及過去經驗，把握時間壓力，以免逃遁面對問題。

(3)有必要在甄選過程中以晤談選擇成員，使成員知覺到這是主動要求成長的機會，而負起自我開放的責任。

⑷起初階段催化員若提供些結構性活動，可減少摸索、等待，而在有限時間內達到高峯經驗。

6.特殊治療團體：

Mower（1964）認爲特殊治療團體多由半專業人員所支持，它的主要目標是提供特殊團體成員復健的經驗。美國酒精勒戒所（Alcoholics Anonymous）就有389個這樣的團體。

這種團體的形成，可能反映⑴對於專業處理普遍缺少信心；⑵自然團體（natural groups）未能發揮它應有的功能和理想。因此半專業人員爲一批人「發明」適合他們自己的團體治療，也創造了一種新的社會組織，形成一股新文化，這也算是當代社會無可取代的補救方法。

第二節　團體諮商的目的、要素和研究

壹、目的

⑴滿足人類被接納、追求社會地位、安全感和情感表達的需求。

人類渴望被喜歡與接納，這種情感的需求驅使靑少年尋求各樣的社會經驗與興趣以發展各種人際互動能力。每一學生都需要被接納，並且獲得團體成員給予的滿足與信任，除了隸屬於家庭這個團體之外，他們還需要被同儕接受，發展與人相處的能力，如最簡單的「什麼是別人可接納的態度？」到複雜的「了解別人的行爲」。

透過團體諮商歷程，學生可以扮演領導者的角色，也可以

表達出反對他人的立場而不會有罪惡感，學習用行動、情感、態度來表達自己。團體溝通可以從成員——諮商員的單向溝通，轉化到成員一成員、成員——諮商員的多向溝通，允許每個人表達個人的情感，透過討論嘗試各種新行為，因而滿足成員地位、安全感、情感表達的需求。

很多諮商員發現一些學生在同儕團體中的反應優於個別諮商的情境。Ohlsen（1974）曾提到青少年可從團體諮商中學到下列事情：(1)他們的同儕也有困擾問題；(2)他們的同儕願意幫助他改正缺點，不會因他有這些缺點而不接納他；(3)至少有一個成人——諮商員能了解他們；(4)他們也有能力了解、接納並幫助同儕；(5)他們能信任他人；(6)他們能夠表達自己的信念和正向的情感時，更能了解自己與接納自己。

(2)當學生需要的是了解別人對他的知覺、對他的行為的反應或練習社會技巧、獲得與人交往的信心時，團體諮商比個別諮商更能發揮作用。

Mahler（1969）根據他的臨床經驗，提出八項適適用個別諮商及十項適用於團體諮商的情形，如表6-1。由於團體內安全及保護的氣氛，將可促使當事人嘗試與人交往並探討自己的困擾問題。

表6-1　Mahler對於使用個別諮商與團體諮商的建議

個別諮商適用情況	團體諮商適用情況
1.原因與解決辦法都很複雜的危急情況	1.對於他人及他人對事物的感受想獲得更多了解者
2.為了當事人及他人的安全，需要保密的情況	2.須學習對異於自己的人有更深的尊重者
3.解釋有關個人自我概念的測驗資料時	3.需要學習社交技巧（與人談話、交往等）者
4.對於在團體中講話有極大恐懼的個人	4.需要與他人分享隸屬感者
5.因為非常拙於與人交往，而可能為團體其他成員所拒絕的個人	5.有能力談及自己的憂慮、問題及價值觀者
6.自我覺察力狹隘的個人	6.需要他人對於自己的問題憂慮有反應者
7.涉及性行為（特別是不正常的性行為）的情況	7.認為同輩的幫助有益者
8.有強迫性需要被注意及被認可的個人	8.喜歡緩慢的接受諮商，當感覺受威脅時能有後路可退者

Dinkmeyer 和 Muro (1971) 從另一角度歸納團體諮商的基本目的如下：

(1)幫助每一成員認識、了解自己，協助成員尋求自我認定的途徑。

(2)由於了解自己而逐漸增進自我接納和自我價值感。

(3)培養社交技巧以應付個人在社會中的發展性任務。

(4)培養對他人需求的敏覺性，因而增進自我負責態度、能了解周圍親密人的情感狀態、並發展同理心的能力。

(5)增進自我指導、解決問題和做決定的能力，並將之轉化於一般的教室和社會情境中。

(6)學習做一個同理的傾聽者。

(7)能有一致的自我觀，眞實的提出自己的思想信念，說出自己的意見，做一個眞誠一致的傳達者。

(8)幫助每一成員自訂具體的、可測量、可觀察的目標，並助成員朝此目標行動。

值得注意的是：團體諮商經驗往往導致個別諮商，因爲一個開始自我探索歷程的成員，很可能盼望有再進一步自我探索的機會。

貳、團體諮商的基本要點

了解諮商團體包括那些要素，有助於體驗團體歷程時掌握住重點。團體的進行包括不同階段，每一階段都各有其不同的要素。

早年Bennis和Shepard (1956) 提出團體有二個階段的轉移，即從權威關係 (依賴)，轉移到親密關係 (相互依賴)；團體的每次聚會都是對於團體過去的縮影，也是對未來的預測。

後來，Gazda（1978）提出四個階段：

(1)探索階段：此時團體成員介紹自己，敘述他們欲尋求的目標，並同意一些基本規則。

(2)轉換階段：此時成員開始自我表露，也因此體驗到威脅的感受。

(3)行動階段：透過與成員此時此刻的交互作用，以及家庭作業，開始採取明確的步驟改變行為。

(4)結束階段：開始減少自我表露，由成員增強所改變的行為。

團體諮商中每一階段的基本要素與個別諮商中的要素是相似的，它們是：

1.助長性的情境：

在團體中所呈現的正確的同理心、積極關注、無條件的溫暖和真誠的特質等均有助於成員成長。催化員與成員雙方都應表現出這些特質，若表達得宜就能使成員之間建立起一種接納、了解、支持和信任的關係，這種關係在團體的早期階段有巨大影響力，並且是進入下一個行動階段的先決條件。

2.自我表露：

在團體諮商中相當重視對於此時此刻的感受、信念和態度的自我表露。自我表露的範圍取決於團體成員間的信任度，當團體的信任感足夠時，成員就能自發且開放的表達所思、所覺。

3.回饋：

團體諮商的基本要素之一就是成員能從其他成員那裡得到回饋。所回饋的不只是溝通的內容，更重要的是本身所接受到的訊息，以及成員對傳遞者的反應，回饋就是讓對方知道當他在與別

人交往時，別人對他的看法。

4.領導員特質：

在諮商團體中領導員的特質與技巧佔着很重要的部分。有效、負責的領導員才能幫助團體達成目標。領導員經營團體以使每位成員能盡意發揮，他對於團體步調、發展利益及結果都有很大影响。大部分諮商團體的特點是領導權並非侷限於領導者，當成員開始去幫助別人時，他就是一位協同諮商員(co-counselor)了。

5.團體規範或壓力：

團體的共同壓力是指每一成員均需對其他成員所提供的刺激有所反應。諮商團體中所特有的人際親密關係促使成員彼此認同，使成員更加在乎其他成員的意見，因而渴望得到他人的贊同，避免別人反對，也因為有這種壓力的存在，因此團體對於成員的行為有很大的影響。

團體壓力可能造成一種高度的暗示力，暗示成員要按照他人的願望行動或反應。因為團體群衆的力量，使人相信順著團體去做就不會錯，也因此會抹煞個人的責任。

Gazda, Walters, & Childers (1975) 將團體各階段的要素整理在圖6-1中。

向度	催化	轉換	行動
同理心	層次3（反映出受輔者的情感與意義）	層次4（解釋深層的情感與意義）	層次4（強調時常的回饋）
尊重	層次3（相信受輔者的價值與潛能）	層次4（看重並涉入受輔者的成長）	層次4（看重並涉入受輔者的成長）
溫暖	層次3（清楚的表達注意及興趣）	層次4（完全、強度的注意和支持）	層次4（完全、強度的注意和支持）
具體	層次3（特殊、具體的表達）	（不再強調具體化、有時需進行抽象的探索）	層次4（特殊化及特殊的行動計畫）
眞誠	層次3（適度的情感表達，不虛假）	層次3（適度的情感表達、不虛假）及層次4（語言與非語言訊息的一致，自發性）	層次4（語言與非語言訊息的一致，自發性）
自我表露		層次3（自動提供自己的一般性資料）及層次4（自動提供自己較特殊的資料）	層次4（自動提供自己的特殊資料；涉及表露自己的恐懼、煩惱等）
面質		層次3（嘗試表達矛盾之處）	層次4（清楚的表達矛盾之處）
立卽性			層次4（以特殊化的方式討論彼此關係）

助人者透過這些向度刺激與引導

↓

受輔者的反應行為

層次3（以普遍化的方式討論彼此關係）↓

自我探索 ⟶ 自我了解與承諾 ⟶ 行動

圖6-1　助人關係的階段

　　由圖6-1顯示諮商團體初期，諮商員透過對成員的反應，企求建立一種相互關懷及支持的助長性氣氛。在此基礎建立後，成員在諮商員及其他成員的協助下，開始探索自己的問題。如此導致更大的了解與改變的意願，而其行動的結果又引發自我探索的再出發，如此循環不已。

叁、當代團體研究和文獻舉隅

　　當代團體研究與文獻代表學者對於團體工作的努力成果，也表現出團體學術領域內的研究興趣與取向，以下簡介一些研究：

　　O'Hare（1979）研究團體中諮商員助人行爲、成員助人行爲和成員自我探索三者的相關。助人行爲指同理心、尊重、眞誠一致、面質等行爲。結果是：當事人的探索行爲與諮商員的同理心、面質有顯着相關；成員的助人行爲程度與成員自我探索深度呈低相關，或無相關。

　　Landreth（1979）致力於研究當團體沈默時，諮商員如何有效的預測和了解沈默所代表的意義，他認爲：

　　(1)團體中沈默應被視爲正常自然的事。

　　(2)沈默時，仍有溝通發生。

　　(3)沈默表示團體已預備再度出發，而且允許任何一個人開始。

　　(4)沈默可能是團體成員焦慮的徵兆。

　　他強調諮商員對沈默的反應方式，是決定此沈默是否能成爲進一步交互作用的關鍵。

　　Doyle（1979）研究密集諮商對2,873位低成就中學生的學業成績之影響，以10～12人一組的小團體方式進行，強調建立自信

心、信任感、自我認識、改善溝通技巧及提高動機等內容，結果發現他們在閱讀與算術分數上均畧有進步。

Carter（1974）研究團體諮商對大一的黑人自我概念是否有積極影響，她採用黑人音樂及當代文摘做輔助材料，連續進行三週，每週10小時，結果受試者在「黑人自我概念量表」上的分數未改變。

Healy（1974）根據Donald Super的生涯發展中的自我概念理論設計諮商團體方案，證實對學生的訂定計畫、職業知識及確定生涯目標都有幫助。

Kahnweiler（1978）提出監獄囚犯的諮商團體模式，這個模式認爲團體的發展階段是：

(1)考驗諮商員。

(2)抱怨環境。

(3)向同儕挑戰。

(4)互相信賴、互相幫助

Cerio（1979）提出一個五步驟的教育性成長團體模式，目標爲提高學生知識、自我覺察和人際技巧。此五步驟爲：

(1)解凍（暖身活動）——放映影片引發討論。

(2)價值澄清（做練習、未完成語句填充、討論引起爭議的短篇小說）。

(3)訊息獲得（諮商員講授、書籍、錄音帶）。

(4)從經驗中學習（戶外活動）。

(5)計畫未來策略（將目標精簡化、付諸行動）。

Block（1978）研究五週的理—情教育（rational-emotive education）對有被退學之虞的黑人高中生在學期成績、違規行爲

及留級等方面的效果，結果所有變項均有改善。

Amidon 和 Kavanaugh (1979) 發展一套口語親密技巧程度量表 (the Levels of Verbal Intimacy Technique, LOVIT)，作為診斷團體問題，引導領導員介入時的指標。

Fieldler (1973) 認為美國盛行的領導訓練對於公司的業績無直接相關的原因乃在於領導觀念的問題，過去的觀念認為權威式命令及懲罰才是領導行為，而現在則強調「說服」的觀念。他提出「權變模式」(contingency model) 的理論來解釋領導者觀念與表現的各種現象。

Lieberman, Yalom 和 Miles (1974) 則在Stanford大學進行一次大規模的17種團體諮商的效果研究，這17個團體包括：個人成長團體、學習團體，完形團體，心理劇、心理分析、溝通分析，當事人中心，馬拉松等。實驗組為206位參加過這些團體的學生，控制組則是有報名，但因故未參加之60位學生。在團體開始前數週，測量二組之基準線資料，團體結束後一、二週及6～8個月後各再進行後測。當團體剛結束時，成員中65%認為他們的態度有積極改變（更開放、坦誠、自我覺察、自動自發），但6～8個月後，將團體經驗評價很高與很低者的比率由剛結束時的4.75：1降到6個月後2.33：1。80%的實驗組與控制組親友均表示成員有正向的改變；領導員認為90%的成員有改善，但是僅有37%的同儕認為成員有改善。這17種團體經驗的成功率從0%到89%不等，平均成功率33%。

有48種量表分別自參與者及外在觀察者來評估領導行為，經過因素分析法處理歸納出四個向度：(1)情緒性的引發（激發成員反應）；(2)關注（給予保護、愛、支持與鼓勵）；(3)意義的歸因（以

認知行為的方式說明成員的體驗）；(4)執行的功能（管理整個團體）。Lieberman及其同事指出最稱職的領導員應是適度的引發情緒及管理；高度關注，且會運用意義的歸因，因為這項特質與團體的效能有極大的關係。

研究者總結此研究結果如下：

雖然團體在改變成員的方面並非都成功，但它確實形成了一種快速、短暫和強烈的人際經驗。這是一種短暫但深刻的人際關係型式，人們仍需要並且能夠從這種交逢的會心經驗中學習，但是這種經驗對人類持久性的改變並無決定性影響。

多年前Cartwright（1951）在一項研究團體對人類改變情形的結論中，提出進行團體工作者應有的大原則，本節即以他的敘述作結束：

(1)團體若要成為「改變」的有效媒介，被改變者與影響改變者均需對此團體有強烈的隸屬意識。

(2)團體對成員吸引力愈大，則其對於成員的影響力也愈大。

(3)所要改變的態度、價值觀念或行為，若與團體越有關聯，則團體所能發揮的影響力將越大。

(4)成員在團體中的威信愈大，則他對團體的影響力愈大。

(5)努力改變團體中的少數人，將使他們警覺異於團體規範而導致強烈抗拒。

(6)若能讓成員意識到此團體需要改變，則來自團體的壓力即可促成改變。

(7)團體所有成員均應了解有關改變的原因、計畫及結果等資料。

(8)若團體一部份的改變將造成其他的不良影響，減低不良影

響的方法是不要改變，或調整其他受到影響的部份。

第三節　團體諮商的優點與限制

壹、優點

許多實際參與團體諮商的人，認為團體諮商有很多的價值與優點，這些看法有一部份是基於研究結果，一部份是來自實際經驗，而另一部份則是依傳統的見解而來。

(1)團體諮商不但可以使諮商員與更多的學生接觸，並且學生可能因為有了團體諮商的經驗之後，而進一步尋求個別諮商。

(2)學生較能接受團體諮商的觀念；由於也有其他學生在場，所以每個人不會認為自己與眾不同。相反的，參加個別諮商的學生會自認為或被視為有嚴重問題、不正常的人，而這種想法，對一個高中生來講，是相當苦惱的事。

(3)參與團體諮商能使青少年發展他們的社交能力，透過團體諮商使學生經歷人際交往的生活經驗。並且對於地位、安全感和情感表達的需要，團體諮商也提供了一條途徑，使得這些需要可以獲得充分的滿足。

(4)團體諮商在時間和金錢方面比較經濟有效，而另一個測量團體諮商有效性的方法即是檢驗團體諮商目標所達到的程度。

(5)團體諮商的獨特功能就是：提供與生活相似的真實社會情境，以幫助修正個人的習慣、態度、和對團體成員的觀感。

在一種安全、無威脅的氣氛中，成員可以學習到各種新的、有彈性、且令人滿意的交往態度。

(6)諮商團體的成員能接受同輩所提出的觀念和建議，這些觀念和建議若由成人提出，則往往會被拒絕，因為經由其他成員的增強，使得他們的決定看起來是自己做的，而非屈服於一個權威人物之下的產物。

(7)團體諮商可以提供適合問題解決的情境，在團體內，可以集思廣益的探討一些問題，並比較各種意見和批評的好壞，而且光靠個人解決不了的問題，在團體中往往較能迎刃而解。

(8)學生們參與團體諮商，會使他們更投入團體，因此較不會期待諮商員的指導與建議；也因此，諮商員既可以是成員也可以是觀察者，而且由於成員視諮商員為團體的一份子，故更有助於團體的進展。

貳、限制

所有的方法都有其限制，團體諮商也不例外。例如：有很多學生會覺得很難在團體中發揮自己的功能，這些學生在與團體建立關係之前，通常需要有跟另一人諮商的經驗。至於團體諮商的其他限制，尚有下列幾點：

(1)個人往往在還沒有充分準備好的情況下，由於受到團體壓力而須自我表露。如果在團體中，大部分成員都做了某種程度的表露，因此那些沒有自我表露的人，通常會感受到眾人的壓力（有時他們的「躊躇」或缺乏信任，甚至會立刻受到質問）。雖然每一個團體都會建立一些團體規則，以

免產生不必要的壓力，但個人仍難免會因爲他們無法對團體推心置腹而感到歉疚或難過。而如果個人將此經驗視爲是自己的失敗，那麼，這種團體諮商對他也就失去了意義。

(2)在團體中幫助個別的成員，並非諮商員的重點所在。因此，對於需要更密集的一對一關係的成員而言，團體的多元關係無法對他發揮作用。因爲在團體中諮商員的行爲必須顧及全體成員，相對的卽減少與個別成員交往之機會。

(3)一個成員的個人問題，對其他成員或整個團體來說，可能變成次要的問題。此外，在團體中，往往不能如個人所願，能有充分的機會去探究、分析或討論他們自己所關心的事。

(4)同儕的存在並不一定對所有的成員都是有利的，這必須視個人的自我表露能力而定，並且與問題的同質性有關。一般來講，同年齡的人，在團體內，所探索的大都是一些普通的問題，而那些比較特別的問題便很難提出來討論，個人只好自己獨自思考這些問題。

當然，仍有其他限制的存在，但是這裏所提的，大部份是對團體諮商有經驗的人們所記錄下來較爲重要的。

第四節　輔導計畫中的團體諮商

團體諮商是最近才發展出來的助人關係，因此在學校輔導工作中也是相當新的計畫。因爲它仍然不斷蓬勃的發展，所以更需要審慎評估不斷累積的有關資料。Shertzer 和 Stone (1981) 對此的看法如下：

⑴團體諮商並不是個別諮商的替代品。說得更恰當一點，它
　是促使行爲改變的方式之一。雖然團體與個別諮商都能支
　持個人設定目標、作決定及安排職業與教育計畫，但是彼
　此並不互相衝突。一般而言，較適合團體諮商的學生是那
　些有發展上的困難或是願意將其困擾問題在團體中提出的
　學生。簡而言之，只要學生的問題是與人際交往有關，而
　且願意在團體中探討他的問題，則團體諮商將是最爲適當
　的。因此，身爲諮商專業人員，最重要的是做好縝密的分
　析以決定什麼事最適合於在團體中加以處理，什麼樣的事
　項需要個別諮商，以及這兩種方法如何在整體的輔導計畫
　中，交互的運用。

⑵一個建立得很妥善的計畫，可以針對學生所關切的問題開
　設不同性質的諮商團體。例如：⑴提供學生所需求的資
　料，並幫助他們加以運用；⑵補救教學；⑶改善低成就或
　學業失敗學生的情況；⑷獲得與他人建立關係的技巧或洞
　察力；⑸協助面臨輟學的學生；⑹促進個人的發展。這裏
　所要強調的團體諮商既然是學校輔導計畫的有效一環，就
　不應該只侷限在單一的工作或內容上。如果每一個具有專
　業能力的諮商員，能投注部份時間去做團體諮商，則這些
　多樣化的團體內容，即可滿足學生多樣化的需求。因此，
　當某位學生在某諮商團體有適應不良的情況時，可以適時
　轉入另一個更適合他特殊需要的團體。

⑶團體諮商必須由完全受過專業訓練而且樂意提供這種服務
　的人來執行，因此，必須要有團體諮商員的訓練計畫。
　Davis（1979）調查美國諮商員教育計畫的訓練實務結果如

下：

在151個計畫中，有84個（佔56%）計畫所用的問卷合乎研
究所需。他的報告指出：20～25%的碩士課程包含有團體
訓練模式；大多數的計畫都提供三種課程：(1)個人團體經
驗，(2)團體理論課程，(3)團體諮商或領導的實習。他結論
說：在1970年代，團體諮商員的訓練，已經有實質的進
步，並且，對團體諮商員的養成也比1960年代晚期深入，
也更有一貫性。

有一些團體諮商的專家表示，輔導員在有效的帶領團體之
前，一定要有充分的個別諮商經驗。前面已說過團體諮商
員的角色和功能比個別諮商更為複雜，因為他必須將注意
力擴及所有的成員之間。雖然諮商員很專心的在聽著成員
的談話。但他仍需要同時觀察其他人的反應，並協助他們
也參與其中。諮商員除非已有把握，否則不宜處理較困難
如個人內在或文化衝突等的問題。此外也必須小心的篩選
成員，才能成功地處理他們所關心的事。諮商團體需要某
些能力和技巧，而這些能力和技巧，並不一定會在每一個
諮商員的身上發現。這並不是說團體諮商是一種只有少數
人能懂的藝術，而是要強調不能讓沒有技巧的、訓練不足
的或缺乏興趣的個人去執行。團體諮商，只有在諮商員是
有效的時候，才會成功。

(4)學校的全體成員必須了解團體諮商的目的與內容。亦卽讓
　　所有的行政人員、老師、學生以及家長們都熟悉團體諮商
　　所涵蓋的內容以及將會用到的方法。若能讓全校教職員了
　　解團體諮商的目的，則他們將不僅被動的接受它的功能，

並且會主動地支持它，並向學生及家長宣導、推廣。學校的行政與輔導工作人員，都有責任促進那些能夠培養成員接納能力的團體諮商。

(5)團體諮商計畫必須緩慢而小心地展開，一個普遍的教育原則是：使一個人的學習歷程從已知再慢慢的到未知。團體諮商發展的速度，必須配合全體成員的信任程度及學生接納能力。因為隨著不同的體認和經驗，這些人將會改變他們的看法。萬事起頭難，若有太多團體諮商活動待執行，可以先挑一些與同學切身有關或較迫切的團體開始嘗試。

(6)必須確定一些評鑑團體諮商的標準。當團體諮商開始之後，必須有一個可以評量它成果的計畫。團體諮商不可以言之鑿鑿的肯定他們已達成他們的目標。雖然不太可能獲得所有的資料以供評鑑，但是仍然可以盡力收集最完整的資料。評鑑結果有助於對同事、學生及家長的溝通。雖然評鑑可能是費時而且困難，並且須投注大量人事及時間，但如果能因此滿足年輕人的需求，那麼，它是相當有價值的。

第五節　個別諮商與團體諮商的比較

以下簡要敍述個別與團體諮商的異同。

相同點：

(1)團體與個別諮商的主要目標，經常是相似的。都在幫助當事人達到自我指導、自我統整以及自我責任感等目標。兩種方式均協助當事人逐漸能夠自我接納並了解自己的動

機。

(2)兩者均強調接納、允許的氣氛以袪除當事人的防衛心。同時,個人由於均受到尊重而能很自由地檢視自己的感覺和經驗。兩者也都努力的使當事人對自己作決定的能力有信心,並且爲自己所作的決定負起責任。

(3)二者均強調諮商員的的技術。情感辨識與澄清、情感反映、語意覆述、場面構成、接納之類的技術,都會用於兩者的情境,以促使當事人認清自己的感覺與態度,並能加以檢視與釐清。

(4)二者的服務對象均是遭遇正常發展困難的人們。兩者的方法,都是處理一般學生的需求、興趣、關心的事,以及經驗。

(5)在兩者的過程中均強調諮商關係的隱私性及保密性。

不同點:

(1)團體情境可以馬上有機會試驗與人交往的各種方式,並且可以當場體驗與別人有親密關係的感受。這種成員彼此間身體上的親近,可帶來情緒上的滿足。此外,當事人嘗試與別人以不同方式交往時,可以得到同輩們的反應與建議;換言之,當事人可以直接檢驗別人對自己的看法。

(2)在團體諮商中,當事人不只是接受幫助,他也幫助別人。團體越穩定、越有凝聚力,成員就越願意互相支持。這種合作分享的關係。引發施與受的功效,且使成員覺得與別人更接近,因而,願意去了解,並激勵他們相互表達出自己的感受,因而也影響彼此的行爲。

(3)團體諮商中諮商員的工作更爲複雜,他不僅需要了解談話

者的情感並幫他更清楚的了解自己，而且還要觀察談話者
的言論如何影響其他的成員。諮商員不僅必須知道討論的
內容，並且還要能知覺成員間交互作用的關係。

　團體諮商已經成爲學校輔導工作的一部分。近幾年來，由於
它對促進個人及事業發展極有助益，因此發展得很迅速。然而即
使在學校內運用廣泛，由於它的可變因素太多也太複雜，因此仍
需更謹愼的予以評估。

〈本章摘要〉

　團體乃是有共識、有互動的一群人的組合，團體專家們已發
展出各種可增進團體控制與問題解決的技術，團體諮商即其中之
一，它強調情感的投入與行爲的改變，有別於團體討論，而與學
習團體、敏覺團體、會心團體等有密切關係，它與個別諮商的基
本要素相似，但在適用情境上有所不同。Gazda(1978)認爲團體
諮商的階段爲：探索、轉換、行動與結束。在團體諮商歷程中，
要藉著同理心、尊重、溫暖、具體、眞誠、自我表露、面質、立
即性等要素，催化個人的成長。

　當代團體的研究甚多，尤以Lieberman等(1974)在Stanford
大學的研究最爲著名。雖然其結果顯示團體在改變成員行爲方面
並非都成功，但它確實形成了一種快速、短暫和強烈的人際經驗。

　團體諮商有個別諮商所未有的一些優點，也有其功能上的限
制；兩者之間有其共同點，也有其相異處；兩者在輔導計畫中是
互補而相輔相成的。

〈討論問題〉

1.在團體工作中有何術語與觀念？
2.團體諮商的目標爲何？
3.團體諮商有何優點和限制？
4.個別諮商與團體諮商有何異同？
5.團體諮商在輔導計畫中的地位如何？

〈本章參考文獻〉

何長珠、蔣素娥與張金水（民73）.永不停蹄的跑者—記一次馬拉松團體的經驗。**有效的諮商員**。台北市，大洋出版社。

Amidon, E., & Kavanaugh, R. R. (1979). The observation of intimacy in groups. *Personnel and Gaidance Journal, 57,* 464-468.

Benne, K., Bradford, L., & Lippitt, R. (1963). Designing the laboratory. In Bradford, L., Gibb, F., & Benne, K. (eds.), *T-group theory and the laboratory method,* New York: John Wiley, 19~30.

Bennis, W. G., & Shepard, H.A. (1956). A theory of group development. *Human Relations, 9,* 415-436.

Block, J. (1978). Effects of a rational-emotive mental health program on poorly achieving, disruptive high school students. *Journal of Counseling Psychology,* 25, 61-65.

Blumberg, A. (1977). Laboratory education and sensitivity

training. In R.T. Golembeiwski & A. Blumbery (eds.), *Sensitivity training & the laboratory approach,* (3rd ed.), Itasca, Ill.: F.E.

Carter, A.L. (1974). An analysis of the use of contemporary black literature and music and its effects upon self concept in group counseling procedures. *Doctoral dissertation,* Lafayette, Ind.: Purdue University. Peacock Publishers, 14-15.

Cartwright, D. (1951). Achieving change in people: some applications of group dynamics theory. *Human Relations, 4,* 388-391.

Cartwright, D., & Zander, A. (1968). *Group dynamics.* (3rd. ed.). Evanston, Ill: Harper and Row, Publishers, Inc., 4.

Cerio, J.E. (1979). Structured experiences with the educational growth group. *Personnel and Guidance Journal, 57,* 398-401.

Davis, S.L. (1979). The training of entry level group counselors: a descriptive survey. *Doctoral dissertation,* Lafayette, Ind.: Purdue University.

Dinkmeyer, D.C., & Muro, J.J. (1971). *Group counseling: Theory and practice.* Itasca, Ill.: F.E. Peacock Publishers, Inc., 9-10.

Doyle, R. E., Gottlieb, B., & Schneider, D. (1979). Underachievers achieve—a case for intensive counseling. *The*

School Counselor, 26, 134-143.

Fiedler, F. (1973). The trouble with leadership training is that it doesn't train leaders. *Psychology Today, 6,* 23-26.

Fullmer, D.W. (1971). *Counseling: group theory and system.* Scranton, Pa.: Intext Educational Publishers, 38-39.

Gazda, G.M. (1978). *Group counseling: a developmental approach.* (2nd ed.) Boston: Allyn and Bacon, Inc., 6.

Gazda, G., Walters, R.P., & Childers, W.C. (1975). *Human relations development: a manual for health science.* Boston: Allyn and Bacon, 17-19.

Healy, C. (1974). Evaluation of a replicable group career counseling procedure. *Vocational Guidance Quarterly, 26,* 34-40.

Kahnweiler, W.A. (1978). Group counseling in a correctional setting. *Personnel and Guidance Journal, 57,* 162-164.

Landreth, G.L. (1979). Group science in counseling groups has meaning. *Journal for Specialists in Group Work, 4,* 16-20.

Lieberman, M.A., Yalom, I.W., & Miles, M.B. (1974). *Encounter groups: first facts.* New York: Basic Books, Inc.

Mahler, C.A. (1969). *Group counseling in the schools.* Boston: Houghton Mifflin Company, 18-19.

Mowrer, O.H. (1964). *The new group therapy.* Princeton, N.J.: D. Van Nostrand Co., Inc., 5.

O'Hare, C. (1979). Counseling group process: relationship between counselors and client behaviors and the helping process. *Journal for Specialists in Group Work, 4,* 4-8.

Ohlsen, M.M. (1974). *Guidance services in the modern school.* (2nd ed.) New York: Harcourt, Brace & World, Inc., 144.

第 七 章
諮詢

楊世瑞

- ● 諮詢的意義
- ● 諮詢的模式
- ● 諮詢的步驟和情境
- ● 諮詢的效果評鑑
- ● 諮詢的優點和限制
- ● 當前的論題

　　諮詢（consultation）這一名詞在國內工商業方面並不陌生，但就教育或輔導專業而言，有關這方面的研究或探討仍很缺乏。事實上要建立教育與輔導的專業地位，諮詢是相當可行的一種方式。本章擬就諮詢的意義、目的、模式、情境等方面加以討論。

第一節　諮詢的意義

何謂諮詢？它的目的何在？諮詢的發展過程又是如何？這是本節所要討論的三個問題。

壹、何謂諮詢

在當前的輔導領域內，諮詢已被視為不可缺少的一項工作。因為有些時候諮商員發現在某些情況下直接服務的方式不太適合，有必要尋求其他方法以提供服務給個人或團體。

諮詢和諮商一樣，都是提供協助的一種專業性服務，但是關於諮詢的定義各家看法不一，茲舉出下列五種：

1. D.B. Keat（1974）：

學校中諮詢是諮詢者(consultant)與需求諮詢者(consultee)共同發展出協助學生方法的歷程。

2. G.Caplan (1970)：

諮詢是兩個專業人員的互動歷程，一是諮詢者，也就是專家；另一是需求諮詢者，尋求專家協助以解決工作上所面臨的非他能力所及的問題或困難。

3. A.J.Bindman (1964)：

諮詢是介於兩個專業工作者—諮詢者及需求諮詢者之間的一種互動歷程或人際關係。諮詢者協助需求諮詢者以自己的專業知識為架構來解決當事人的心理健康問題。諮詢歷程取決於彼此間知識、技巧與態度的溝通情形。這種過程也具有教育的功能，需求諮詢者可以藉此學習到有效解決類似問題的方法。

4. D.Brown等 (1979)：

諮詢是一種歷程，建立在幾個基礎上：①互相信任；②坦誠溝通；③共同確定問題所在；④運用彼此的人力資源以探討可能解決問題的策略；⑤共同負責履行並評估所擬的策略。

5. Shertzer 和 Stone (1981)：

在輔導計劃中的諮詢是向老師、家長、行政人員及其它諮商員提供技術性協助的歷程，以找出並解決他們所無法有效處理的一些問題。

Brown等特別強調諮詢不是諮商或心理治療，因為後二者是對當事人提供直接服務，而諮詢則是間接性的服務。同時他們也認為諮詢並不是教育，因為他們認為教育是直接服務，不強調人際關係，而且經常是由老師所引導或控制。而諮詢所提供的間接服務則重視諮詢者與需求諮詢者之間的人際關係。

綜上所述，可知諮詢牽涉到以下三種人物：

(1)當事人：有困難的個人、組織、或單位。

(2)需求諮詢者：想要解決該問題或困難的人。

(3)諮詢者：協助需求諮詢者以解決當事人問題的人。

貳、諮詢的目的

大致說來，諮詢的目的包括下列各項(Fullmer & Bernard, 1972)：

(1)增進或改善學生、家長及行政人員的學習環境。

(2)藉提供資料給相關人員之同時，促進彼此的溝通。

(3)爲改進學習環境，將不同角色或功能的人聚在一起。

(4)擴大專家的服務。

(5)擴大老師、行政人員的在職教育。

(6)教導別人學習如何了解行爲。

(7)創造一個包含所有好的學習成份的環境。

(8)促成自我協助。

參、諮詢的歷史

工商業界和政府機構早就使用諮詢者協助他們的員工解決工作上所面臨的各種特殊困難，但在教育、輔導方面的發展卻較爲緩慢。自1940年代末期到1950年代初期的發展階段，諮詢只是一種直接的服務。需求諮詢者在延請專家（即所謂諮詢者）處理許多他們深感困難的問題後，就放手不管了。但一段時間後發現，如果讓需求諮詢者也加入工作的行列，將來他們面對類似的問題情境時，會更有能力去解決。因此到1950年代末期，在心理衛生

與工商諮詢方面有了重大的突破，那就是使需求諮詢者在諮詢的過程中開始扮演積極主動的角色。

　　而促成諮詢在臨床、教育的設置上發揮更大功效的是美國國會在1963所通過的「社區心理衛生中心法案」。這個法案規定：任何有關心理衛生的方案均須包含「諮詢」的部分。如此一來，諮詢便從個別、小團體式的治療性功能轉變爲更具發展性與預防性的作用。

第二節　諮詢的模式

　　本節概略介紹六種諮詢的模式。由於提出的學者本身背景上的不同，所以各種模式所強調的重點和立意不盡相同，這反而可以讓人有更廣泛的選擇與比較的機會。茲一一加以說明如下：

壹、凱布倫模式
Caplanian Model

　　G.Caplan曾任哈佛大學社區精神醫學實驗室負責人，同時也被尊稱爲「心理健康諮詢之父」。他將諮詢依會談的內容分成兩大類：

　　⑴個案諮詢（case consultation）:在這種諮詢中，諮詢員所做的討論、評鑑與安排都是針對某個特殊的個案。

　　⑵行政諮詢（administrative consultation）這類諮詢是探討一個機構或政策的施行情形，並提出建議以發揮其功能。

　　在這兩大類之下，Caplan又再各自分成當事人（或計畫）中心（client centered）和需求諮詢者中心（consultee centered）兩

種。前者著重直接和當事人的接觸；後者則採用間接的方式，透過需求諮詢者來協助當事人。

「當事人中心」諮詢即是一般傳統的醫療諮詢。諮詢者直接和病人接觸，作檢查和診斷。這類諮詢的目標是促使病人或當事者進步。

「需求諮詢者中心」模式中，諮詢郤很少甚至完全不和當事人接觸，他們是透過需求諮詢者來了解當事人的問題。此種諮詢目標是增進需求諮詢者的技巧，以便以後能處理類似的問題；當事人是否獲得改進則不是最主要目標。

總而言之，Caplan所談的諮詢模式非常強調合作關係；亦即

貳、諮詢方塊
Consul Cube

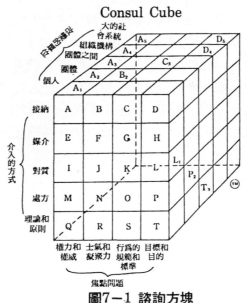

圖7－1　諮詢方塊

諮詢者和需求諮詢者必須維持良好的關係才能使當事人獲得利益。所以諮詢者應該尊重需求諮詢者，不可以將需求諮詢者視為「病人」；唯有在坦誠、平等的氣氛下，諮詢才會有最大的效果。

　　詢諮方塊提出者為Blake 與 Mouton (1978)，兩人曾任美國Scientific Methods 公司的總裁和副總裁。他們建立諮詢方塊的原因有二：

　　(1)當前輔導學派林立，包括當事人中心、心理分析、會心團體等，技術上各不相同，同時也各自孤立，未能彼此擷長補短，使得當事人不易由他們的專長中獲利。

　　(2)人類行為有循環性的特質，要打破循環（尤其是惡性循環），諮詢是一種很好的介入 (intervention) 途徑。

　　至於介入的全貌應該包括三個向度：①誰為誰？②做什麼？③目的何在？諮詢雖然在不同的領域中看起來很不相同，但基本上有五種介入方式、四種焦點問題 (focal issues)、五種改變單位 (units of change)，因而構成一個5×4×5的立體方塊。方塊中共有一百個單位，每一個單位表示一種特殊的介入方式，可用在特殊的當事人身上；而這個當事人正面對著一種特殊問題，唯有透過某一種介入的方式才能打破他自我傷害的循環狀態。以下介紹五種介入的方式：

1.接納 (acceptant)：

　　讓當事人有安全感去表達他們的想法而不用耽心會受到批評。經過這種方式，使當事人能更客觀的了解自己的情緒。

2.媒介 (catalytic)：

　　協助當事人收集資料和訊息，重新去了解事情的真象。

3.面質 (confrontation)：

促使當事人去檢視由自己的價值觀所產生出來的各種假設。

4.處方 (prescription)：

諮詢者告訴當事人該做什麼，或者就直接替當事人做。在這種情形下，諮詢者要對他自己的診斷和解決問題的方法負責任。

5.理論和原則 (theories and principles)：

提給當事人一個明確的理論，讓他了解問題的因果關係，並由他診斷和計劃該如何面對現在和未來的這些類似情境。

究應採用那一種介入方式，不只是看諮詢者個人的喜愛；更要注意當事人的需要，不同的問題要採用不同的方式：

(1)權力和權威問題：較適合用「面質」。

(2)士氣和凝聚力問題：較適合用「接納」。

(3)行為的規範和標準問題：較適合用「媒介」。

(4)任何問題的目標、目的：適合全部的介入。

問題的一個層面改變，可能會在其他的三個層面表現出來。例如老板的權威降低，會使公司裡的士氣提高。

第三個諮詢方塊的向度是：改變的單位，即誰是要真正改變的人，包括有：

(1)個人。

(2)團體：如一個家庭或夫妻雙方。

(3)團體之間：如製造部門和生產部門。

(4)組織機構：如政府部門、學校、教會等。

(5)大的社會系統：如社區、整個都市、幾個州、甚至整個國家。

諮詢者在本模式中所扮演的角色是：能正確的察覺問題並能

使用適當的介入技術。諮詢方塊企圖透過三個向度而將諮詢的領域全部包容其中，同時兼顧理論和實際。

參、統整模式
Integrated Model

提出者D. Kurpius 是印第安那大學教授,較偏重於教育諮詢。Kurpius (1978) 以爲傳統助人者的角色是權威的,是高高在上的,如督導、經理或校長等;而諮詢者却不同於前面所提的那些人,他不具批判性、比較性,是一種「新的專家」。至於諮詢的具體方式可分成四種

1.提供模式 (provision mode)：

由諮詢者直接和當事人接觸並提供服務。需求諮詢者在轉介後,因爲時間、興趣或能力等因素,很少再和當事人接觸。使用這種模式的前提必須是諮詢者、需求諮詢者雙方均同意「直接轉介」是最好的方法。

2.處方模式 (prescriptive mode)：

諮詢者擔任需求諮詢者的資源供應者,以解決當事人的問題或困難。在此模式中,諮詢者同時提供解決問題的方式以及協助過程的進行。他必須考慮四個問題：(1)有關問題的資料確實嗎？(2)需求諮詢者能接受並施行諮詢者的計畫嗎？(3)結果由誰來評鑑？(4)需求諮詢者能要求調整或更換嗎？

3.合作模式 (collaboration mode)：

這是最廣泛使用的一種模式。諮詢者幫助需求諮詢者發展出一套助人解決問題的計畫,使需求諮詢者有能力自我指引。這個模式的前提是：(1)人們需要正增強；(2)只要給予協助,有些

專家雖然不知問題在那裡，卻有能力去界定和解決與工作有關的問題；(3)使需求諮詢者更能發揮功效；(4)建立在兩個專家互相信任的前提上；(5)雙方具有同樣的地位與權威；(6)一旦解決就不會再有問題。

4.調解模式 (mediation mode)：

　　本模式不同於上面所提的三種模式，前三種都是需求諮詢者要求協助，由諮詢者提供直接或間接服務；本模式是由諮詢者意識到問題，而加以界定、收集資料、決定適當的介入途徑，然後再找與本問題有關的人共同解決問題。

　　Kurpius 依諮詢者所擔任的不同角色，將諮詢分成四個模式，在每一模式中，諮詢者都要事先考慮各種前提，如此方能成功的達成目的。

肆、內容／過程模式
Content vs Process Model

　　提出者爲 E.H. Schien，他擔任麻州省立理工學院組織研究小組主席，擅長於組織、經營、發展、諮詢。他認爲對任何助人者而言，他們所做的決定是界於下列兩者之間：(1)告訴別人如何去做；(2)經由不同介入方式協助人們去找尋解決問題的方法。

　　Schien (1978) 依照這觀念，將諮詢分成兩種型態：一是內容型態，告訴別人該如何做；另一種是過程型態，著重於協助別人去找尋出適當的方法。內容型態又可分成兩類：

1.追求知識或專才模式：

　　當事人能了解問題所在，只是侷限於本身的能力或知識，向諮詢者尋求特殊或專門的知識，例如請諮詢者去做市場調查分

析。

2. 醫生—病人模式：

　　當事人感覺到問題的存在，却不知道問題出在那裏？所以會給予諮詢者更多的權力去作診斷。

　　過程型態諮詢也可分成兩類：

1. 媒介模式：

　　諮詢者運用技巧去協助當事人找出他自己的解決方法。

2. 催化模式：

　　諮詢者協助團體解決自身的問題。

　　這兩種模式的分類較不明顯，有時會合而為一，統稱為過程模式，因而使得Schien所提出的諮詢模式分成三種：追求知識或專家，醫生—病人，和過程模式。Schien以為一位理想的諮詢者應該在這三種模式中靈活轉換，不要僵化自己，如此才能提供更有效的諮詢。

伍、行為諮詢模式
Behavioral Consultation

　　M.L.Rusell（1978），熱衷於以行為科學身份擔任精神醫學領域中的諮詢者，他指出行為諮詢是建立於「社會學習論」(Social learning theory)上；他認為行為是受先前事件及可測之後果事件兩個環境因素所控制。所以，要有效的更改當事人的行為，必須要能控制影響他的環境因素，如圖7－2及圖7－3所示。

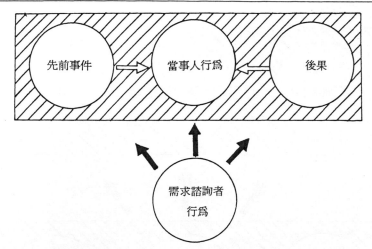

圖7-2　需求諮詢者的行爲和當事人行爲及控制環境間的關係

　　行爲諮詢者並不直接和當事人接觸，而是透過需求諮詢者以達到兩個目的：

　　⑴減少當事人的問題行爲次數。

　　⑵持續需求諮詢者的行爲，以改變當事人的行爲。

　　具體說來，行爲諮詢包括下列五個步驟：

1.觀察：

　　諮詢者在自然情境和晤談中了解當事人、需求諮詢者、有影響力的第三者行爲間的先前事件和後果關係，同時也了解需求諮詢者的行爲基準，以作爲效果評估的基礎。

2.功能分析：

　　分析諮詢者、當事人彼此行爲互爲因果關係的部份，以便決定需求諮詢者的行爲組型。

3.訂定目標：

　　使需求諮詢者的行爲改變；當事人的行爲亦隨之改變。

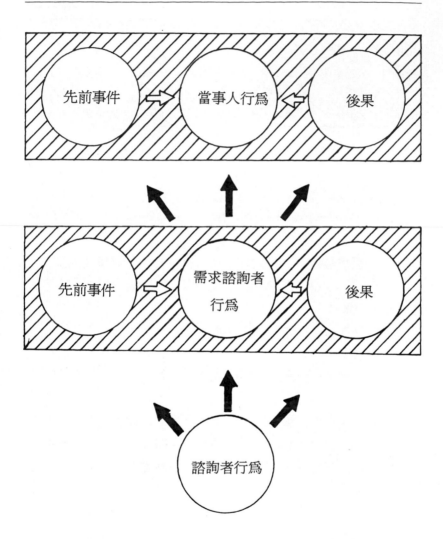

**圖7-3 諮詢者行爲、需求諮詢者行爲、當事人行爲和控制環境
的交互作用**

4.行為介入：

　　行為諮詢者可以使用：

(1)正增強─向需求諮詢者的上司稱讚其所作的努力。

(2)刺激控制─提醒需求諮詢者表現出某一種行為來，如提醒老師每當牆上時鐘表面出現一彩色小點時就要觀察學生。

(3)示範─表現某種行為給需求諮詢者看，教他如何呈現給當事人。

(4)角色扮演─由需求諮詢者演練，而由諮詢者扮演當事人，以更具體了解其效果。

5.撤出：

　　當需求諮詢者能處理當事人的問題之後，諮詢者即可撤出。

　　Rusell強調不一定要拘泥於以上的理論模式，諮詢者可以自由選擇策略。重要的是要驗証每一種介入方式，即看能否使當事人的行為改變，若不能，就必須要再更換另一種。

陸、奧伯瑞
R. F. Aubrey Model

　　R.F.Aubrey 是美國 Nashville 師範學院的諮商系主任，曾經擔任美國學校諮商員協會(American School Counselor Association) 主席，他的興趣在於訓練輔導機構中的諮詢員。他認為在小學階段中的諮商員所扮演的最重要角色就是諮詢者。1966年，美國 ASCA與ACES 也指出小學諮商員的首要功能是諮商、諮詢和協調。Aubrey（1978）認為美國國會在通過94－142公法（即所有殘障兒童教育法）以後，小學中的諮詢模式更需要充實。他提到四種諮詢模式：

1.諮詢者是獲得資料者：

　　在此模式中，諮詢者擔任團體領導者的工作，由校內及校外的環境提供、及獲得各種資料。

2.諮詢者是組織協調者：

　　諮詢者擔任學生家長、兒童和學校之間的協調者，使學校能為家長、兒童提供更多的服務。

3.諮詢者是老師的合作者：

　　班級老師進行教學時所面臨的許多困難，須由諮詢者提供協助，以使老師在進行教學時更順利。

4.諮詢者是發展教育學者：

　　諮詢者提供關於人類成長和發展的資料，以影響教學和課程，使之更符合兒童的需要。

第三節　諮詢的步驟和情境

壹、步驟

　　諮商員從事諮詢的基本要點是：他們和別人一起工作，包括老師、家長、行政人員、督導、社區團體及在其他社會機構中的工作者。諮商員在何時及如何去扮演諮詢者的角色，必須視活動的目的、本身的能力、當時的情境和參與的人物而定。不過，基本上 Kurpius（1978）列出九個諮詢過程的步驟，相當完整且具有操作性：

1.進入前階段（Pre-entry）：

　　針對的是諮詢者本身。須先澄清自己的價值、需要和目標，

同時也要評估自己擔任諮詢者所具備的技術如何。

2.進入階段（Entry）：

　　重點在於諮詢者、需求諮詢者之間關係的界定。此時須和需求諮詢者建立工作關係，同時也要了解其工作環境。

3.蒐集資料階段（Gathering information）：

　　使用傾聽、觀察、問卷、晤談、團體會議等方式收集資料、澄清問題；同時由本階段開始，諮詢者和需求諮詢者開始分擔責任。

4.界定問題階段（Defining the probem）：

　　用評估的方式決定要達到的目標，將問題性陳述轉化成諮詢者及需求諮詢者都同意的目標性陳述。

5.決定解決方法階段（Determining problem solution）：

　　諮詢者和需求諮詢者共同決定一個最好的方法以解決問題，最典型的方式是「腦力激盪」（brainstorming）；先寫下所有的方法，再分析其中最可以採行的項目。

6.敘述目標階段（Stating objectives）：

　　先決定在預定期間內能夠達成和測量出的結果有那些。重點是在於如何完成預定計畫，所以目標要列得詳細、清楚。

7.施行計畫階段（Implementing the plan）：

　　設定目標後即開始實施，計畫包括參與人員如何分工及分層負責，以及各項工作的進度、實施方式，並包括預期的結果。

8.評鑑階段（Evaluation）：

　　施行的結果當然須加以評鑑以了解是否達到預定目標，但是施行的過程也須注意。換言之，須兼顧總結性與過程性的評量。

9.終止階段（Termination）：

　　到本階段必須重新衡量五、八兩個階段，以決定是減緩行動或重新修正計畫，或完全的終止。不過即使終止和諮詢者直接接觸，在過程中所產生的效果仍應該持續下去的。

　　Kurpius(1978)表示並非諮詢的過程都一成不變地必須要經歷這九個階段，重要的是由一個階段轉換到另一階段時，必須要取得有關人員的同意才行。

　　另外Brown等人 (1979) 也提出五個步驟的諮詢過程，包括：
　　⑴建立關係：特別是和需求諮詢者建立工作關係。
　　⑵進行診斷：了解問題的成因。
　　⑶使其察覺並引起動機：使需求諮詢者願意去做。
　　⑷解決問題：需求諮詢者展開行動。
　　⑸完成：選擇其中有效的方法達成目的。

　　上述所提的不同諮詢過程，可供諮商員在擔任諮詢者角色時的參考，諮商是可以視情況而作彈性調整，在下節中即將談到在不同情境中的諮詢。

貳、情境

　　諮商員擔任諮詢者角色的第一件工作是要確認問題情境所在，並且要熟悉該情境中的有關人員。通常諮詢者要能激發他們「求變」的意願，這樣那些人才不會覺得是被逼迫的。茲就各種不同的諮詢情境討論如下。

一、和學校老師

　　諮商員的諮詢工作除了幫助老師了解某些學生的問題外，並可共同設計教室管理策略以改善學生的行為並促進學生的成長。此外也可分析學生的學習型態以提供最合適的教學方式和教學內

容。諮詢的目的是在協助老師推展工作而不是批評或評價其教學過程，以免引起老師的反感而破壞工作關係。

二、和殘障學生

美國國會所通過的94－142殘障兒童教育法案，其中和諮商員擔任諮詢工作最有關的兩項是：(1)所有學生要盡可能地使其回歸主流；(2)學生家長有權要求對其子女實施診斷和進行教學計畫。因此對於各種學生的諮詢工作著重在分析、計畫個別的學習方案，以便能適應個別差異。亦即諮詢者所擔任的是Aubrey（1978）所提供的發展性的教育學者，影響學校中的教學和課程，使之配合學生不同發展的需要。

三、和學生家長

Jones（1970）認為對學生家長的諮詢應該是資料性、治療性和溝通性的。使家長了解其子女的情況，並讓他們了解家庭對子女的發展的重要。另外也要給家長鼓勵和支持，使他們能對子女表現出更多的關懷和愛心。

四、和督導

對督導而言，諮詢者要作的工作是協助他們了解學生的需要和社區的需要，確定學習的內容，並且評鑑教學的過程。

五、和行政人員

學校中的行政人員包括校長、主任等，他們常都有好的構想，諮詢者應該協助他們訂定各種計畫及辦理在職教育活動等。Walz和Benjamin（1978）認為諮商員擔任諮詢工作所造成的改變有四項：(1)促使組織部門解決其困難；(2)提供改革所需的方法；(3)作為人和物質資源間的聯繫者；(4)在協助解決問題時，擔任一個過程中的諮詢者。

六、和組織發展

　　通常改變學生周遭的環境乃是使輔導計畫持久有效的最好方法。這時，學校即是當事人，所要改變的包括學校裡的老師及其他有關人員對學生的反映方式，以及有關的管理規則等。這些對學生有影響力的人的改變，將使學生受益。至於該如何改變，乃是諮詢者所應計畫的了。

七、和生涯教育

　　過去二十年中，美國的學校教育加強發展有系統的生涯教育計畫，其中著名的如Hansen 和 Keierleber (1978) 推動的「生而自由」計畫。這個計畫擴大學生選擇職業的範圍，也減少性別所造成對職業選擇上的限制。在這個計畫中即包括諮詢項目，用來處理老師在教學或師生互動情境中所遭遇的問題。

第四節　諮詢的效果評鑑

　　任何一項計畫在施行之後都應該進行評鑑，以了解該計畫是否能達到預定的目標。但是有關教育計畫上的評鑑卻很少，一般學校並不想知道他們的計畫對學生產生何種影響，而只是發表些統計數字：如接受測驗的人數、服務多少人次等，至於這些服務能夠發揮什麼功能，卻沒有人知道。

　　為彌補這項缺失，在諮詢的評鑑上我們應該提供實證性的資料，而不只是一些靜態的資料而已。考慮諮詢評鑑時，應注意到「由誰擔任評鑑」及「用何種方法評鑑」這兩個問題。此外，宜因應不同方式的諮詢，不須硬性規定由誰或是用那一種方法，而是很有彈性的選擇適當方式衡量諮詢的效果。

　　Kurpius (1978) 在他的統整模式諮詢中提到九個諮詢階段，其中第八項評鑑階段中指出，諮詢必須兼顧過程性評量和總結性評量。前者的目的在發現計畫中的缺失，以便隨時修正；後者則是在測量和顯現諮詢過程中的收穫。所以評鑑並不只著重在評量最後的結果而已，也應該重視過程的評鑑。

　　至於評鑑諮詢可以採用的具體方法有：

一、對當事人實施測驗

　　經由前後測設計，以觀察諮詢處理是否達到差異的顯著水準。例如R.D.Myrick針對一個具女性氣質傾向的男孩所作的研究。他所採用前後測的工具很多，包括標準化測驗、班級社會計量、行爲觀察、語意分析等，以了解諮詢是否造成顯著差異。由此可知評定的工具可以不只一種，可視情況自行決定。

二、由老師擔任評鑑

　　通常是由學校老師擔任評鑑工作，以了解學生是否有學到該項技術，或是老師在進行諮詢計畫的過程中是否遭到障礙等。不過這點較爲主觀。D.Dinkmeyer 所撰「在初級預防計畫中諮商員擔任諮詢者」一文中，即採用這種方法。

三、由行政人員或其他人員擔任評鑑

　　和計畫有關聯的其他行政人員也可以擔任評鑑工作。正由於立場的不同，有時反而可以提供諮詢者不同的訊息與意見。 H.L. Kitano曾調查研究「經過諮詢之後，行政人員對兒童問題的看法是否會改變」，結果發現經過諮詢後，行政人員對兒童問題行爲的嚴重性的看法（採五點量表）有顯著差異。

　　另外有關諮詢的效果問題，R.Martin將French & Raven研究出的五種社會力量（social power）用來評量諮詢，結果認爲諮

詢的效力是來自其中兩種力量：專家力量和相屬力量（referent power）。所謂專家力量是指乙（專家）能提供知識或技術給甲，而這些是甲達成目標所必須的。一個諮詢者基本上是因為他的知識與技巧而被尋求協助。相屬力量則指甲認同於乙是因為乙在態度、感情、行為上和甲相似之故。

所以依這理論所建立的假設是：

(1)高地位（教育、經驗、收入）的諮詢者較低地位的諮詢者有效。

(2)年輕的諮詢者對於年輕的需求諮詢者較有效；對年老的需求諮詢者較無效。

(3)外來的諮詢者其效果必須建立在事業影響力上；同一組織內的諮詢者即要靠相屬力量。

如何能使諮詢長期有效，使之更為成功，就必須在專家和相屬兩種力量中取得平衡才是。

第五節　諮詢的優點和限制

由於較少人研究諮詢的結果，尤其是在教育機構上的應用，因而使諮詢的實用性降低。不過和諮商早期的發展一樣，諮詢的功能是基於期望和信任，這一點已為人所接受。本節討論諮詢的優缺點和一些引起爭論的問題。

一、諮詢的優點

(1)所發揮的效果不只及於單一的當事人。

(2)藉著組織內的策略進行改變。

(3)使一些人的注意力和精神經常用在解決持續存在和可能會

擴大的問題上。

(4)建立起學校、家庭、社區資源間的聯繫網。

(5)減少人與人間的孤立和磨擦。

(6)確定並滿足訓練和在職教育的需求。

(7)擴大作決定的基礎。

二、諮詢的限制

(1)諮詢的效果必須依賴許多人的反應而定。

(2)諮詢是一種間接達成的方式。

(3)需求諮詢者將問題轉介給諮詢者後，容易推卸責任，置身事外。

(4)組織的改變依賴諮詢者，而他研究改變的方式又往往是建立在片斷、不完整的基礎上。

(5)將行為的責任推到環境或官僚主義（指行政人員）上，而不是在個人本身。

(6)諮詢要有效，必須不斷有新的、不同的技巧，才便於達成。

第六節 當前的論題

正因為諮詢不是十全十美、完全有效的，所以有些人對諮詢持不同的意見，在此列舉兩項常被談論到的：

一、學校諮商員是否該提供諮詢服務？

「贊成」的理由有：

(1)將整個學校當成一個當事人，導致學校的改變，會使多數學生有利；同時也表示對諮商員時間上的有效運用。

(2)諮詢是和兒童、青少年生活中有影響力的成人進行溝通的

最好方法，如和老師、家長等進行溝通。

(3)諮詢將輔導的焦點由嚴重的治療情境轉變成發展的和預防的情境。

「反對」的理由有：

(1)諮商員在擔任諮詢者角色時往往準備不夠。

(2)諮詢情境中所需要的往往是外來的而非內部的諮詢者。

(3)學校系統的改變就表示人的改變，所以直接服務較間接服務有效。

討論：

雖然過去二十年來常爭論此一問題，但許多專家已認定學校諮商員應對老師、家長提供諮詢服務。諮詢的主要目的即是使這兩種人在和兒童、青少年接觸時能更有效；所以諮詢的重點是放在這兩種人的行為上，以更有效處理學生的成績低落、態度惡劣和同輩團體的關係等問題，或是這些問題的合併症候。採用「合作式」的諮詢是較好的一種方式。

二、諮詢者模式的諮商員應扮演專家而非合作者的角色？

「贊成」的理由有：

(1)無論是採用內容（處方）或過程的方法，諮詢者均應扮演專家的角色。

(2)專家的角色符合治療性或危機性情境的諮詢需求。

「反對」的理由有：

(1)擔任諮詢者需是一博學者，而不只是技術專家而已。

(2)擔任諮詢者是要幫助別人去發展計畫和過程以了解和解決問題。

討論：

這比較屬於學術性而非實際性的問題。諮詢專家表示，介入的方式須視情況而定。雖然合作的型式，較合於目前諮商員的態度，但是專家的模式也不能忽略，將這兩種行為混合、平衡，也許是最好的方式。

〈本章摘要〉

諮詢實際已存在多年了，但關於諮詢的正式探討卻嫌不足，本章由諮詢的意義、模式、階段、情境、評鑑與效果、優缺點六個向度來加以討論，希望提供一個清楚的輪廓使大眾對諮詢有更清楚的認識。

早期的諮詢出現於醫院，多採直接服務的方式；逐漸推廣到工商業界、社區組織、教會、學校等，也愈來愈採間接服務的方式。諮詢中包括三種人：(1)諮詢者：該方面專家，協助需求諮詢者以解決當事人的問題；(2)需求諮詢者：想解決別人問題或困難的人；(3)當事人：有困難的個人或單位。

本章介紹六種諮詢的模式：(1)凱布倫模式，(2)諮詢方塊，(3)統整模式，(4)內容／過程模式，(5)行為諮詢模式，(6)奧伯瑞模式。諮詢階段介紹兩種：一是Kurpius的進入前、進入、蒐集資料、界定問題、決定解決方法、敘述目標、施行計畫、評鑑、終止等九個階段；另一是Brown等人所提的建立關係、進行診斷、察覺和引起動機、解決問題、完成等五個階段。

不同的諮詢情境，重點不盡相同，本章介紹了七項諮詢情境：和學校老師、殘障學生、學生家長、督導、行政人員，組織發展、生涯教育。評鑑方面，可以對當事人直接施測，由老師擔任或由行政人員、其他人員擔任。至於要使諮詢有效，要設法從專家力

量和相屬力量上努力。

關於諮詢，和諮商一樣，均是因應實用及實際需要所產生的，其理論部份有待更多的努力去開發、研究，唯有理論、實際互相配合，才能使諮詢更形完備。

〈討論問題〉

1.何謂諮詢？其目的為何？
2.諮詢的模式有那些？你個人以為何者較適當？理由何在？
3.諮詢工作之步驟為何？
4.在那些情況下諮商員需扮演諮詢者的角色？
5.諮詢的效果如何評鑑？
6.諮詢有那些優點和限制？

〈本章參考文獻〉

Aubrey, R.F. (1978) . Counsultation, school intervention, and the elementary counseling. *Personnel and Guidance Journal, 56,* 351－354.

Bindman, A.J. (1964) . The psychologist as a mental health consultant. *Journal of psychiatric Nursing, 2,* 367.

Blake, R.R., & Mouton, J.S. (1978) . Toward a general theory of consultation. *Personnel and Guidance Journal, 56,* 328－330.

Brown, D., et al. (1979) . *Consultation.* Boston: Allyn & Bacon, Inc.

Caplan, G. (1970) . *The theory and practice of mental*

health consultation. New York: Basic Books.

Dinkmeyer, D. C. & Caldwell, E. (1970). Developmental counseling and guidance. *A comprehensive school approach.* N. Y.: McGraw.

Fullmer, D.W., & Bernard, H.W. (1972) . *The school counselor − consultant.* Boston: Houghton Mifflin Company.

Jones, A.J. (1970) . *Principles of guidance.* (6th ed). Revised and updated by B. Stefflre and N. Stewart. New York: McGraw−Hill.

Keat, D.B. (1874) . *Fundamentals of child counseling.* Boston: Houghton Mifflin Company.

Kurpius, D.W. (1978) . Consultation theory and process: an integrated model. *Personnel and Guidance Journal, 56,* 335−343.

Martin, R. (1974). Developing student discipline and motivation. *A series for teacher-in-service training.* Champaign, ILL, Research Press.

Rusell, M.L. (1978) . Behavioral consultation: theory and process. *Personnel and Guidance Journal, 56,* 346−350.

Schein, E.H. (1978) . The role of the consultation: content expert or process facilitator? *Personnel and Guidance Journal, 56,* 339−343.

Shertzer, B., & Stone, S.C. (1981) . *Fundamentals of*

guidance. (4th ed). Boston: Houghton Mifflin Company.

Walz, G.R., & Benjamin, L. (1978) . A change agent strategy for counselors functioning as consultants. *Personnel and Guidance Journal, 56,* 331—334.

第 八 章
輔導中的衡鑑
─測驗技術

游慧卿

- 衡鑑的哲學理念
- 測驗的目的
- 測驗的種類
- 學校的測驗計畫
- 測驗的限制與守則

　　輔導的目的在於幫助學生了解自己，發展其潛能，使其在生活、學業和職業計畫方面，能作最好的考慮和選擇。輔導計畫中「對學生的衡鑑（appraisal）」是很重要的一環，衡鑑的方法可分為兩種型態：一是測驗，一是非測驗，本章即討論前者。測驗是了解學生的一種可靠、客觀、科學的工具，它在輔導上具有獨特的功能，不僅提供客觀的資料，更能使輔導人員幫助學生了解其優缺點，作最好的策畫。故熟悉測驗的基本概念與使用方法是必要的，更重要的是要了解測驗本身的限制，此即為本章的重點—了解測驗的目的、功能，同時也須注意測驗本身的缺點和限制，如此才能使測驗發揮其最大功效。以下分別討論心理測驗的定義、目的、種類及其引起爭議的論題。

第一節　衡鑑的哲學理念

　　對個體所作的記錄或衡鑑，其基本前提是想比較個體間的相似性和相異性。因此衡鑑過程中最關心的是每個學生的個別性，亦即衡鑑是在以量化的方式，針對所要了解的特質，建立一套能比較兩兩之間差異的量表；而衡鑑所得的資料便可用來表示學生之間的相似性或相異性。故衡鑑的主要目的便是蒐集有關的資料以幫助學生了解自己並作有意義的決定；而測驗的目的及其功能正符合上述評價的目的。那麼，測驗到底是什麼？其目的與特質為何？應該用什麼方式蒐集受試者的資料？測驗結果如何使用？以下分別討論心理測驗的定義、目的、種類及引起爭議的論點。

壹、心理測驗的定義

　　心理測驗的主要目的是在提供客觀及具有代表性的行為樣本。雖然許多人對心理測驗的說法不同,但卻同意一共同的定義:標準化測驗是一某方面行為的客觀性樣本。心理測驗專家Anastasi(1961)亦做類似的定義:心理測驗是一種對行為樣本所做客觀和標準化的測量。以下逐項說明上述二定義所包含之因素。

一、標準化

　　一九〇五年,美國心理學會規定測量記憶的程序,這一程序可適用於任何實驗室。這便是測驗標準化的嚆矢。所謂測驗標準化就是測驗情況的一致性。換言之,就是實施測驗時,所用的測驗材料、工具、實施程序和計分方法等皆有一定且一致的方式。如果測驗的標準化完全而有效,不論誰主持測驗,在任何時間,任何地點,都不影響受測者的分數。不過,事實上主試者的訓練程度和受試者的態度要完全標準化,確有若干困難,此亦是測驗欲達到標準化的限制。測驗標準化的另一重要步驟就是常模(norm)的建立。常模係用以說明具有代表性的受試者應得的分數。

二、客觀性

　　測驗是一種客觀而標準化的程序。所謂客觀是指測驗的編製、實施、記分、分數的解釋等皆有一定的方式或程序,不致於受主試者主觀判斷的影響。另者,項目難度的決定或整個測驗難度的決定也是客觀的。測驗的信度與效度也是根據客觀的程序測定的。

三、心理計量學派和印象主義學派

　　測驗有兩大哲學的學派，孕育出不同類型的測驗程序與解釋，Cronbach（1970）指出此兩大主要測驗哲學對當代的測驗解釋與操作影響很大。心理計量主要源於美國，其主旨在獲得行爲的大量估計，是基於桑代克（E. L. Thorndike）的兩句名言：「凡存在者，必存有數量」（If a thing exists, it exists in some amount）與「凡存有數量者，必可測量」（If it exists in some amount, it can be measured）。另者，印象學派源自德國，主旨在對個體做整體性的描述，以求全面的了解，也因此較少考慮個體各個特質「量」的多寡，主要在了解個體如何表達？以及爲什麼會表現出這些特質？

　　兩派各有優缺點，心理計量學派較明確且結構化；而印象學派則強調所謂的「完整性」或「一致性」，且是以觀察、描述和自我陳述的資料爲依據。茲將此兩派的相異點，分述於後：

1.作業的明確性：

　　即是指測驗在設計時，決定所測的問題容許受測者自由解釋的程度。心理計量學派的主張較不容許受測者自由解釋，如一份問卷。而印象學派則容許受測者自由的解釋，如「自傳」、投射測驗便是。

2.反應的控制：

　　對測驗的反應可分自由反應式與辨認式。辨認式對於反應的控制比自由反應來得大。所謂辨認式即事先擬定幾個答案給受測者選擇，是心理計量學派所喜用的，因爲評分較爲客觀，答案不受表達技巧的影響。

3.基本資料的記錄：

　　心理計量學派與印象學派的另一主要區別就是前者著重有形

表現的結果，如回答問題。而後者只是觀察受測者的動作，構成一個綜合的意見。

4.記分：

正式的評分在心理計量學派的測驗是重要的；在印象主義學派方面卻佔較輕微的地位。亦即心理計量學派較著重數字上的計分，而印象學派在受測者未寫完測驗卷前，已將他在測驗上的表現作一詳細的描述。

5.解釋：

由於上述兩學派在記錄、記分程序上的不同導致在結果解釋上的差異。心理計量學派不完全信任測驗與觀察所得的判斷，因此除了分數之外還要有一個測量誤差，才獲得圓滿的結果。雖然，印象派恰持相反的看法，但他們不否認主試者主觀判斷有偏差的可能，不過因為客觀程序的評分可能失去許多重要資料，因此主觀的觀察與解釋就是用以彌補客觀程序可能有的偏失。但是輔導員應該兩者兼用，來了解及幫助學生。

當了解心理測驗基本理念之後，理應介紹測驗目的與種類。不過，如果先了解因測驗的使用不當或程序、編製的缺失而導致傷害性的結果，再談測驗目的與種類將會更有意義。以下是一些對測驗施測的批評。

貳、對測驗與施測的批評

一、以早期所作能力測驗的結果將學生分類，因而提早決定其未來學業及事業的成敗

由於測驗結果將學生分成如聰明、愚笨、平凡等類別，往往轉化成老師心目中期望的目標，更因此形成「自我應驗」的現象。

尤其自1968年開始，批評特別強烈，當時，Robert Rosenthal與Lenore Jacobsen 的報告指出，老師對學生的期望會影響學生實際作為。接著又陸續有兩百多篇有關的研究，雖然結果不一，但無可否認，這種期待和標籤作用對個體的自尊及後來的發展動機都將造成無可彌補的傷害和抹殺。

二、標準化測驗的信效度亦引起評議

信、效度引起爭論，恰擊中測驗的重心。因此，假如測驗無法測到所欲測的主題，或無法做到測驗的一致性，則結果的可信度亦值得懷疑，如此的話，施測就毫無意義可言。

三、標準化測驗反映出文化、種族、社經地位等的偏見

許多人攻擊測驗的內容及其樣本來源，多半以中產階級具有成功經驗及受教育者為依據。假如受試者來自文化貧乏環境、貧民窟或少數民族，其測驗結果當然偏低。不過Clarizio（1978）強調標準化智力測驗並沒有上述這些缺點。換言之，「測驗本身是公平的」，因為到目前為止仍缺乏實證結果來支持此說法。雖然如此，在解釋測驗時仍須非常謹慎，且應多發展所謂免受文化影響的測驗（culture-free test）。

四、測驗編製窄化了成就、能力、人格等概念

亦即因為編製學校用的測驗內容均以語文及數量為主，卻未包含現行社會所需要的各種能力及特性，如社交能力、創造力、藝術能力以及誠實等，故造成能力發展的不均衡現象。

五、測驗本身侵犯個人的隱私

所謂隱私權包括個人的想法、紀錄、行為態度、自述等，在法律上均有免於被調查的權利，而測驗恰巧包括了這些項目，且這些資料猶如標籤似的隨個人年齡、工作單位的不同，不斷累積

且緊跟不放；尤其如對個人人格、價值觀、信念及態度的調查，更易遭受攻擊。不過，輔導員若是基於想透過測驗來了解受輔者，而且也徵求過受輔者的同意，則這種現象，不應算是侵犯隱私權。

六、測驗資料並沒有給受試者本人知道

其實，做完測驗後應由主試老師立即解釋，才能達到測驗的功用，即幫助學生了解自己，否則測驗即無意義可言。

七、測驗出版商壟斷學校教學內容

雖是學校主動選擇測驗，但是之所以造成「測驗領導教學」的現象，即如學期末採用某「成就測驗」，因此導致教學內容受到影響，測驗出版商亦因而受到非難。

八、測驗次數太多使學生變成考試機器

測驗的頻繁使用，使學生並未真的學習到應學的，而只是加強答題技巧而已。

九、憑測驗結果做出機械化（呆板）的決定

若只依測驗結果分數而不考慮有關個體其他因素，來幫助個體作決定或對其作衡鑑，對個體均無實質助益。因為測驗結果只是一連串用電腦處理所累加的分數，很難單憑此一數字作出有意義的解釋。

十、測驗造成過度強調個體間的競爭

結果的解釋乃是依測驗分數的高低來比較個體間的相異性或相似性，而如此比較差異的方式自然促使個體間的競爭，以及爭取高分，爭取成功。

以上的十項批評，大都由於對測驗資料的誤用。由於技術上的缺憾，標準化測驗仍無法編製得很完備。因此，常須靠測驗正確的使用及適當的結果解釋來彌補測驗本身的缺失。故在學校中

接觸最多的教師或輔導老師在未使用測驗之前，應接受有關對測驗的認識及其正當的使用方法之訓練。如1978年APGA所發表的聲明：測驗本身是中立的，故所有指導方針均應促使使用測驗者發揮最大的積極效果。

第二節　測驗的目的

心理測驗的一般目的，依Cronbach（1970）之見，其功能如下：

一、預測

測驗可以獲得有關能力、成就及其他特質的資料，而這些資料是個體作決定的基礎。做決定本身即涵蓋預測的概念，即估計個體在未來的表現。

二、選擇

如公司行號或學校使用測驗來錄取某些人或是拒絕某些人。

三、分類

根據某種系統或規格，將不同的個體分派至不同的團體或是不同的類別，例如精神病人的診斷，選校或選課分組，軍隊職業專長的分類等。此處的安置測驗（安排個體到同一類型，但不同階層的工作）與分類測驗（分派到不同型式的工作）相當不同。

四、評估

測驗可用來評鑑和評估計畫、方法、治療、教學、課程等等。

此外，APGA另指出，測驗對於學校的主要目的是提供資料給：(1)老師作為改進教學的依據，(2)學生作為自我了解及父母對孩子的了解及有助於學生教育、職業的計畫，(3)行政人員作為設

計課程時的重要依據。另外，教育測驗的目的亦因教師、輔導教師及行政人員對測驗的不同使用目的而有所不同（見表8-1）。

表8-1　行政人員、教師與諮商員使用測驗的目的

行政人員	教師	諮商員
1.協助做教育計畫方面的決定	1.了解全班及個別學生的成就及能力水準	1.協助來談者了解自己的能力、興趣與人格特質
2.評估課程計畫的優缺點	2.決定是否有必要調整教學方式	2.協助預測來談者日後在就學、就業方面的表現情形
3.作為能力分組教學的參考依據	3.診斷學生學習困難所在	3.協助來談者做有關教育及職業方面的決定
4.確定那些方面尚需督導	4.決定各科之能力分組教學	4.診斷學生困擾問題所在
5.評估學校的整體辦學績效	5.測出學生的成就	5.評估輔導與諮商的成效

資料來源：Shertzer & Stone (1981). *Fundamentals of guidance.* 4th ed. p.24.

第三節　測驗的種類

測驗依目的、內容、形式、過程等可分成不同的種類。如依樣本行為可分為智力、成就、興趣、生涯發展、人格、性向等六類。此六種型態的測驗，依其定義、發展史、內容、種類、最近的發展及其可能有的限制，分述如下：

壹、智力測驗

一、定義

它是最早發展的心理測驗。智力 (intelligence) 到底是什麼？是學業能力、學業性向？至今，沒有一個定論。以下是一些具有代表性的有關智力的定義 (Shertzer & Stone, 1981, p.242)：

(1)智力是思考抽象化概念的能力。

(2)智力是推理思考、能有效地處理周遭事物的能力。

(3)智力是運用自己的經驗解決問題並預測未來的能力。

(4)智力是從事與維持具有難度、複雜度、抽象化、經濟性、目標性、社會價值、創發性等活動的能力，它需要精力的集中與情緒的穩定。

以上的定義大致偏向認知型態，另一定義型態較偏向所謂智力是**個體適應歷程**。Guilford (1967) 指出，其實大部分的定義都不足以表達智力這個名詞，因為所下的定義都不夠明確。於是，Guilford 提出一智力結構模式 (structure of intelligence; SOI)。此模式將智力分成內容、運作、成果三個層面（向度），每一層面各包含數種因素。第一層面「內容」即測驗材料之種類，

可分為圖形的、符號的、語意的、行為的等五種。第二層面為受
試者接受智力測驗時之「運用」，可包括五種類型：評價、聚斂性
思考、擴散性思考、記憶、認知。第三層面是「成果」，可分為單
位、類別、關係、系統、轉換、應用等六項。

　　上述各種定義衍生出一個重要的問題—智力到底是遺傳抑或
是環境造成的結果？不過，至今仍很難決定那個因素是主要的，
因為這兩個因素彼此相互影響。大部份強調智力是遺傳而來的證
據，都來自不同遺傳關係者智力的相關研究，不同的研究來自不
同特定的樣本群，類似的研究也就無法刻畫出遺傳因素在智力方
面清楚的輪廓。有的研究則指出，基因因素對於雙胞胎而言與環
境因素皆為影響智力的同等重要因素。1969年詹森 (Arthur Jen-
sen) 在哈佛教育評論 (Harvard Educational Review) 提出一篇
論文（此時有關遺傳影響智力的爭論，已經轉向種族智力差異，
即受遺傳影響的可能性上；更具體地說，想探討黑人的智力是否
比白人差的問題。）他指出，美國透過教育計畫，黑人和白人在
學業成績的差異仍和從前一樣，是因為白人和黑人在先天上就有
差異。由於他的結論引起多種異議及研究，得出一結論：沒有任
何證據證明智力測驗分數的差異，是因為遺傳而來，除非有辦法
消除由於種族文化的差異及心理環境的不同而影響到認知能力的
發展等的因素，才可能說明種族間的智力差異是遺傳造成的。遺
傳、IQ、環境三者之間之關係至今仍在混亂且爭論中。但可確定
的是能力測驗並非單純地測試內在能力，個體的行為表現是由個
體內在能力、環境交互作用而形成的。

二、能力測驗發展史

　　馮德 (Wilhelm M. Wundt) 是第一位企圖建立系統性智力

測量的先驅，只是他的研究課題大部分以受試者物理反應時間為主。而後，卡泰爾（J. M. Cattel）自德國萊比錫大學得到博士學位，回到美國，開始作有關握力、顏色辨別、動作速率、觸覺兩點閾的測量以及反應時間的測量。雖然，卡泰爾原先興趣在於測量感覺辨別能力的「個別差異」，後來演變至測量個別差異來比較個體的「智能」。至1905年，比奈和西蒙合編全世界第一個正式智力測驗。1908年比奈發展另一量表，由原來的30題增加為59題，並且按正常兒童3歲至13歲的能力分成幾個年齡組，結果可以用心齡（Mental Age; M. A.）來表示。智力測驗的修訂已引起世界各國心理學家的重視，並且譯成許多國家的語言，以適合各國兒童使用。其中以美國學者高達德（H. H. Goddard）最早將這之紹到美國，他在1910年將比奈1908年量表譯成英文。1916年，美國史丹福大學由推孟（L. M. Terman）修訂成斯比量表（Stanford-Binet scale），且首先採智力商數（intelligent quo-tient）簡稱IQ，其公式：$IQ = \frac{MA}{CA} \times 100$，並且將智力依常態分配分成幾類（見表8-2斯比量表智商分類）。

　　1911年曾有Healy等人發明作業測驗以補救文字測驗實施的困難。1917年Printer和Paterson二氏專為語文困難及耳聾兒童編製世界第一個標準化的非文字智力測驗。比奈測驗和其所有的修訂本都是個別測驗。當1917年美國介入第一次世界大戰，急需大批新兵，個別智力測驗不敷這項需要，於是當時美國心理學會成立一個以葉凱斯（R. M. Yerks）為首的委員會，編製團體智力測驗。而歐迪斯（A. S. Otis）著手編製新的團體測驗，後來由美國軍事心理學家發展成為聞名於世的團體測驗，即陸軍甲種量表（Army Alpha Scale），此量表為語文測驗，第二種是陸軍乙種

表8-2　斯比量表智商分類

智商	百分比	分類
160-169	0.03	
150-159	0.2	} 非常優異
140-149	1.1	
130-139	3.1	
120-129	8.2	} 優異
110-119	18.1	高平均
100-109	23.5	
90-99	23.0	} 常態或平均
80-89	14.5	低平均
70-79	5.6	邊緣缺陷
60-69	2.0	
50-59	0.4	
40-49	0.2	} 心智缺陷
30-39	0.03	

資料來源：Terman, L. M., & Merrill, M. A. (1973).
　　　　　Stanford-Binet Intelligence Scale. Boston:
　　　　　Houghton Mifflin Company, p.18.

量表（Army Beta Scale），此量表為非語文測驗。大戰結束後，
美國又編製一套陸軍普通分類測驗（AGCT）。

　　另有兩大方法試圖研究和估計智力的概念。一是早期的因素
分析（factor analysis），即將一般或整體的智力加以抽選，得出
多個單一因素。此種因素分析可將測驗抽離出一連串的因素，而
後排列組合成不同的因素。另一新近的研究是所謂的「歷程分析」
（process analysis），此派企圖針對推理過程及每個人所掌握的
不同的歷程作一清楚的測量，亦即想對人類思考、推理歷程中每
步驟作更清晰的描述。

三、當代發展

　　Rice（1979）提出一些有關評估智力的新研究，這些研究相
信可以擴展或改變人類思考智力概念的方向。

1.神經計量學（neurometrics）：

　　測量腦波以評估腦傷或腦功能障礙的兒童。以腦波計（EEG）
測量受試者對聲音或燈光刺激呈現後的反應。

2.視聽心理計量學：

　　一些心理學家已經使用視聽工具來測量智力。此方式最大的
好處是可測出用紙筆工具所測不出的視知覺或聽知覺。此方法
是基於近年來年輕的一代之生活世界是屬於聲光的世界—電視
機、計算機、個人電腦等。因此，此派認為這一代所接收和獲
得的訊息是有別於「印刷時代」。

3.複文化多元性評估系統（SOMPA）：

　　為Jane Mercer發展出來的。SOMPA試圖為少數民族從傳統
標準測驗資料調出一較公平的測驗，且設計出一個別的統計剖
面圖，以使少數民族有一適當合理的校準分數。例如為5至8歲

小孩而設的測驗即包括：(1)實施魏氏智力測驗；(2)與受試者之父母面談，獲得健康史和家庭背景社會文化資料；(3)以「適應行為量表」測量兒童在學校、家庭與鄰居相處中除學業之外的行為；(4)醫療檢查—手脚、肢體動作、視力、聽力等。

4. **社會智能 (social intelligent)：**

因為個體是群居的，經常需要一群人生活在一起，因此，越多心理計量學家致力於測量社會能力和人際技巧。具有有效地應對技巧的兒童被證實為是相當敏感且常能取悅於大人，此種社會能力應為智力之一種。Gardner (1983) 的「多元智慧」 (multiple intelligence) 理論，特別提出人事智慧 (personal intelligence)，包括知己 (intra-personal) 與知人 (inter-pernonal) 兩種能力，即為此說之典型代表。

5. **認知方式之評估：**

認為事實上根本不需要做太多不同的智力測驗，受試者大多數並不笨，只是他們具有不同的認知型態及問題解決的思序。因此，智力商數的高低不重要，重要的是了解個體的思考型態才能助其能力的發展。有關認知方式方面的研究，常有下列幾種的方法：(1)聚斂性思考或擴散性思考；(2)場地依賴或場地獨立；(3)左腦偏用或右腦偏用。

6. **學習潛能：**

此研究是給予個體不熟悉的難題而後測量其解決難題的速度及題數，或是給予在未能解決難題之前所需的訓練。Reuven Feuerstein是一以色列臨床心理學家，他發展出一套所謂「測驗教測驗」的方法訓練12歲以上的個體，以免受文化性測驗的影響 (如使用Ravens Progressive Matrices, the Organization of Dots test, the Stencil Design test等免受文化影響之測驗)。以前測所得的分數為基礎，隨著以測驗技巧、原則的教學，一面教學一面增加測驗本身的難度，最後即可測出兒童的學習潛能。

7. 了解環境之推理過程的測驗（TORQUE）：

為波士頓教育發展中心所設計，用以了解一至六年級學生的數字能力如計算、估計、測量等。利用遊戲和謎題鼓勵兒童討論他們到底在做什麼，如此更能了解他是如何思考解決難題。

四、團體能力測驗

個別能力測驗如比西、魏氏測驗可應用在臨床上，而團體能力測驗起初用在工業、教育、軍事，且只是對個體如何使用心智解決問題的大概估計。每種測驗依其不同的目的涵蓋不同的項目內容。

貳、成就測驗

一、定義

成就測驗係對於某些學科，經過學習、訓練之後，在學習上所獲得知識、技能成效的測量；其最大貢獻是打破教育上「時間期滿」（time-serving）的概念，一般說來，個體在學校的地位係依其學習年限及通過多少課程來評斷，但是個人受了多少教育不應該依他花了多少時間來做為判斷依據。因為時間的累積不見得可以顯示學習熟練程度，而標準成就測驗（achievement tests）便是用來證實這一點的工具。

二、成就測驗發展史

有關檢驗學生學習熟練程度之工具應追溯至19世紀，那時常

用口頭的方法,但因義務教育實施,口頭的方法太不實用。在1840
年間,波士頓開始使用紙筆測驗,不久即廣爲使用。1897年,J.
M. Rice 提出一篇有關拼字成就與指導拼字的時間量有關的重要
研究。1900年,大學入學考試 (College Boards) 開始,廣泛地
使用測驗選擇可入學的學生。1900年初期,桑代克及同事開始爲
不同學校學科範圍編製測驗。由於當時缺乏信度高及可靠的教師
自編測驗,因此在1920～1930年期間標準成就測驗很快就被接
受。但不久疑問產生了一標準成就測驗是否只評估知識之單一層
面呢?假如學生在缺乏練習的情況下,又如何評估成就呢?因
此,又更進一步要問:(1)測驗如何配合或符合老師或學校的需
要?(2)成就測驗的運用與誤用對於學校課堂的學習會帶來什麼衝
擊呢?近年來,成就測驗的修正著重效標參照測驗 (Criterion-
referenced test) 的發展。它強調成就測驗內容個人專長的部分
比個人和其他人在同樣的測驗較量高低 (即常模參照,norm-
referenced) 來得重要。但是有些測驗卻兩者都使用。目前以效標
參照測驗用來衡鑑個人已有理論依據和實際成果。

三、成就測驗類型

1.預備性或預測性測驗:

　　用來預測個人在後來的訓練所能達到的目標或所可能精通的
　　程度。預備測驗常用來協助入學前的決定,但特別強調有關閱
　　讀、數字、思考、書寫等方面的能力。

2.診斷性成就測驗:

　　協助教師、輔導老師了解及判斷學生閱讀、算術、語文學習
　　困難的原因。診斷性成就測驗不只提供幾項分數,還包括受試
　　者所犯錯誤的類型。

3.能力測驗（competency test）：

教育方面的績效運動強調學生應精通讀、寫、算等基本技巧，能保存好稅單紀錄，能做到收支平衡等。因此，包括範圍太廣而造成其項目定義模糊是能力測驗最大的障礙限制，但如與傳統的心理測驗相較之下，仍可發現它的價值：(1)所列與工作項目相關的內容比傳統的清楚許多；(2)比傳統測驗內容更來得廣泛；(3)測驗涵蓋許多實際操作，即具體行動或行為的測量；(4)測驗結果比傳統測驗更容易講解給當事人聽。

4.生活技巧能力測驗：

它是前述能力測驗的一種，多由州政府或當地教育機構所編製。

5.標準團體成就測驗：

目前比過去更強調成就測驗的使用。成就測驗在資料提供上有其優點：(1)測量的精確性；(2)客觀獨立地判斷學習的結果；(3)可建立與本班、他班，甚至其他學校學生比較的常模。另外，這些成就測驗輔以輔導老師的判斷，對於了解學生學習的結果將更有價值；因為光靠成就測驗本身的結果是不足夠的。

叁、性向測驗

一、定義

依Warren的心理學辭典的定義，性向（aptitude）是個體獲取某種知識、技巧或一連串反應組型，如學習語言、彈奏樂器等的能力表徵。Lennon認為性向是能力及其他特質的聯結，不管是天生或學習而來的，是學習某特殊領域的能力傾向與指標。因此，如「音樂性向」涵蓋智力、生理特質、動機及其他因素等，這些

即可指引其在音樂領域的良好表現。性向可視爲學習能力，而性向測驗（aptitude tests）則評估知識、技術及其他特質，預測未來學習成功的可能性。

二、性向測驗發展史

第二次世界大戰以來，爲了測量不同方面的智力，所發展出來並實際運用的測驗工具如雨後春筍般的編製。一般都將智力測驗侷限在測量普通的能力，而特殊性向測驗則特別用來測量除了語文、數學以外的能力，如文書及機械等。現行的性向測驗便是建立在因素分析的技巧上。因素分析的基本原則是簡化所需變項之資料的描述，目前電腦更能勝任分析的功能。因此，有關變項間的分析或組合也就可以清楚的了解，如此更能分析性向測驗的結果，協助學生了解自己的能力傾向。

三、成就測驗與性向測驗差異比較

以假設上而言，成就測驗測量學習的結果，而性向測驗則是測量先天的能力。但有一點必須承認的，所有測驗均測量個體目前的行爲，且不可避免的是目前的行爲必涉及先前的學習。Anastasi（1976）指出兩點差異。一是對於先前經驗程度上的差異。成就測驗測量特定範圍標準化經驗成果，例如幾何學的課程；而性向測驗測量日常生活中多重經驗因素之綜合影響反映出的行爲。另一差異是來自用途方面—性向測驗預測個人未來的表現，即個體將來能學些什麼；而成就測驗測量—個人已經學到什麼，是一總結性的評量。

四、性向測驗類型

性向測驗所涵蓋的範圍相當廣。在各種性向測驗中，有些只測某種特殊領域，如機械、文書、音樂或藝術性向；另外則是多

元性向，如區分性向測驗（DAT）、通用性向測驗（GATB）。多元性向測驗的出現，曾引起許多爭議。Super（1956）提出他的看法，他認為一套諮商用的測驗組合應該能指出學生的智力、興趣、態度、特殊能力等。其次，測驗應該能預測個體未來的地位、行為及成就，即應該不只揭露個體未來像什麼；還須告訴他們將來可以做什麼。第三，測驗應是永久性的。最後，測驗本身應涵蓋多項潛能，因為人類是具備多項潛能的。

肆、興趣量表

興趣是在學習情境中應被考慮的主要因素之一，假如沒有興趣，就很難有學習行為。

一、定義

「興趣」（interest）一般將它界定為個體對某事物好惡、關心及好奇的感受。Super（1949）曾提出對興趣的四種解釋，此四種解釋依其獲得訊息的途徑之不同而有所不同。此四種解釋如下：

1.表達式興趣：

它是以口語表達出對某事物或工作上的興趣，但此表達式興趣常是不穩定，且常不能提出有用的資料協助診斷個體。

2.明確的興趣：

即指主動參與某項工作或活動。客觀明確的興趣可避免主觀上的認定。明確性興趣是將興趣具體化且訴諸行動。例如：學生活躍於戲劇社。

3.測驗出來的興趣：

以客觀的測驗測量興趣，使有別於主觀性的自我評估量表。

此解釋的假設是個體若對某職業有興趣，即會將興趣化為具體行為，其實際生活中的一些行為也應該不出該種興趣的範圍，這些具體行為間皆關係到相同的興趣。例如：一個對數學有興趣的人，他一定會喜歡且經常閱讀數學的雜誌、期刊，獲得比別人更多有關數學方面的訊息。

4.量表上的興趣：

即以大量的活動和職業內容來評估個人的喜好。在興趣量表（interest inventory）上，每一個可能的反應均附以決定性的比重，而後將這些比重累加起來成一分數組型，但有別於表達性興趣之單一主觀評量，其所呈現的興趣類型顯示非常穩定。

二、興趣測驗發展史

興趣方面的研究，對輔導工作者在了解及評估別人上是很重要的訊息；除此之外，興趣測驗被廣泛地應用於工商業界人事甄選和分類抉擇。早期多半以檢核表（check lists）、問卷、學生自傳等三種方法評估興趣。後來，E. K. Strong, Jr. 發展、研究並修訂出一套職業量表（SVIB）。他的量表涵蓋兩個主要部分：(1)項目內容包括個體對許多生活中常遇到的事物、活動或人物的喜好程度；(2)量表上的反應表示出不同的職業，其前提是從事某一職業者其興趣定也不同於從事其他職業的興趣特質。

三、職業興趣量表

有關職業興趣的評估，常用的有史職業興趣調查表（Strong Vocational Interest Blank; SVIB），目前的史甘職業興趣測驗（Strong-Campbell Interest Inventory; SCII），及常運用於學校的庫德職業興趣量表（Kuder Preference Record; KPR）。庫德（Kuder）與史創（Strong）的最初版本在編製方法及計分方式有

所不同：(1)編製過程的不同—Strong量表以普通組(一般人)與效標組(已做某工作者)做比較；而Kuder則假設一個人若喜歡某種活動，則有關的活動應會通通喜歡。因此，Kuder認爲只需編製若干項目來測量愛好在某範圍的活動項目。(2)基本原則不同—Strong認爲不同職業人員的興趣與一般人不同（故求效標組與普通組）；Kuder則主張個人的基本興趣是一定的，有了某種基本興趣，則這方面的活動皆喜歡，故不需效標。

四、用途

興趣量表在輔導上的用途首要獲得有關教育、職業作決定的訊息，例如確定所選擇的是否適當，或是打開新的可能途徑。再者，可作爲教學或研究有關職業領域的起點。

五、難題

職業興趣量表大量發行之後，緊跟著專業責任必須注意下列幾點：(1)受試者不了解自己的興趣，或是被自己蒙蔽；(2)測驗項目所使用的語文層次不是每個受試者可以理解的；(3)受試者可能選擇社會所認可的，是以社會期望導向的而非自己眞正的喜好作選擇；(4)最近又有一爭議：職業興趣量表本身存有性別偏差及性別角色刻板印象的概念。以上是職業興趣量表存有的障礙。

伍、生涯發展量表

過去幾年，對生涯發展（Career development）的測量急速增加，且大量的量表或測驗亦以測量生涯發展爲目的，這些工具使得生涯教育計畫更爲突出。

一、發展史及其概念

雖然職業興趣測驗在測量職業發展方面被認爲是重要的，但

現有的其他測驗亦被運用來評估有關的概念。生涯發展被定義成
「聯結心理、社會、教育、生理和機會因素刻畫出個體的生涯」，
此為1973年全國職業輔導協會（NVGA）和美國職業協會（AVA）
所訂定。有關生涯行為更多且更完整的解釋詳見有關生涯輔導或
生涯教育的論著。但在此處必須強調的是職業生涯或生涯發展的
歷程是終其一生的，須經過不少的階段如生涯知覺、生涯探索、
生涯認定、作決定、生涯成熟等。而生涯成熟為生涯發展過程極
重要的概念，此概念為 Donald Super 及其同事在其生涯型態研
究中首先提出。成熟的概念常與適應混淆或是交替使用。適應是
行為的結果，成熟則為導致結果的系列因應行為。毫無疑問的，
這兩概念是相關的，適應可說是生涯成熟的決定因素。

二、生涯發展測驗

每位青少年的職業發展和有關的行為均不太相同，最近已陸
續發展出可測量生涯發展、生涯成熟和準備狀況的量表，不過有
許多仍在發展修訂中，如 Osipaw（1979）的生涯決定量表即是。

陸、人格量表

至今已有許多學者企圖評估難解的、非智性的個體心理現
象。人格測驗經常用來測量有關情緒適應、人際關係和行為動力
等方面的特質，且還包括社會特質的測量，例如內向性─外向性，
權威─順從等，可運用的人格測驗有好幾百種，而且逐年增加中。

一、人格評鑑的發展史及其特性

心理健康之定義常包括個人特質和生活適應兩者的發展。適
應常被定義為個體面對環境變遷時，所作的改變歷程及各種反應
型態。適應可有兩種型態：攻擊和退縮。心理學家認為攻擊優於

退縮，因爲，當人類面對引起問題的刺激時，以攻擊行爲出現較能減低原先的緊張狀況。對於心理健康的描述有多種方式：如負責任，對自己及他人有敏感性，尊重自己與他人，合乎實際，能洞察自己的需求，能解決問題，有幽默感等。心理學家　Jahoda（1950）認爲心理健康是指人們能主動熟悉環境，表現自己的個性，且能知覺到自己及眞實的世界，因而能有效地發揮自己的功能。可是，我們常發現：某一文化可接受的行爲，很可能是另一文化所不能接受的；或者目前可以接受的，二十年後恐怕是行不通的。另外，對某個人而言是適應良好，對另一個人恐怕就不適應。

　　因此，人格理論多半由臨床經驗及多次的實驗而發展出來的。H. A. Murray（1938）的需求理論刺激許多人格測驗的編製，而先前Robert　Woodworth所發展出的個人事實量表（Personal Data Sheet）應屬人格量表之先驅。此測驗係因逢第一次世界大戰，爲鑑定有嚴重精神官能病患無法當兵者而編製。後來人格測驗將情緒適應部份具體化，如家庭適應、學校適應、職業適應。其他測驗則集中在某一方面行爲的評量。

二、評估人格的方式

　　可分四方面，第一是早期評估人格的方法，即 Kraepelin 的自由聯想（free association）測驗，是用來探測變態病人，其方式是提供經選擇的刺激字眼而後陳述閃進他腦中的第一個字。第二是操作或情境（performance or situational）測驗，受試者在與日常生活情境相似的情況爲刺激作一些事情。如利用情境測驗研究小孩子說謊與欺騙的行爲。第三是投射技術（projective techniques），是將受試者安置在某情境而後要求受試者描述一

些事情，相關的故事或對某些字眼作反應。在反應時，受試者不自覺地表露有關他們自己的事情。理論上，由於所提供的刺激是曖昧不清的，受試者自然內射出他們自己的情感與問題，從而反應出他們的特質於情境中，再由受過專業訓練的治療者解釋其反應。投射技巧像情境測驗，是不特別說明目的，使受試者儘量不受社會期望的影響。常見的投射測驗，如主題統覺測驗 (TAT)、羅夏克墨漬測驗 (Rorschach Ink Blok) 與語句完成測驗，均須由受過嚴謹專業訓練的人員妥善使用。第四是人格問卷 (personality questionnaire)，這些問卷常是採用紙筆、自陳的方式。其根本假設是人類行為有某種穩定性，在相似的情境即會有相似的反應；而不同的個體對每個特質擁有不同的量。某種特質的反應越多，即越有可能顯示該個體具有該種特質。

三、人格衡鑑上的難題

　　在論及運用複雜的人格測驗時所遭到的難題有四項：(1)受試者的反應誠實嗎？(2)受試者真的能了解問題嗎？(3)當事實上並沒有一套真正理想行為模式存在時，要如何向受試者解釋測驗的結果？(4)測驗有效嗎？信度又是如何？當然，欺騙的可能性總是存在的，與其他測驗相較之下，人格測驗是變異相當大且易變動的，如此當然影響測驗本身的效、信度。因此，尋求足夠的效標資料以建立效度是必要的。雖然在人格測驗使用上有相當的疑惑，但測驗結果仍是有用的，因為它至少可以協助老師了解學生及幫助學生，以客觀的數據資料了解一些現象。不過，由於人格測驗本身仍有很多的缺點及限制，在使用及解釋人格測驗時必須格外小心；在沒有足夠的專業訓練下，解釋測驗結果，可能只是帶來傷害而已。

第四節　學校的測驗計畫

學校測驗計畫的品質有賴學校教育人員客觀評量學校情境及欲達到的目標而作適當的測驗選擇。標準化測驗或者學校測驗計畫的用途是：(1)針對一般學校所擬定目標評估其進展的情形；(2)評估教學的結果；(3)輔導與諮商；(4)學校行政工作。因此，標準化測驗即使本身有其限制，仍不斷的在編製且被廣泛運用。大多數的心理學家或教育學者仍認為一個學校要能充分發揮功能，勢必要藉助測驗的協助才行。

一、最小測驗計畫

什麼是「最小學校測驗計畫」(Minimal Testing Program)？標準答案應該是「不提供任何測驗的計畫」；不過事實上真正的問題是：「在儘可能了解學生的前提下，最小測驗計畫應包括那些項目？」學校為了解學生能力、個性、興趣以便因材施教，必須使用心理測驗。由於心理測驗的種類繁多，其性質和功能各有不同，在實施和應用方面需作適當的安排，始能前後連貫，相輔相成。因此，建立學校測驗計畫是必要的。而測驗計畫必須建立在「不同的人，在不同的發展階段，出現不同的能力、性向及技能」的共識上。假如學生有機會發揮其潛能，那麼早期發現他的能力是重要且必要的。一般而言，許多學者建議小學至高中階段，對能力或智力至少要有四次的評量。(見表8-3) 另外，最小學校測驗計畫應該包括每三年一次成就測驗的實施，另外包括確定測驗計畫的目的、選擇適當的測驗、實施測驗、計分、分析並解釋測驗分數、運用測驗結果、評鑑測驗計畫的成果、登錄資料和提出報

告。而其中測驗的選擇與實施尤需顧及輔導的需要及學生的需
要。

表8-3　最小測驗計畫

年　　級	測　驗　種　類				
	能力	成就	性向	人格	興趣
K-1	×				
2		×			
3	×		↓	↓	↓
4					
5		×	視需要而測	視需要而測	視需要而測
6	×				
7					
8		×	↑	↑	↑
9					
10	×				
11		×			
12					

資料來源：Shertzer & Stone(1981). *Fundamental of guidance*. 4th ed. p.257.

二、選擇測驗應注意的事項

(1)所選的測驗符合原先所訂的目標。

(2)研讀各種參考文獻、期刊，了解測驗使用範圍及可利用的測驗種類。

(3)儘可能搜集有關測驗的內容及其指導手冊、相關資料。

(4)成立委員會以評估及審核每一個測驗的適切性，如信度、效度、常模的適用性、測量標準誤、實用性、結果與解釋等。

三、測驗計畫的基本特徵

以下是為學校建立測驗計畫的一些指標及原則：

(1)測驗計畫必須與學校整體計畫相結合。測驗在學校計畫中的角色必須考慮到，但不是以測驗來實踐發揮學校功能。

(2)測驗計畫必須是全盤性計畫。因為學校中輔導老師、教師、行政人員都可能會運用測驗結果作有關的選擇、課程進度安排、行政決定等，因此，一個良好的組織運作是要求同事間的合作及協調，共同參與討論、擬定計畫。

(3)測驗計畫應該是包容性大，以便於評鑑、研究及修正。因此，測驗計畫應包括：①對人類任一行為方面作評估；②預備的測驗以備學生缺席；③預備複本測驗以備執行錯誤或記分錯誤時之用。

(4)測驗計畫必須是連續性的。偶發的施測雖可達到立即的需要，但卻因此帶來測驗結果的誤用或重覆，而連續性的測驗計畫，可對同一位受試者在不同時間實施相同或可互相比較的測驗，進而勾繪出個體發展的藍圖，以了解一個人的成長或進展情形。

(5)測驗計畫的目的必須與同事、行政人員、家長作清晰的溝通。如果測驗計畫目的越清楚，測驗計畫負責者便越有可

能找機會與學校教職員或家長討論，並藉機澄清他們對測驗的誤解。學校教師與家長有權利獲得完整和精確的訊息。測驗計畫的成功與否，部份視學生家長及學校教育人員對測驗的了解程度而定。

(6)測驗計畫應該有指導、督導及組織。應該找一位對測驗評量有專業知識及豐富經驗的人來指揮、督導整套測驗計畫。假如學校因為規模太小不允許聘有專職的人員，仍需找一位兼職的對測驗負有專業責任的專家。

第五節　測驗的限制與守則

壹、測驗的限制

廣泛地使用測驗，可能造成傷害性的結果，如形成永久的標記，對能力的低估，受測驗出版商的支配，以及做呆板的決定等；如此不僅沒有幫助學生解決難題，反而限制學生未來的發展。Brim (1965) 曾描述非專業與專業人士的反測驗情緒是因為：①測驗資料很難獲得；②測驗侵犯個人的隱私權；③測驗分數的使用一成不變；④由測驗甄選出來的才賦類型非常有限；⑤相信測驗對少數民族是不公平的。 Brim 討論每個論點及分析反測驗背後的理由。他解釋反測驗理由來自：①一些人士的人格特質；②個人的價值系統；③個人對智力測驗觀感，尤其對於獲得較差結果的受試者，他的自尊受到嚴重的打擊；④生活環境上的限制導致較差的測驗結果。

一、對測驗的負向批評

(1)測驗在質上的變異本來就很大，而且很難編得很完美。每一份測驗的樣本只是在某一時間的部份個體的行為表現。沒有一個測驗能像測量中間值那樣精確地測到常態分配的極端值。

(2)測驗程序不當。有關施測指示必須依照測驗所編製的手冊。假如沒有遵照手冊的指示，測驗將失去它的有效性，亦無法有效地與已建立的常模相比較。

(3)常誤用測驗分數。測驗分數是一估計值，而非絕對值。雖然分數是經過統計上的處理，但仍會有誤差出現。任何人都不應該只靠測驗分數就作決定。測驗分數使用者應該除了測驗分數外，還參照其他有關教育、心理或社會方面的資料。

(4)常錯誤地解釋測驗資料。對於測驗的解釋常是以斬釘截鐵的語氣而非採取較保留、估計的方式，且常只是「告訴」家長或學生結果，而忽略「幫助」思考結果如何運用於計畫的決定。

(5)測驗常沒有受到適當的保護。因此，有聲譽的出版商只賣給有資格的使用者，期待這些使用者能保護測驗，不致使測驗被濫用。

(6)施測有時是毫無目的的。測驗的適用時機應該是：①在有限度合理的範圍內描述個體的部分行為；②不可能以其它方法獲得資料；③比其他方法更能提供有效的資料；④實踐教育目標。總之，測驗應致力於進一步協助學生了解自己及別人對他們的了解等目的。

Goldman（1972）對於測驗是否對輔導有貢獻表示懷疑。根

據Goldman的想法，測驗與輔導就如一場失敗的婚姻關係，他認爲測驗只是用來作爲甄選的工具，並非爲輔導用途。他並不是認爲測驗與輔導的關係是無藥可救，而是要出版商時時改進現有的測驗，或是發展新的測驗。另者，他對於此婚姻關係上的另一部分輔導員，則認爲應該吸收更多更好的測驗知識和技巧，使所作的解釋能爲學生所了解，以達到幫助學生的目的。

二、測驗訊息的來源

使用測驗者有義務不但要受適當的訓練，且要隨時接受在職訓練及知曉測驗的新發展。因此，對於教師、輔導員、行政人員而言，有必要獲得有關測驗更新的訊息。如何得知新的訊息呢？由Oscar K.Buros 所編製的心理測驗年鑑(The Mental Measurement Yearbook)是消息的來源之一，它包括教育、心理、職業等測驗出版訊息。第二個訊息來源是Buros所編製的現版測驗指引 (Tests in Print)，是對測驗年鑑的補充，它是一本測驗目錄，有清晰的分類索引。第三、時常注意閱讀最新的教育、心理期刊有關新出版的測驗。報導測驗訊息的期刊有心理學摘要(Psychological Abstracts)、教育心理測量(Educational and Psychological Measurement)、輔導測量和評鑑(Measurement and Evaluation in Guidance)，諮詢心理學期刊(Journal of Consulting Psychology)、諮商心理學期刊(Journal of Counseling Psychology)等。第四、從測驗出版商提供的測驗分類及手冊獲得訊息。最後，有關測驗的使用及評價的指標可參考美國心理學會 (APA) 與美國諮商與發展協會 (AACD) 出版的教育和心理測驗標準。

貳、衡鑑的原則

　　過去，雖然教育上強調了解個別之間的差異，但對於個別差異的眞正了解或重視還是晚近的事。尤其近來強調兒童權利及其個別化問題，更迫使學校當局尋求適當的教育方式以滿足學生個別差異的需要。另者，不只關心個別間的差異 (inter-individual differences)，且兼重個別內在的差異 (intra-individual differences)。傳統的衡鑑所關心的是團體整體的情形，但目前強調個別的狀況。總之，個別的變異情形已成爲研究的重心。在輔導計畫發展與評估的過程中，須思考幾個問題：(1)到底需要多少有關學生測驗和非測驗資料才能協助學生達到所想要的目標？(2)在什麼狀況下，要將測驗做爲補救性，而非發展性目標的工具？(3)在傳達某一衡鑑資料予需要資料的人時，到底提供什麼資料是較適當？假如衡鑑的目的在於預測學生行爲，那麼標準化測驗可用來探討學生「如何」(how well) 或「有多少」(how much) 的問題嗎？即測驗資料是否可以作爲理解學生未來的狀況及作爲幫助學生作決定之基本預測指標？如此一來，輔導員必須爲其測驗的使用負責；故輔導員需熟悉他們所想選用的測驗，必須了解測驗設計的目的，及自己和別人使用測驗的目的。假如這兩個目的不一致，那麼可能導致測驗的誤用及濫用。因此，一個良好的測驗執行和衡鑑工作有助於讓學生了解自己的自我能力、興趣、發展傾向與事實接近的情況。測驗如前所述，是衡鑑的一部分，以下列出有關的原則：

原則一：能保証符合個體利益，以個體需要爲主，APGA指出測驗衡鑑服務必須反應出對個體的尊重。除非衡鑑是爲顧全

個體的利益，否則衡鑑就毫無價值可言。

原則二：不須同時對所有學生予以相同份量、或相同程度的衡鑑。輔導員常常讓學生做一大堆測驗，以爲大量的資料可以解除輔導員判斷的負擔。其實不分青紅皂白對學生實施大量測驗，又沒有向學生解釋測驗結果，又不能妥善運用這些測驗，這些均會造成反測驗情緒。

原則三：沒有任何一種衡鑑方式或過程，可適用於所有的情境。在某些情況使用單一測驗或測驗組合是適合所欲達到的目的，但在另一情況，評定量表或面談可能可以得到更好效果。因此，在決定針對特殊個體在特殊情境下，應採何種評價方式之前，須事先愼重考慮。

原則四：實施衡鑑需包含對個體與環境兩者的共同考慮。例如欲衡鑑個體的能力情形，不應該只單獨使用測量資料或單一的測量工具，必須考慮到環境對他及其做測驗的影響。

原則五：衡鑑和幫助學生這兩件事應同時並存，而不是分開執行。輔導學生的需要與衡鑑資料的收集是同時進行的。

原則六：認識衡鑑測量的限制。輔導員須謹記在心的是任何衡鑑，不管測驗或非測驗，所評量到個體的結果是他在某時間的部份行爲，人是會改變的。單一的衡鑑工具絕對不足以評估個體的所有狀態。衡鑑測量可以評估團體大概的情形，但是對描述個體卻是它的弱點。

原則七：收集衡鑑資料的基本目的，是增加對自我的了解和做明智的決定，要做到這點，輔導員須詳細解釋衡鑑資料，使學生確實了解資料的意義。有效且可靠的衡鑑資料及

詳細的解釋有助於個人在深切了解自己之後，能夠作明智的決定。衡鑑資料的提供並不鼓勵學生盲目地接受結果，爲結果所束縛，而是能妥善的運用這些資料。

原則八：衡鑑資料應受到適當的保護。衡鑑資料及衡鑑測量皆須保持機密，且不向無權知道的人士揭露有關個體所有的資料。

〈本章摘要〉

測驗原始的基本理念爲分辨個別間與個體內的差異性和相似性。爲了解個體間，個體內的差異，可由智力、性向、人格、生涯發展、興趣等方面著手，此即所謂測驗種類。有了這些，可幫助學生了解自己、幫助老師了解學生，或是幫助公司行號選擇人才、分派工作，或預測未來、診斷目前的行爲，此即測驗目的與功用。測驗本身有其限制，如缺乏對測驗的專門知識又大量使用，不僅無法達到測驗原先建設性的目的，甚至導致不可避免的傷害。因此，假如學校欲使用測驗，須有一完整的測驗計畫和周密的步驟。當然，策畫人員也應是對測驗有相當的認識，如此才能使測驗發揮幫助學生了解自我、作決定等功能，而能避免造成無謂的傷害，如自尊的傷害。本章亦提出使用測驗的原則及衡鑑的原則，如此，任一受試者之隱私可避免受到傷害，並能藉以獲得必要的協助。

〈討論問題〉

1.測驗的實施與記分是否應該全由學校輔導老師擔任？

2.是否應該讓學生及其父母知道測驗結果？

3.測驗的爭議如此多，仍有實施測驗的必要嗎？

〈本章參考文獻〉

黃國彥(民66)：**測量與研究**。台北，正昇教育科學社。

郭生玉(民74)：**心理與教育測驗**。台北，精華書局。

簡茂發(民77)：**心理測驗與統計方法**。台北，心理出版社。

Anastasi, A. (1976). *Psychological testing.* (4th ed.) New York: The Macmillan Co.

Brim, O. G. (1965). American attitudes toward intelligence tests. *American Psychologist, 20,* 125-130.

Clarizio, H. F. (1978). Nonbiased assessment of minority group children. *Measurement and Evaluation in Guidance, 11,* 112.

Cronbach, L. J.(1970) . *Essentials of psychological testing.* (3rd ed.) New York: Harper & Row, Publishers, Inc.

Gardner, H. (1983). *Frames of mind: the theory of multiple intelligences,* New York: Basic Books.

Goldman, L. (1972). Tests and counseling: the marriage that failed. *Measurement and Evaluation in Guidance, 4,* 213-220.

Guilford, J. P. (1967). *The nature of human intelligence.* New York: McGraw-Hill Book Company.

Jahoda, M.(1950). Toward a social psychology of mental health. In M. F. E. Senn(ed.), *Symposium on the healthy personality.* New York: Josiah Macy, Jr., Foundation.

Jensen, A. (1969). How much can we boost IQ and scholastic achievement? *Harvard Educational Review, 39,* 1-123.

Lennon, R. T. (1966). A glossary of 100 measurement terms. *Test Service Notebook, No. 13.* New York: Harcourt, Brace & World, Inc.

Murray, H. A. et al. (1938). *Explorations in personality.* New York: Oxford University Press.

Osipow, S. H. (1979). *A preliminary manual for the Career Decision Scale.* Columbus, Ohio: The Ohio State University.

Shertzer, B., & Stone, S. C. (1981). *Fundamentals of guidance.* (4th ed.) Boston: Houghton Mifflin Company.

Super, D. E. (1949). *Appraising vocational fitness.* New York: Harper & Brothers.

Super, D. E. (1956). The use of multifactor test batteries in guidance. *Personnel and Guidance Journal, 35,* 9-15.

Terman, L. M., & Merrill, M. A. (1973). *Stanford-Binet Intelligence Scale.* Boston: Houghton Mifflin Company.

第 九 章
輔導中的衡鑑
—非測驗技術

陳金定

● 各種非測驗的衡鑑法
● 當前的論題

　　正確地衡鑑個人，必須要包括測量個人的內隱行爲，如思想、衝動、情緒及個人如何來處理這些內在行爲等；也包括測量外顯行爲，如能力、興趣、人際關係等。遺憾的是，目前的測量工具離此標準仍有一段距離。大部分的測量工具只能顯示出在某一段時間裏，個人與團體比較後所得的描述資料。這種測量方法往往無法反映出眞實生活情境的變動特質及預期的改變。

　　近年來，衡鑑已不再是機械性地將複雜的個人分解成獨立部分後，再加以研究的終點行爲。衡鑑成爲一種複雜的動力過程，在這過程中，強調的是個人特質與環境的交互作用。

　　由於輔導的基本目標是在幫助學生了解自己，以及有系統的分析學生特質和行爲，以促使教師、輔導員、父母能夠幫助他們，因此使得「分析學生」成爲最重要的輔導工作之一。

　　正確地分析學生，有賴於健全的衡鑑技術來收集、組織、解釋及運用學生資料。測驗工具雖然在這方面已有相當的貢獻，然因其缺點及限制，不得不求助於非測驗的衡鑑技術。本章的目的即在探討非測驗的衡鑑技術及其實用性。

第一節　各種非測驗的衡鑑法

壹、觀察法
Observation

　　觀察法是行為科學研究法中最基本的方法，也是大部分非測驗衡鑑技術的基礎。觀察法是在自然的或控制的情境，依研究目的，有計劃、有系統的觀察個體的行為，並加以記錄及客觀的解釋。一般運用觀察法的目的在於：(1)考驗、証實假設，(2)收集資料，(3)評鑑輔導及教育的效果。

一、觀察法的種類

　　觀察法依不同的標準而有不同的類型。例如自然觀察法與實驗觀察法，參與觀察與非參與觀察，結構性觀察與非結構性觀察，

定量觀察、定性觀察、比較觀察與變化觀察。現只就一般教育和輔導人員最常用及最適合於學校情境的觀察法加以說明：

1. **結構觀察與非結構觀察：**

　　結構觀察是指根據事前所定的目的，依一定的觀察程序，使用結構性的觀察工具(例如分類行為評量表或標準化的觀察紀錄表)，從事觀察與目的有關的行為(郭生玉，民72)。相較之下，無結構觀察就比較沒有明確的目的、觀察程序及事先設計好的觀察工具。有結構的觀察是觀察研究中最嚴格的一種，與實驗的觀察法很接近(楊國樞等，民67)，故具有實驗法的優點。而無結構觀察法的優點在於富有彈性，可以隨時修正問題的定義，以提供較直接而完整的敍述或解釋。然其信度、效度、行為取樣等的偏差，將易導致不正確的結論(郭生玉，民72)

2. **參與觀察與非參與觀察：**

　　參與是指觀察進行時，被觀察者毫不知情，觀察者不但一方面作觀察，同時又參與被觀察者的活動。這種觀察法的優點在於觀察者因直接參與被觀察者的活動，因此所收集到的資料富有真實性；又因為可以減少被觀察者的反作用效果（reactive effects），故研究結果有較大的應用性（郭生玉，民72）。其缺點在於觀察者可能因過份的投入而失去客觀性，又可能因同時扮演兩種角色，無法兼顧兩種工作。再者，在某些情境下，觀察者可能須置自己於危險工作之中。

　　非參與的觀察是指觀察者不參與被觀察的活動。其優點在於觀察者可以全心投入觀察活動中，然而被觀察者可能因觀察者的出現而失去自然的表現，因此所得的資料可能缺乏真實性。

　　應用觀察法時，須依研究目的、觀察的行為性質、現有的資

源、各觀察法的優缺點，選取最適當的方法。

二、觀察法的優點

(1)免於被觀察者主觀報告的偏差。

(2)假如被觀察者不知正在被觀察，則獲得的資料具有眞實性，且具有較佳的外在效度。

(3)對於一些無法以其他方法來收集其資料者，例如幼兒、精神病患、啞巴等，觀察法爲非常適合的方法。

三、觀察法的缺點或限制

應用觀察法易有下列缺點：

1.觀察的偏差（郭生玉，民72）：

(1)觀察者的出現，引起被觀察者的敏感，以致行爲失去自然性。

(2)觀察者的偏差：觀察者當時身心狀態、過去經驗、刻板化印象等，皆會使觀察結果失去客觀性。

(3)評量的誤差：採用評定量表，容易產生下列四種評量誤差：①寬大誤差，②嚴格誤差，③評量趨中的誤差，④月暈效果（halo effect）。

(4)混淆：觀察者知道被觀察者在研究諸變項中某一變項的表現，而影響其所要觀察變項的結果。

2.取樣造成的偏差：

例如以時間取樣爲觀察單位，若時間樣本不適當，則被觀察的行爲表現並不具有代表性。

3.觀察法只適合於某些行爲的研究。

四、應注意的事項

爲了避免以上所述的缺點，應用觀察法須注意以下幾點，以

提高其信度及效度：

(1)觀察者在觀察之前須熟悉與觀察有關的一切事務。例如觀
察目的、儀器、程序等。

(2)熟悉觀察行爲的定義。

(3)採用時間取樣。

(4)推論與觀察不可混淆在一起。

(5)運用五官及儀器。

(6)每次只觀察一項行爲。

(7)觀察者儘可能接受過訓練。

(8)可以邀請他人幫助作觀察，事後再互相印證。

貳、軼事紀錄
Anecdotal Records

軼事紀錄是指教師在觀察到重要事件發生後，所作的簡明、
非正式的紀錄。這種紀錄是描述在某一情境下，學生表現出來的
積極性或消極性的行爲，而非觀察者對行爲的解釋 (Shertzer &
Stone,1981)。軼事紀錄的內容通常包括：

(1)學生的姓名、年級。

(2)觀察的日期、時刻。

(3)情境的描述。

(4)事件的描述。

(5)記錄者 (觀察者) 的姓名。

(6)記錄者在記錄時的感受。如有必要可加上建議、解釋等 (解
釋與行爲的描述須分開說明)。

軼事紀錄最大的應用價值在找出行爲的型態 (patterns of

behavior），以解釋或診斷學生的行為（Tenbrink,1974）。例如教師有計畫地紀錄某一學生在某一方面的行為表現。一段時間後，將所有的紀錄加以比較、印證，就可以發現該生在該方面的行為方式。因此單份的軼事紀錄沒有任何價值。只有在觀察、紀錄一段時期之後所得的資料，才有應用的價值。

一、良好軼事紀錄的特點

　　一份良好的軼事紀錄除了具有客觀性、事實性、簡潔性、描述性外，還必須具有以下的特點：

　　(1)一次只記載一種行為。

　　(2)包括紀錄的日期，及行為產生的情境。

　　(3)被觀察者的行為，其他有關人物的反應及被觀察者對這些人的反應。

　　(4)引述被觀察者說的話及他人對被觀察者所說的話。

　　(5)說明被觀察者情緒變化時的身體、姿勢、音調、面部表情等反應。

　　(6)充分地描述行為情境。

二、軼事紀錄的優點

　　(1)因紀錄包括學生在不同情境的行表現，所以可以由各方面來了解學生人格。

　　(2)提供明確，而非含糊、概化的資料。

　　(3)鼓勵並促使教師對學生產生興趣，以掌握學生的行為舉止。

　　(4)補充數量性的資料，以豐富行為的解釋。

三、軼事紀錄的缺點或限制

　　(1)若非正確且由各種角度來描述所觀察到的行為，否則少有

應用的價值。

(2)很容易觀察到不具有代表性的事件並加以記錄，因此讓人誤解這些事件的重要性。

(3)紀錄若保留太久，雖然已失時效性，但仍可能使他人對被記錄者有不良的看法。

(4)因記錄及處理都很費時，增添輔導員、教師及幹事的負擔。

四、應注意的事項

(1)任何重大的事件（或看起來似乎是重大的事件）都必須記下來。同時記錄的行為情境須廣泛。

(2)觀察後立刻記下，即使無法如此，也必須當天紀錄下來。

(3)紀錄應由教師保存，輔導員協助及監督。

五、軼事紀錄的格式及範例

軼事紀錄的格式

學生＿＿＿＿＿		班級＿＿＿＿＿	
日　期	地　點	事　　件	評　　註

観察者：＿＿＿＿＿＿＿

軼事紀錄（範例）

學生：王小麗　　　　　　　　　　　　**班級：國二　英語課**

日期	地點	事　件	評　註
78.5.9	教室	王小麗以往在班上看起來總是那麼愉快、熱心。但今天似乎相當的沈默與悲傷。放學後，我問她是否有什麼心事，她以幾乎聽不到的聲音說「不」。	我可以確實地感覺到，有些不平凡的事發生，使得王小麗有如此突然的轉變。我將在一、二天內查看之。

　　　　　　　　　　　　　　　　　　觀察者：林　玉　書

叁、評定量表
Rating Scales

　　學校人員用以實施觀察的評定量表，在1800年代首先是由英國海軍用來描述天氣概況。第一次世界大戰，美國大量地應用評定量表來評定軍官的效率。二次大戰時，評定量表的應用遍及軍事、工業及教育界。

　　評定量表是依據所要測量的特質，編製許多問題，由他人根據量表中的項目或問題，選擇和受評定者日常行為相符的一項，加以劃記，然後化為數量予以評定（黃元齡，民63）。學校裏應用評定量表的最大目的在於評量學生的人格。大部分研究指出評定量表的信度在.40到.70之間。一般而言，評定者人數愈多，信度愈高。至於效度，通常是相當低，但也與評量標準的性質及品質有關。

　　學校輔導員在選用評定量表時須考慮三件事：

(1)該量表已清楚的界定評量的因素或行為。相同的因素或行為對不同的人，應具有相同的意義。

(2)每一評量的因素或特質應是可觀察得到的。

(3)每一特質（或因素）的層次須界定清楚。一般而言，每一特質至少須分為五個等級。

一、評定量表的種類

(1)數字評定量表（numerical scales）

例：你如何來評定這位同事的工作熱誠？

①非常不熱誠

②不熱誠

③稍為熱誠

④熱誠

⑤非常熱誠

(2)描述評定量表（descriptive scales）

例：你如何來評定「勤勉」？

＿＿＿懶惰，不努力。

＿＿＿時常不完成工作。

＿＿＿只完成要求的工作量。

＿＿＿工作踏實，時常超出要求的工作量。

＿＿＿熱誠，常超出要求的工作量。

(3)圖示評定量表（graphic rating scales）

例：這位同事是

非常不熱誠1 ｜ 2 ｜ 3 ｜ 4 ｜ 5 ｜ 6非常熱誠

(4)配對比較（paired comparisions）

評定者將受評者某一特質與其他所有的受評者一一比較，再以「相等」、「更好」、「更差」作為與其他每一位比較評量的結果。

除了以上四種外，另有檢核表（checklist），如卜氏兒童社會行為量表；提名量表（nominating technique），如猜人測驗等（黃元齡，民70）。

二、評定量表的優點

(1)量表的資料量化後，可以互相比較。

(2)容易編製，使用簡便，故適用範圍廣泛。

(3)可以利用增加評定者的人數以提高信度。

三、評定量表的缺點或限制

(1)評定者偏見的錯誤。

(2)評定的趨中現象：評定者因不知如何作決定時，通常會評以中間等級，因而掩蓋了確實情形。

(3)月暈效果：（halo effect）例如有些老師認為學業成績好的學生，操行也會好，因此評定的結果並不可靠。

(4)邏輯謬誤（logical error）：例如認為繪畫生動優美的受評者，其美學原理和美術鑑賞的成績亦必良好（黃元齡，民70）。

(5)最近事件的誤差：評定的結果因受評者最近經驗的影響而不正確。

(6)評量項目的解釋不同造成的誤差：不同評定者對相同的評定項目有不同的解釋。

四、應注意的事項

為了避免以上的缺點，應用評定量表時須注意：

(1)評定人員事前須接受訓練。

(2)評定者對受評者須有相當的了解。

(3)評定者須明瞭評定的目標，把握評定的方法。

(4)多請幾個人參與評定，以提高信度。

(5)如果可能的話，評定者可註明評定時所依據的事實。

(6)每次只評一種特質或行為。

(7)評定量表等級畫分不可過於細密。

肆、累積紀錄
Cumulative Record

累積紀錄乃是有關個別學生的連續性資料。它的內容包括一般性資料及個人獨特性的資料。由於這些資料是透過教師、輔導員、行政人員及衛生工作人員收集組合而成，因此是具有代表性、重要性及全面性等特色的客觀資料。教師及輔導員通常應用這些資料來①幫助學生了解自己，②幫助學生有效地適應學校環境，③發現學校滿足學生需要之程度，以作為任何改進的參考。

一般言，累積紀錄的內容包括：

(1)個人基本資料及家庭背景資料。

(2)健康及醫療資料。

(3)入學日期。

(4)由學生以前就讀學校轉寄而來的副本資料。

(5)學校、年級、座號、學號。

(6)全校性測驗的個人測驗結果資料。

(7)人格及行為評量的資料。

⑻校內活動情形的資料。

⑼軼事紀錄。

⑽在班上所填寫的自傳資料。

一、累積紀錄的種類

⑴袋型（packet type）

資料可以裝入裏面，優點是有彈性又經濟。

⑵單卡型（single card）

或折疊式的卡片（folder），優點是各校可以統一，因此解釋資料或轉送資料非常方便。缺點是缺乏彈性。

⑶混合型（combination form）

亦即混合袋型及單卡型的優點而形成的。

未來的發展將是利用電子儀器來協助資料的收集及分析，以幫助個人作決定。

二、累積紀錄的優點

⑴由於資料具有組織性及連續性，故可顯出發展的過程及型態。

⑵包括有一般性及特殊性資料。

⑶由不同的人從不同的角度來收集資料，不但資料豐富、完整及較正確，且可促進各有關人員的合作。

三、累積紀錄的缺點或限制

⑴資料的收集若非經過嚴謹的計畫及一番整理，收集到的資料將沒有實用性。

⑵消極性的資料容易引起誤解。除非調閱資料者（教師、行政人員等）能正確地解釋資料代表的意義，否則對學生反而可能有不良的影響。

四、應注意的事項

(1)累積記錄表須從學生入學時開始填寫。

(2)學生畢業後，須將其資料轉移到高一級的學校去。

(3)格式須簡單、易了解。

(4)須能反映出生長的趨勢。

(5)諮商紀錄不能併入累積紀錄內，由輔導員自行保存。

(6)這些資料常被調閱，故在每一次調閱時，須作紀錄以免遺失。

(7)表格的設計及資料的整理須以便於各有關人員取閱為原則。

伍、學生資料調查表
Pupil—data Questionnaires

學生資料調查表是屬於累積紀錄的一部分。內容包括有家庭、健康、教育與職業計畫、校內外活動、學習習慣等有關的學生資料。它與累積紀錄不同之處在於：累積紀錄是縱貫性資料，而學生資料調查表則為橫斷性資料。

學生資料調查表的價值在於：①提供學生資料給學校有關人員，以了解學生目前情況；②補充不足的資料；③諮商時用以獲得背景資料；④學生透過填寫的過程，可以增進自我了解。

一般言，學生資料調查表的實施是在中學第一年入學時由輔導員來執行。在執行之前先必須先考慮以下幾個問題：

(1)作調查表的目的何在？

(2)在什麼時候或那一年級時，要用到調查表的資料？

(3)誰來當主試？

(4)誰來分析資料？

這四個問題用以決定調查表的內容、設計、實施方式。

一、調查表的格式

可以分爲開放式及封閉式。許多輔導員發現開放式的項目價值最大，然而反應的語意含糊及歪曲的解釋，易使其價值大爲降低。

(1)開放式

例：我最喜歡的人是 _____

我認爲 _____

我畢業後的教育或職業計畫是 _____

(2)封閉式

例：去年常去找學校輔導員幫忙嗎？

____常常（至少10次以上）；____偶而（少於10次）；

____從不

封閉式調查表的好處在於統計簡便，易於提高信度；然獲得的資料之深度及廣度不及開放式的調查表。

二、調查表的優點

(1)收集到的資料範圍廣而多。

(2)可以用來補充別的收集方法所遺漏的資料。

(3)可以獲得個別描述性的資料。

(4)是一種有效率收集資料的方法。

三、調查表的缺點或限制

(1)侵犯到隱私權：因收集的資料比累積紀錄深入，不但牽涉到學生本人，而且及於他的家人的隱私。

(2)調查表收集到的資料有時候互有衝突，故難以整理及解

釋。

四、應注意事項

(1)調查表上的項目必須足夠，且與調查目的有關。

(2)每一項目必須清楚、簡潔。

(3)重要的字下面須畫線。

(4)避免價值判斷性的語句。

(5)開放式的項目須能引出具有深度的反應。

(6)語句須儘量客觀。

陸、會談
Interview

「會談」長久以來就被應用以收集個人資料，有時又稱爲「發現事實法」（fact－finding）。它與諮商會談的不同之處在於：發現事實法的會談情境，大部分由晤談者（interviewer）所操縱。資料收集的範圍及方向，事先已確定好。會談進行中，晤談者問問題、鼓勵被晤談者（interviewee）表達自己，探索被晤談者的反應以獲完整的資料。被晤談者回答問題，表達個人的意見、思想、要求晤談者澄清問題，有時可以拒絕作答。

有意義的會談有賴於：(1)晤談者巧妙地運用會談技術以獲得受訪者態度、價值、抱負、個人計畫的資料，而非事實性的資料例如工作時間、經驗等；(2)建立良好的關係，以促使受訪者坦誠地表達自己；(3)被晤談者明瞭會談的目的及自己在會談中所扮演的角色，(4)晤談者擷取與會談目的有關之資料，並導引受訪者在不離題之下，儘量表達自己。

一般言，這種收集資料的會談過程分爲三個階段：

1.初始階段：

　　此階段的主要工作在建立關係。晤談者的工作為：(1)向被晤談者解釋會談的程序；(2)與受訪者建立投契（rapport），以收集正確的資料。

2.主體階段：

　　此階段的主要工作在收集資料。晤談者的用字遣詞須小心謹愼，以促使被晤談者坦誠的表白。

3.結束階段：

　　此階段的主要工作在澄淸、證實已收集到的資料及準備下一次的會談或評量被晤談者在表露自己後的反應。

一、會談的進行方式（楊國樞等，民67）

　　(1)結構式的會談：

　　　　又稱爲導向式會談。在會談之前晤談者已事先擬定晤談的內容。根據內容進行會談。這樣所得的資料不致失去比較的標準。也可以將擬問的問題印出來由被晤談者作答。

　　(2)無結構式的會談：

　　　　又稱爲非導向式的會談。會談內容沒有加以組織，由被晤談者自由發表。

二、會談的優點

　　(1)會談可以收集到個案研究所需的資料，包括受訪者態度、志向、及其他情感性資料。

　　(2)會談可以當面澄淸問題，以提高資料的正確性。

　　(3)透過關係的建立，可以收集到更深入及眞實的資料。

　　(4)晤談者有機會觀察到被晤談者的反應，以幫助解釋資料的意義。

三、會談的缺點或限制

(1)如果晤談者的會談技術不好，收集到的資料可能會不全或不正確。

(2)費時。

(3)被晤談者可能會歪曲自己的反應、經驗等。

(4)晤談者在記錄或解釋資料時難以完全排除自己的經驗、期望等的影響。

四、應注意的事項

為了提高會談的價值，必須注意下列幾點：

(1)依據會談的目的及被晤談者的特質、問題，事先決定會談進行的方式、資料收集的範圍及紀錄的方式。

(2)避免暗示性的問題。

(3)問題的表達須清楚、明確，並確定被晤談者了解晤談者的問題。

(4)仔細傾聽、觀察被晤談者語言及非語言的反應。

(5)給予被晤談者充分的時間回答。

(6)保持不批評的態度。

(7)有技巧地回到被晤談者逃避或含糊的反應上。

(8)在非結構式的會談上，可以增加問題來澄清被晤談者的反應或獲取其他資料。

柒、自傳
Autobiographies

自傳是個人生活史的陳述。它不但提供自傳者行為資料，更重要的是包括了行為背後的個人態度、情感性的資料。因此，往

往可以透視到自傳者的心聲。

一、自傳的種類

(1)結構式及非結構式的自傳：

在填寫結構式的自傳時，只須簡答即可。這種作答方法特別適合於語言表達能力不好的學生，但也使得問題內容受到限制，以致獲得不深入的資料或遺漏重要的問題。非結構式的自傳是採開放的填寫方式，這種填答法常可引出許多重要且隱含的資料。然填寫者若不將內容加以組織，則易造成解釋上的困難。

(2)主題式（topical type）及綜合式（comprehensive type）的自傳：

主題式的自傳只限於個人某一方面的生活，例如家庭生活。其優點是可以獲得該方面相當詳細的資料，缺點是無法得到其他方面的資料。綜合式的自傳包括的範圍廣，然沒有主題式自傳來得詳細。因此，綜合式自傳的價值在於一般用途，而主題式自傳則在於特殊用途。

二、自傳法的優點

(1)自傳者在書寫的過程中，可以舒解壓抑的情緒，澄清自己的態度、感情及問題。

(2)自傳者經一番自我檢討後，由於發現自己的優點、價值，而導致對自己的積極看法。

(3)由自傳中可以發現需特殊幫助的學生及決定協助的方向。

三、自傳法的缺點或限制

除了以上各種自傳所具有的個別缺點外，還有：

(1)自傳者誠實回答的意願及對自我了解的程度，都將影響自

傳的價值。

(2)自傳者的語言表達能力將影響自傳資料的廣度及深度。

(3)自傳者對問題內容的理解，將影響自傳資料的正確性。

四、自傳的解釋

在解釋及分析自傳時，須特別注意細節及自傳者的背景資料。自傳者深藏的心聲往往可由細節中發現，而他有意躲避觸及的事件或人物，常可在背景資料中洩露出來。自傳的解釋可由下列幾方面著手：

(1)就整體而言，自傳所傳達的感受是什麼？快樂？悲傷……等，尤其須注意帶有情感的字眼，例如愛、恨、父親、母親，至於字體是否工整，外表是否好看，都與自傳者的行為沒有關係。

(2)自傳的長度往往與下列各點有關：

①書寫自傳的動機。

②自傳的格式。

③自傳者表達思想的能力。

④自傳者主觀認為自己需要幫助的程度。

一般言，理想的長度為200到5000字左右。

(3)就本人對自傳者的認識，來判斷自傳者是否遺漏提及重要的經驗或人物。自傳者不可能將生活中的每件事都寫在自傳內，但若未觸及重要的經驗及人物時，表示值得在這方面下功夫。一般的情形是自傳者簡單扼要地記載愉快的經驗，而將更多的注意力集中於對自己有重要意義的經驗上。

(4)自傳者編寫自傳的方式。例如在非結構的自傳中，自傳者

通常依時間的先後順序記載個人的經歷。若其間有任何遺漏或時間的中斷，則值得去追查其中可能的原委。

(5)自傳者表達的層次。小學高年級及中學學生的自傳若流於形式，只呈現表面資料，其可能的原因有：自傳者試圖逃避敏感性問題，不願意自我表露，或這些問題對他們有特殊的意義。

(6)自傳內容是否有不符合的地方。其原因可能是自傳者有意撒謊，認為自傳沒有價值，或不知覺的錯誤。

五、應注意的事項

(1)自傳不能每學期或每年都寫，以免學生失去興趣,致使收集到無意義的資料

(2)填寫自傳的前幾天須預先通知學生。

(3)填自傳之前須說明其目的。

捌、社會計量技術
Sociometric Techniques

社會計量法是研究團體結構的一種技術，亦即研究團體中友伴相互吸引與排斥關係的測量方法（吳武典，民67）。廣義的社會計量包括計量技術、方法和原則。這些方法及原則可以促使團體更有效率的達成目標及滿足成員個別的需要。

應用社會計量的目的在於：由同伴對每個成員所評定的社會值及個人值來判斷個人在團體中適應或被接納的程度。Barclay（1966）認為社會計量法是一種發現及分析團體中友誼型態的方法。這種方法不僅可以查出在社會情境下，行為與團體不一致的兒童，而且計量的結果與個人的心理健康、教師的評定、個人的

成就有關。Kennedy（1971）認為社會計量技術可以用來評量學生適應學校生活的情形。

　　為了正確地了解及應用社會計量技術，讀者有必要熟悉一些與它有關的名詞：

1.*社會計量問題*（sociometric question）*或社會計量準據*（sociometric criterion）：指學生作選擇的依據，通常是一個題，如「你喜歡與誰坐在一起？」。

2.*社會計量地位*（sociometric status）、*社會地位*（social status）*或團體地位*（group status）：指每一位學生被選擇的次數。

3.*社會計量結構*（sociometric structure）、*社會結構*（social structure）、*或團體結構*（group structure）：指依每一位學生選擇的結果所形成的結構圖。它表明了團體成員人際關係的互動情形。

4.*社會計量測驗*（sociometric test）：指用以評量團體結構的方法。

5.*明星*（star）：指在社會計量測驗中，被選數最多的成員。

6.*孤立者*（isolate）：指沒有人選他的成員。也可以指的是不被任何人選擇也不選擇任何人的成員（吳武典，民67）。

7.*被忽視者*（neglectee）：指在社會計量測驗上得到相當少的被選數者。

8.*被拒者*（rejectee）：指接受到負性的被選數。例如「你最不喜歡與誰坐在一起？」，被拒者在此問題上接受到不少的被選數。

9.*互選*（mutual choice）*或對偶*（pair）：指在相同的準據上，兩個成員互選。

10.*社會計量的小團體*（sociometric clique）：指在相同的準據

上，一群成員彼此互選而形成一「次團體」。通常由三個以上成
員組成，每個人至少選擇一個「次團體」中的成員，並且至少
獲得其中之一的選擇（吳武典，民67）。

11.社會計量的裂溝 (sociometric cleavage)：指二個或二個以上
次團體之間彼此互不選擇對方的現象。

一、社會計量的種類

1.具有選擇準據的社會計量法：

這種計量法通常用於學校情境中。其結果可以繪成社會矩陣
圖或社會圖 (sociogram)。應用時須注意下列幾點：

(1)選用的準據必須能反映眞實的情境或活動，即成員有機會
去參加此活動或置身於此情境，例如所用的準據是「你最
喜歡與誰坐在一起？」結果統計完後，有必要依統計結果
重新安排坐位，以增加學生對此種測量的信心。假如社會
計量要被應用二次或二次以上，這種安排尤其重要。

(2)避免使用酷似社會計量的問題 (near－sociometric)。例如
「誰是你最好的朋友？」這類問題或許可應用於某些研究
上，但卻沒有立即性的實用價值。因爲缺乏引起動機的因
素來使學生眞誠地回答。

(3)每位學生必須熟悉選擇的情境或活動。選擇的範圍必須界
定，例如本班同學，但可以選擇的人數或次數應不加限制。

(4)在實施測量之前，學生應有足夠的機會來認識每一位同
學。

(5)每位學生的選擇須加以保密。

2.問卷式的社會計量法：

這種計量法主要用來測量團體間彼此的態度及感情，通常沒

有明顯的準據。實施時，學生須要在問卷上表明他對其他每一位同學的感情，例如：

項目 姓名	1 最好的朋友，願意和他做	2 最好的朋友。願意和他在我們團體裏，但不是	3 願意和他在一起，但不願次數太多或時間太多。	4 他可以在我們團體裏，但不要和他有來往。	5 團體裏希望他不在我們
張小華					
黃大偉					

資料來源：黃元齡（民70）

　　作答的方法是用「√」。其統計的結果可以說明：(1)團體的社會距離：係全班各同學對某位同學填選結果的統計，得分愈高表示社會距離愈大，亦即人緣愈差。(2)自己的社會距離：係自己所填的那張表上對全班各同學填選結果的統計，得分愈高表示自己與群體的距離愈大。(3)團體的距離與個人的距離加以比較，以了解填答學生是否孤傲離群（黃元齡，民70）。

二、社會計量法的優點

　　(1)實施簡單。

　　(2)提供客觀的人際關係之資料。

　　(3)提供的資料可作為改進團體結構及班級氣氛之依據。

　　(4)可以發現需特殊幫助的學生。

三、社會計量法的缺點或限制

(1)所提供的資料是暫時性的，而且資料只說明進一步研究的方向，並未提出解決問題之確實答案。

(2)完整的社會計量理論並未發展出來；其假設也未獲證實；實施的程序及準據的選擇未經標準化。因此同一位受試的二種測量的結果或不同人的測量結果之比較受到限制。

(3)測量結果的解釋及應用有限制。測量結果會因為所用的準據之不同而有不同。因此，明星人物並非表示適應良好，被隔離的學生也非適應一定不好。只有再進一步的查證才可作結論。

四、應注意的事項

(1)只適用於中高年級學生。因此時學生情緒較穩，辨別是非能力優於低年級學生。

(2)適用於彼此接觸機會多，有相當認識的學生中。

(3)測量結果必須保密。

(4)不可根據一次測量結果就作結論。

(5)測量之後，須再作進一步的驗證。

(6)準據須具有意義性及真實性。

玖、個案研究
Case Study

個案研究是指採用各種方法收集有效的完整資料，對單一的個人或社會單位做縝密而深入研究的一種方法（郭生玉，民72）。這些資料來自：累積紀錄、觀察、會談、自傳、問卷、測驗、教師的評量、父母的觀察等。由於個案研究法相當費事、費時，故

通常只應用於特殊的個案。

一、定義

與個案研究容易混淆的兩個名詞是個案史 (case history) 及個案會議 (case conference)。個案史是指收集的資料。其中包括家庭背景、生理發展、社會、教育、職業等個人的經驗。個案會議是指與個案有關的人,其中包括二位或多位專家,針對個案的問題而召開的會議。他們閱讀所有收集到的個案資料,診斷、擬定輔導策略,並付諸實行。

一般個案研究的資料包括案主姓名、出生日期、學校、父母、同胞、填寫日期、轉介來源、轉介理由、家庭背景、生理發展史、就學史、測驗資料、興趣、嗜好、經驗、教育或職業計畫、一般的評量、解釋、假設、建議等。Swensen (1968) 提出一種新的個案研究模式叫個案分析系統 (case-analysis system)。這種模式比舊的模式所包含的範圍還廣。輔導員在診斷及決定輔導策略時,還必須要注意到由案主及他人所提出的偏差行為、來自環境的支持及壓力、適應的習慣及不適應的習慣、自我強度 (ego strength)、防衛的型態 (defense patterns) 等。同時輔導員在研究案主的行為時,必須兼顧他的優缺點。如此可免於輔導員以偏概全或主觀的偏見。

二、個案研究的優點

(1)由混雜的情境中將主要因素分離出來。

(2)可以找出一系列可能的原因及因素。

(3)擬訂有系統的診斷及有計畫的輔導策略。

(4)具有預測的效果。

三、個案研究的缺點

(1)費時費神。

(2)可能收集到不正確的資料。

(3)可能延遲處理的時間。

(4)因注意力集中於研究的個案上而忽略了其他的學生。

四、應注意的事項

(1)收集到的資料中，難免會有不正確的。因此必須要小心評量並考驗其正確性。

(2)將輔導過程中案主行為改變的資料予以量化，才能看出進步情形。

(3)個案研究中的會談紀錄不但須記載會談內容，更須包含每次所運用的策略、優缺點的檢討、案主改變的心路歷程。而非語句簡單的含糊敍述。

(4)個案研究的重點須著重於處理的方法、過程、結果、檢討及追蹤輔導上，而非資料的收集及分析。

　　非測驗的衡鑑因未經標準化過程，因此在資料的收集及解釋上，須特別注意到客觀性的問題。如果能將由不同衡鑑技術所獲得的資料加以印證，並配合測驗工具的運用，則獲得的資料不但完整、正確，且具有相當的深度及廣度。依據此資料提供給學生的幫助，必能切合實際需要。

第二節　當前的論題

一、非測驗資料的價值比測驗資料的價值小。

贊成的理由是：

(1)非測驗資料的信度、效度比測驗資料差。

(2)非測驗資料的處理、分析,大部分賴於直覺及經驗,而非科學方法。

(3)資料的收集及分析太浪費時間。

反對的理由是:

(1)這些衡鑑方法提供的資料無法由其他方法取代。

(2)假如輔導員願意投入時間及精力,小心且有系統地運用這些資料,這些資料仍具有相當的實用價值。

(3)不管是那種方法 (測驗,非測驗) 所獲取的資料只是一種推測,因此在分析及解釋其意義及含義時,都需要小心。

討論:

在衡鑑工具發展到巔峰時,任何的資料,若非來自合乎測驗編製技術的測量工具,其實用價值都值得懷疑。事實上,即使已用於大量受試者及機構內用以選擇及安置人員的客觀性測量工具,當用於個別的情境時,仍有實用上的限制。

再者,不管是那一種測量方法,都會有測量上的誤差及解釋上的誤差。只是測驗上的測驗誤差,較為人所知。在解釋時,可以顧及此點。無可否認的,任何的測量方法只能提供推測性的資料,因此皆需要小心、有系統的解釋。

二、父母是否能夠查看學校輔導員收集的學生資料?

贊成的理由是:

(1)在法律上,父母或監護人都須為子女負責,故他們有權來看這些資料。

(2)教育應是父母與學校人員合作的成果。

(3)學校常做一些違反學生權利的事,並且製造父母與子女的誤解與隔閡。故父母若有權查看學生資料,可以減少這類

事件的發生。

反對的理由是：

　　(1)假如輔導員依專業上的判斷認為父母看過學生資料後，對學生有不利影響時，他可以不讓父母看像智力測驗一類的資料。

　　(2)讓父母查看資料時所花費的時間及人力相當的大，因此不值得如此做。

　　(3)假如父母能查看學生透露給專業人員的機密性資料，則侵犯了學生在憲法上的基本權利。

　　(4)大部分的父母無法了解及明智地運用這些資料。

討論：

　　輔導工作的成效須靠父母的合作。如果要推動父母來參與這項工作，其前提是：父母須了解學生。誠如輔導員不了解學生，便無法著手來幫助學生的道理是一樣的。如果一味地拒絕父母想了解學生的意願，將引起父母敵對的態度。但從另一角度來說，父母在查看學生資料後，可能帶給某些學生不利的影響，也有可能破壞輔導員與學生的關係。

　　事實上，父母是否能查看學生的資料並非「可以」、「不可以」的問題，而應是程度上的問題。輔導員應依其專業判斷，決定父母可以看何種層次的資料，而且父母與父母間也有個別差異存在，並非每個父母都可查看相同層次的資料。在讓父母查看學生資料之前，輔導員須注意二點：(1)學生是否可以因此而獲益？(2)輔導員是否可以正確地解釋資料代表的意義，並能讓父母了解其中的含義？除非輔導員能考慮這些因素，否則學生將未蒙其利反受其害了。

〈本章摘要〉

　　本章所探討的非測驗衡鑑技術有：觀察法、軼事紀錄法、評定量表、累積紀錄、學生資料調查表、會談、自傳、社會計量法、個案法等九種。每種皆討論其定義、用途、種類和優缺點。在應用這些技術收集到的資料時，須正確地掌握其所代表的意義，同時讓父母適度地接觸到這些資料，以引發他們參加輔導工作的動機。

〈討論問題〉

1.在衡鑑學生時，非測驗的技術有何用途？
2.文中所提到的各種非測驗的衡鑑技術其優、缺點爲何？
3.非測驗資料的價值是否比測驗資料小？
4.父母是否有權查看學校輔導員收集的學生資料？

〈本章參考文獻〉

吳武典（民67）：社會計量法。載於楊國樞等主編：**社會及行爲科學研究法**。台北，東華書局，第20章，677-719頁。

吳武典主編（民69）：**學校輔導工作**。台北市，張老師出版社。

郭生玉（民72）：**心理與教育研究法**。台北市，精華書店。

宋湘玲等（民67）：**學校輔導工作的理論與實施**。高雄，復文圖書出版社。

楊國樞等（民67）：**社會及行爲科學研究法**。台北市，東華書店。

路君約（民52）：**心理測驗與輔導**。台北市，教育部。

路君約（民61）：**輔導測驗**。台北市，台灣書店。

黃國彥（民66）：**測量與研究**。台北市，正昇教育科學社。

黃元齡（民70）：**心理及教育測驗的理論與方法**。台北市，大中國圖書公司。

Barclay, J. R. (1966). Sociometry: rationale and technique for effecting behavior change in the elementary school. *Personnel and Guidance Journal, 44,* 1067～1076.

Kennedy, D. A.(1971) . Sociometic assessment: a validity study. *Measurement and Evaluation in Guidance, 4,* 43～46.

Kline,P. (1973) . *New approach in psychological measurement.* London: Wiley.

Robb,G.P., & Williamson,A.P. (1981) . *An introduction to individual appraisal.* Spring Field,Ill: Thomas.

Shertzer,B., & Stone, S.C. (1981) . *Fundamentals of guidance.* (4th ed.) Boston: Houghton Mifflin.

Swensen, C. (1968). *An approach to case conceptualization.* Guidance Monograph series. Boston: Houghton Mifflin.

Tyler ,L.E. (1963) . *Tests and measurement,* Englewood Cliffs, N.J. : Prentice－Hall.

Wallace,G., & Larsen, S.C. (1978) . *Education assessment of learning problem: Testing for teaching.* Boston : Allyn and Bacon.

第 十 章
輔導關係

陳德華・溫怡梅

● 輔導關係的涵義
● 輔導與課程
● 輔導與行政管理
● 輔導與訓導
● 輔導與家庭

　　從前述章中，我們已深知輔導的有關概念、學校輔導工作的
發展情形、以及各種學校輔導工作的理論與趨勢。這一章所談的
是有了理論基礎之後，在實際從事學校輔導工作時，輔導人員的
角色、地位、人際關係及輔導工作的推展在整個課程、教務、訓
導、家長、校長、教師間的關係。我們若能上下左右、裏外兼顧，
建立良好的人際關係，必有助於輔導工作的推展及輔導目標的達
成。

第一節　輔導關係的涵義

　　廣義的輔導關係就是學校組織中的人際間或團體間的關係，包括縱的權力隸屬，分層負責體系；橫的溝通連繫，職務分配，以及次級團體間的交互作用等。錯綜複雜的人際關係須以心理學的觀點探討個人行為，又須以社會學的觀點研究社會行為，再加上組織理論的觀點探究種種權力關係，並從文化觀點貫穿個人行為與社會行為。這是基於「輔導就是教育」的定義，來界定輔導關係。亦即教育範疇中，凡可影響或促進個人生長與發展者均謂之輔導。世界上任何一個國家，不論強弱、貧富、歷史久暫，皆以「教育」教化國民，促進青少年社會化、培植人才……。本世紀各國對教育改革的努力，以「教育」為發展人類潛能的觀念，

證實人才的個別化培育工作，在多元化的變遷社會中特別重要。
所謂的人才個別化教育，其實就是輔導的精義。

　　狹義的輔導關係則以輔導服務出發，在學校輔導模式中，就
學校行政組織體系的輔導專業地位，爲學生特別安排服務與協助
時，所需的課程單位（教師）、訓練單位、校長、行政人員、家長、
……等，共同實現教育目標，所應分工合作的各種關係。學校教
育行政組織是一整體機構，輔導部門一如其他行政工作，各有所
司。但是輔導工作較之其他以事物性工作爲主的部門，更具專業
職責，應該對輔導行政的本質，有清楚的認識，以改變事物行政
的觀念與態度。

　　輔導是一種助人的歷程，也可說是一種助人的方法。是由輔
導人員根據某種信念，提出某些經驗，以協助學生自我了解與充
分發展。所以在敎育體系中，它不但是一種思想，也是一種情操，
更是一種行動（吳武典，民69）。在行政體系中，輔導服務則是一
種協調，是一種合作，也是一種溝通。輔導關係的建立，即基於
適當的報導與接觸，藉以博得支持與了解。

　　美國學者 Shaw（1973）倡議的學校輔導模式，即有感於輔導
人員過份偏重實際、過份強調功能，忽略對整個輔導工作範圍作
明確而有系統的探討。

　　在我國，雖然自國小、國中、高中（職）、大專等各層級學校
輔導工作的實施，均已制定法令規章，陸續建立制度，完成人員
編制，成立輔導室，派定負責人……等，但所遭遇的問題仍然不
少，橫互的障礙，計有校長的不支持，訓導人員的缺乏輔導觀念，
經費未能專款專用……等。其實，一言以蔽之，不過是輔導關係
未建立，未被重視，使輔導的成效大打折扣而已。

　　各級學校輔導工作的實施要點，均提及輔導活動教育的核心工作，以全體學生爲對象的實施原則，由各班導師爲推動核心，全體教師全面配合辦理。各校視實際需要成立輔導室，負責策劃及推動輔導工作，並爲各處組與全體教師提供技術性的支援與服務。可見輔導工作絕不是輔導人員孤軍奮鬥、單線作業，輔導服務也不是校門內的事而已。須要結合家長、教師、校長、各行政人員整體的力量，本諸服務的精神，發揮專業的知能方可見其功。

第二節　輔導與課程

　　一般人對輔導工作的誤解謂輔導工作即包括教育輔導、生活輔導及職業輔導。教育輔導即爲志願升學學生作學習指導，包括早讀、課後留校、星期假日等的課業輔導，以加強升學準備。生活輔導則爲德目的教習，定期舉辦各項比賽，經常檢查服裝、儀容……等。至於職業輔導又認爲它不過是職業選科的加強，舉辦建教合作，多讓學生進廠實習……而已。事實上，上列的教育輔導，其實只是課程經營的一部份。生活輔導則是訓育經營的一部份，而職業輔導只是職業技藝教育。因爲眞正的職業輔導，應該是向學生介紹職業的種類、工作的內容、各種職業應具備的知能、性向、工作態度等。然後測驗學生的智能、性向、職業興趣，調查學生志願，建立個案資料，再與學生諮商，指導學生作最好的選擇，俾學生能對其所選擇之職業具有發展而又能圓滿地過快樂的職業生活（李聰明，民67）。當然，新近的趨勢，更著重以整體的觀念來協助個人發展其終身事業，即所謂的生涯輔導。

壹、課程的意義

既然所謂的志願升學者的種種課業輔導只是課程的經營,而非教育輔導。到底課程是什麼?讓我們先加以澄清。課程(curiculum)的定義曾有四十多種不同的說法。廣義者認為它是學校一切的活動;狹義者認為它是教學的內容或方法。綜合的說法則認為它應包括教育目標、教育內容、教育方法及教育評鑑等要素。史東(Stone,1977)認為最廣義的課程是指在所有的學校環境內的一切科目、活動和所有的閱讀經驗;狹義的課程,則是一個為發展學生的能力,增進學生的知識,而經過有系統的安排的一種供學習的科目。我國教育學者界定課程為學生在學校安排與教師指導下,為達成教育標的所從事的一切有程序的學習活動與經驗(方炳林,民68)。

各學者專家雖然各有不同的立場與角度,但是大家都承認:課程是學校在承擔教育責任時,為達成目標或教育目的而安排的。課程的類型各依不同類型的學校而異,專科學校、普通學校固然不同,商業、工業、家政、藝術……等更是有異。

為了強調一般的教育目的,而認為數學、科學、文化、語言等科目是特別重要的,是為共同科目。早期私立學校的創辦人,認為學校教育應包括所有的每一件事,不論是實用的或裝飾而已。史密斯、史丹利和梭雷斯(Smith, Stanley, & Shores, 1957)指出課程乃為人們所想的、所感覺到的、所作所為的一種反映。學校負起教導正確技能的職責,建立「一個應用團體的方法和技巧,為訓練兒童和青年人得到一系列的潛在經驗的目的」。

另有一種說法認為,課程是學習、活動的計畫,使能引導學

生們進入社會、適應社會；這些活動的基本目的，也在促進個別的智力發展。威爾斯和龐地(Wiles and Bondi,1979)指出，課程發展者在設計課程時，若不顧及社會大衆對學校教育目的的看法，將會遭遇許多困難。雷恩(Wrenn,1973)建議時下的學校除了關心兒童的智力發展外，更要注意兒童的社會與感情方面的成長不能與智力的成長分離。老師、輔導人員與行政管理者都有責任讓每個學生透過課程，獲得最大的利益。

　　學校課程的改變，正如社會的變遷，有時很慢，很微細。但是深邃的社會變動，常使學校的課程和需要得重新配合調整，使人不得不注意其所建立的目標和內容。神速的科技進展成果，需要有廣博的課程改造，不然，我們的青年人又如何能迎接不斷的進步所需的各種技能與知識？又如何能避免因此而產生的不適應呢？我們從課程的意義上，不易看出它與輔導的關係；從課程的經營與輔導的服務，卻不難發現兩者的密切關係。

貳、輔導和課程之間的關係

　　課程既然是爲達成教育目的，而經過安排、有秩序的學習與活動，它就必須有人安排、有人指導學生學習，有某些教材讓學生學習、體驗。定課程、排活動………都是課程的經營。要如何定課程、排活動？根據什麼？是否輔導人員能提供資料？是否兩者都需符合學生及社會的需要呢？

　　根據比利特(Billett,1970)的見解，一個課程包含三個主要成分：

1.有計畫的學習機會：

　　每一個學校是以某種學習計畫、課外活動、教職員、教育方

法、環境、設備及教具等分別列出。

2.為達目的所採用的方式與手段：

　　例如，每個學校所使用的教科書、工作手冊、作業簿、相關的讀物、視聽器材、研究活動的指引等。

3.學生的活動與因而產生的經驗：

　　由上述二項（特別包括所使用的教學方法）及學生自己不同的資質、能力、興趣及需要等因素決定。

　　輔導可視為協助學生們了解自己和他們的世界的過程。但這並不意味著輔導不重視個別的智能發展，只是其所最著重的是針對個別的情感和社會的發展，亦即情緒的成熟穩定及社會化的完成，使能適應社會。

　　輔導服務和課程經營是相關的，兩者都是幫助個體發展潛能及自我指引。但是，二者的內容並不相同，其中一個原因是二者所需活動的複雜度不同。第二個原因是就他們的學習活動來說，課程進行的方式是對一般團體的學生，不是針對特殊的、個別的學生。而輔導所能提供的服務是相當個別化，強調每一個體的獨特性，而不是團體的普遍需要。輔導服務的重點在於讓個體學習有關自己的能力、興趣、價值觀及期望水準。

　　輔導和課程之間的不同，也可從學期當中輔導人員與教師們主要職責的不同顯示其不同的工作性質。十分重要的是不論輔導與課程是分開或統合操作，都是需要互相增強，是相輔相成的。輔導人員、教師們要能夠互相了解對方的努力方向及彼此所需配合之處，而予以增強。

參、課程專家對輔導的貢獻

　　杜爾(Doll,1974)在他的著作中曾經提到造成課程發展有長
足進步的因素如：人口漸減、稀少的資金、績效責任與實作標準，
這些在所有課程的修正方式中，較明顯的差異是加強研究方法的
探索、著重人本主義與道德觀的結合，更傾向於獨立研究以及引
進實作標準的觀念。總而言之，未來的學生們所面對的教學情境、
教學內容、以及教學方法都變得更多元化。由於著重在獨立研究
以及小團體研究，採用大團體、大班級的教學勢必會減少。有人
估計獨立研究與小團體研究將分別佔去學生40%與25%的時間。
「未來學」(futurology)的有關術語及概念已經被引進課程計
畫；「未來學」學者也逐漸考慮到有關教育方面的發展。例如閃
尼(Shane,1977)即提出十二項與課程的建立及教育的內涵有關
的可能發展：

　　(1)改變的比例不斷的加速。

　　(2)更具複雜性。

　　(3)嚴重的空氣污染的年代。

　　(4)重新檢討經濟成長的概念。

　　(5)人口膨脹與長久的飢餓。

　　(6)人類的平等性不斷受到挑戰。

　　(7)次開發國家逐漸要求一種新的經濟次序。

　　(8)國際間的紛爭困擾。

　　(9)工作、休閒的概念正在改變中。

　　(10)政府的債務與資本的虧損。

　　(11)政府管理的問題以及對自由的威脅。

　　(12)一個慣於浪費的社會。

　　這十二項發展趨勢，不但影響了課程專家，而且也影響了輔

導人員。Shane 指出這兩類人員逐漸強調讓學習者具備下列五項能力：

(1)認識現實的能力～即對世界及人類有深層的認知與了解。

(2)窮則變，變則通的能力～對問題能有不同的解決方法，以妥協與說服力取代暴力。

(3)洞悉行為後果的能力～對自己所作的抉擇及其可能後果有敏銳的覺察。

(4)發展洞察與做價值判斷的能力～以便在諸多可行之途中，做出明智的抉擇。

(5)有付諸實行的動機。

依據Shane的觀點：所謂終身學習 (lifelong learning) 和準課程（Paracurriculum）的定義是指在學校以外的一切經驗，也能促使個人成長、增強能力、豐富閱歷，在任一年齡階段均能因應裕如。 Shane 描繪終身教育課程以及準課程，認為在學校教育之外的學習經驗，應該也能夠和正規的學校教育過程連結與統整。這個建議，可使多數的學校教育開放藩離，既能夠，也應該為人們一生的時間裡，安排無數的進、出學校接受教育的機會。

一個好的學校課程計畫，包括有活動的方案，它可以在許多方面有助於個人的發展，但大體說來，下列三項貢獻最為重要：

第一：有系統的課程，可協助正在發展中的學生，透過學習經驗而感到逐漸充實並有歸屬感。

第二：課程的活動，提供一種探索的途徑，促使學生們發展其興趣及能力。透過課程經驗，如各種不同的學習方式，各種不同測驗等，使學生們能逐漸形成理想的自我觀念，知道自己所喜歡的是什麼？所能做的有那些？

第三：課程的經營幫助輔導服務，它提供給年輕人的是教育上和
職業上的計畫所需要的知識。一些課程或單元主要即在提
供如就業所需要的周遭環境的訊息，以及如何從就業中得
到滿足感。

肆、輔導對課程的發展的貢獻

輔導工作能夠協助課程發展，其途徑如下：

(1)輔導員能夠幫助計畫和搜集、管理學生的基本資料，以便
了解每一個學生，而因材施教；也可以協助教師使個別化
教學落實，為個別的學生，提供令其滿意的經驗，

(2)輔導人員能幫助老師們在面對家長及學生時，正確地了解
和使用這些基本資料。

(3)輔導人員能幫助學校行政人員、教師、雙親等，適當的安
置兒童的課程範圍。亦即能針對兒童的成長、發展情況，
與課程的合適度作考量，而提供合適的安排意見。

(4)輔導人員能幫助老師們更有效的使用輔導工具：如有關測
驗的解釋、學生的轉介、以及學生的學習計畫等。

不過，現在主要探討的是輔導對課程發展的另兩項貢獻：第
一種情況是透過諮商服務、心理測驗、計畫、追蹤輔導及其他輔
導活動，促使個別或團體學生改善其課程及活動。輔導人員能提
供有關學生的身體狀況、生理限度、成就潛能、實力、及較弱領
域的資料等給課程專家；也能提供其他與基本的課程發展、課程
經營有關的資料，如興趣、困難，社會經濟狀況、教育目標和其
他獨特的狀況等。而且，依據這些資料向課程委員會提出建議，
以修正或擴展課程，本來就是輔導人員應具的服務項目之一。雖

然很少有任何一所學校眞能達到所謂適合所有學生的一切需要之理想，但是實際上輔導服務可以針對學生的需要在課程計畫上建立優先秩序，並能在最重要的需要來臨時提出建議。

第二種情況是輔導人員幫助學生了解和選擇適當的課程，使其能適應社會的發展，獲得職業所需的知能，而能有效的生活在複雜的社會裡。如果課程要對個別學生更富有意義，則他們所做的決定必須依個別學生的知識、能力與目的而個別化處理，務期使之在最不受拘束的情況下，充分表達其獨創性並發揮其潛能。

俄伯利（Aubrey，1979）提出六項建議，以闡明輔導與課程之間的關係。這六項分述如下：

(1)進行一項廣泛的調查研究以探討學校課程目標是否與輔導的目標一致。

(2)找出那些輔導目標可以透過課程，比透過輔導人員的實際執行，能夠有更好的成效。

(3)檢查並評估如課程計畫、施測及其他課程安置等工作是否不適合假手他人。

(4)審視輔導人員所受的教育，探討其所接受的訓練有無包括課程發展。

(5)輔導人員提供服務的過程中，要能夠向教師及行政人員等適當的反映學生對於課程與教學的抱怨情形並做處理。

(6)建立輔導人員和課程專家之間的合作關係，使雙方能互相爲課程和輔導目標而一起工作，不致妨礙與破壞學校的體制和組織。

總而言之，如果輔導服務和課程經營在學校教育以及整個學生的發展需要上，要具統合能力，則這兩方面的專家均必須發揮

協調合作的作用，動員學校的資源，用各種方法，從事專門的實驗，以促進學生的充分發展。透過雙方的合作與研究的結果，所得的資料可能更適合於作修訂課程和輔導的參考。

輔導不只是對學生有直接的助益，由於可以幫助教師們更了解他們班上的學生，並提供輔導技術方面的訓練，因此對教師們亦能給予極大的助益。

學校所開設的課程，若是不能夠滿足某些學生的需要，輔導服務正可提供最適合於學生需要的課程。輔導人員亦可運用專業知識和訓練，或循其他方式的努力，協助課程的改進。

輔導工作者，所以特別適合於幫助擬定課程人員，乃是由於：

⑴他與學生個別的關係最密切。

⑵他對於學校整個教育計畫較為了解。

⑶他能從各方面搜集到學生的資料。

輔導與教學的密切配合，將可使學生的基本需要更容易獲得滿足。而且，一位能了解學生成長與發展的老師，不但較能掌握教學的方向，且常能以其成熟的眼光，接納每一位學生，並輔導他們順利成長。

第三節　輔導與行政管理

首先讓我們廓清所謂行政管理（administration），是引自企業管理的觀念，把學校視為一個經營體，這在美國學校行政中已採用多年。依據美國紐曼氏（Newman）的企業經營基本過程引入學校行政體制中，包括：

1.計畫：

就是學校的課程計畫、行事曆輔導計畫和改革計畫等，校長是行政的主腦，對這些計畫，必須有全盤的掌握。

2.組織：

就是學校行政組織與校務分掌，呈金字塔形，有上、中、下層的不同管理層面。

3.準備資源：

就是準備教育活動所必須的一切人或物的條件，如聘請教職員、建築校舍、購買圖書和儀器等。

4.指揮監督：

負責一切學校措施的領導。

5.統制管理：

決定學習指導的方法，和教育效果的考核。

其次討論輔導工作與行政管理之間的關係，研究的結果顯示，有許多輔導人員也從事行政管理工作，發揮行政管理的功能。

壹、行政管理的功能

從功能的不同可以很顯著的區分行政管理與輔導的不同：行政管理著重在整個學校行政體系中的每一環節，朝一中心目標一辦學成功的目標上，有很確切的職務分配，有很明白的效率可言，對學生的食、衣、行等的安全，照顧得讓家長、上級們認為符合他們的要求。而輔導的對象雖亦同為學生，但它著重個別學生的興趣，強調如何建立、如何保持學生學習的熱忱。

近年來學校教育的目標，越來越廣博，它包含了兒童全人的發展。學校教育的任務越來越增加，也是共同的趨勢。不但安排了廣域的課程，也全面的照顧他們的每一方面，使能獲得許多的

技巧,同時也使他們能在社會上立足,能適應社會。因此,最新的觀念是把教育視為一種服務,這樣更能表示它的多面性、多元性。這些多面的、多元化的服務,具有創新的深意,同時能讓人學得更多,學得更好,更有發展。

然而所有這些服務的推展、責任的擔負,使服務品質達到最大最高的地步,無疑的需要具有專門技術的行政領導,才能發揮整體實效,才能達到行政管理的目的。在學校裡的行政管理,統合每一層面的工作效率,促使組織目標達成,這些行政措施、行政功能的具體表現,就是教與學的增進與發揮。

教育的組織和行政體制,在教與學的發展過程中,可以說是一體的兩面。組織是促使學校能夠達成教育目標的關鍵,是經過安排的,若現有的安排有缺點出現,或最初的目的需要修正和擴展,或情況有所改變,或有新的技巧、新的發現時,組織機構的安排,還可以重新編整。行政管理涵蓋了學校的領導、經營及管理。行政管理也包含了權力和責任,同時也是一種集合不同的技巧、興趣、能力的人們,在努力達成一種事業的目標時,所尋求的控制情勢的一個過程。把權力授予學校行政人員,可使他們得以致力於促進社會公民最大福祉的活動。責任隨著權力而來,相對的,要其負責亦應賦予應有的權力,承擔責任即指對整個組織的成功或失敗負責,故需有整體的觀念,顧及全面的發展。

甘柏爾(Campbell,1971)和他的同事們提出四種類型的學校行政管理的工作內容,以促進教與學的進步。它們是:

(1)目標和方針的辨明和掌握。

(2)指揮和監督:為達成目標或目的,擬定方案指揮執行,監督其發展與完成。

(3)建立制度和組織協調：爲組織擬定計畫方案，並制定各項
組織規則，協調、激勵組織內各部門的努力。

(4)爭取和管理：爲了支持機構組織的發展，設法取得所需的
資源、金錢、和材料等，並予以有效運用，使發揮最大效
果。

在 Campbell 的建議裡，行政管理人員不但分辨目標和方
針，而且能影響目標和方針，這是一改過去公式化慣例的看法，
與官僚化的作風有所不同。政策的制定與執行，兩者之間並沒有
很清楚的分界，當他們對政策、目標澄清與辨明時，也必影響到
它的發展。

管理的理論在傳統上總認爲學校是官僚化的機構，一切墨守
成規，缺乏彈性、變通。我們可以從學校裡教職員們的活動和態
度上看出來。官僚作風所給人的印象是組織龐大，人員高高在上，
講求權威、法規……等，本位主義作祟，故亟需協調與溝通。也
爲了協調與溝通，就有層出不窮的規則、會議、評鑑等措施，這
些措施又讓人感到相互信任度不夠，也就有所謂僵化的現象。

近年來在學校行政管理的趨勢中，有一種自由-連結的理論興
起。它一反官僚組織的層層節制與權力集中，除強調各部門職責
的分工之外，更強調合作。因此不論是環境的壓力或課程的變化，
定是人人能充分參與的，無須另增協調。學校是社區文化的中心，
對來自社區的壓力，以及對社區情況的了解，學校應有非正式的
次級系統，就內外關係的建立，消息的研判，對未來的預測，始
終保持有良好的雙向溝通的管道；雖沒有公式化的組織系統，卻
能掌握監督上疏漏的地方或指揮不力之處。依規定由主管發號施
令，要下屬依例順從的情況很少見。如果有特別增多的方案要執

行、更多課程要安排，也能應付裕如，無須特別的協調。幕僚、專家、委員們全都給予充分的參與機會，對全盤都能了解，自然能掌握自己職責上及整個組織上的目標或政策方針。

　　史塔克豪斯(Stackhouse，1978)提出官僚化的理論與自由連結理論的比較表如下：

表10-1官僚化理論與自由連結論的比較

官僚理論	自由─連結理論
狹義的校長角色	廣義的校長角色
中央集權的決策制定	不中央集權的決策制定
有許多關於教育性實務的規章	很少有教育性實務的規章
經常作正式的評估	不常或不使用正式的評估
控制學校活動的結構	與學校活動無關的結構
環境的壓力與方案的多樣性增加結構的複雜性	環境的壓力與方案的多樣性增加結構的複雜性
環境的壓力與方案的多樣性增加對協調的需要	不論是環境的壓力或方案的多樣性都無需增加對協調的需要

　　管理的意義、功能，由於學者們觀點各有不同，說法自然也各有差異。不過我們可整理出共同的特質，即是：

　　⑴從管理的任務及責任看，它是「經由他人以完成工作」。

　　⑵就方法言，管理就是領導。

(3)就理性抉擇觀點言,則是一種決策,甚至是一種決策過程。

行政管理是集合組織內人、事、物、財、法令規章等的處理,以完成事務性工作。學校行政管理應該不只這些,應該是具有教育的本質與「辦教育」的觀念。所以學校教育行政管理的功能,應立論於「教育性」,目的在促進學校內的學習生活。因此,學校中的一草一木,各項活動,都應使其具有教育意義,並非僅為形式的、點綴的或為裝門面的而已。

就行政管理的組織理論言,有由**X理論** (X theory) 而**Y理論** (Y theory) 而**Z理論** (Z theory) 者。傳統的行政組織,過份注重例規及上級意旨,大家只會習慣於保守、服從,逐漸使人腦筋似鈣化般,而不願多設計創新有益學生學習的活動。宣稱「教育革新者」一改這些作風,而不論組織的體制。對人性的尊重,建立在人們能自動自發的在適當情況下,懂得盡責,不必協調而能合作的假設上。事實上,經過若干年來,學者們、研究者、實際的行政主管、領導人……等等,總感覺到這二種相反的論點所展現的管理方式,利弊互見,要能顧及組織的整體發展,又能為個體目標給予實現的機會,能夠使組織與人員雙方面都著重,也不是不可能,這就是所謂的Z理論,折中了X理論與Y理論,採系統分析的方法,使學校教育的目標,自擬定、執行至完成,都能適應新的社會型態與時代需要;抱著民主的工作態度,把學校行政工作視為一種服務,而非特權。以科學的工作方法,完成工作,注重事實,講求效率,這樣才符合所謂的「辦教育」而非「辦學校」或「辦行政」而已。

以下所討論的內容裡,我們將以校長為學校行政管理人員的代表,而輔導人員則以編制中所謂的輔導主任為代表。

貳、輔導與行政管理的關係

　　行政管理的功能已如上述，雖說這些情況在本質上多少是是理論性的，但亦明顯地減低了輔導與行政之間的差異。事實上，行政管理的存在是爲使學校達成目標，因此應該是以學校爲中心，行政人員的職責乃在促使學校體系發揮更高的效率；亦即在組織中的每一個人都有一確定的職務分配，爲學生們的生活、學習、成長而各盡其責，使其工作成爲永久而神聖的教育事業。學生需要溫暖和舒適，往來學校途中需注意交通安全……等，這些都是學校行政管理人員們經辦行政的基本任務，負起責任來爲下代而經營著「學校」這一團體，經辦「教育」這一項事業，希望學生在受過這幾年的學校教育之後，能成爲國家社會的可用之才！

　　輔導工作的內涵，則是針對個別的學生，啓發、保持、強化他的興趣，以達到他的目的。

　　在一項「諮商員與校長的行爲之比較」的研究 (Filbeck, 1965) 中，調查資料顯示：當學生與學校政策或實際狀況起衝突，或與社會規範相矛盾時，輔導人員較贊成下列措施：

　　(1)支持學校的政策、方針。

　　(2)對於遵守社會的規範，行爲符合社會標準的學生予以獎勵。

　　(3)增強學生的自我悅納。

　　(4)設法減少學生們對學校當局公然的挑戰和威脅的可能性。

　　另一方面，輔導人員強調學生做決定的基礎，在於重視其個別的價值觀和其他因素的考慮。

肯黑斯 (Kehas, 1965) 指出：權威已經被界定得似乎和輔導的功能背道而馳，他在以下這段說明中申明他並不只要求行政人員「更了解輔導員」而已，而是要求以更專業的態度來看待輔導工作，並賦予適當的權威。Kehas 的陳述如下：

> 在現行的學校體制中，校長的辦學職責已被考試和教學所佔據，其他的如輔導的功能也就被忽視了。行政核心工作在整個組織中發生偏差，應可考慮權限、職責的再分配。使所謂的輔導功能的發展，也包括其輔導決策層次有關的最基本決定。

Kehas根據這活動是牽涉到學校的責任或是學生的責任，而認為諮商員為了某些事應該向輔導主任負責，而另一些事，則對校長負責。

不過，寇斯搭(Costar, 1978)對於學校諮商員和校長的關係，另有不同的說法。 Costar 認為諮商員和校長之間有衝突，其根本上的原因，就是因為根深蒂固的學校組織本身，由於溝通系統的不良，雙方對輔導的了解、領悟、對輔導員角色的認定，以及對事情的輕重緩急的裁決順序不同，而產生衝突。依據 Costar 的見解，衝突的解決必須就事論事，以有效的溝通方式，客觀的評估如何才可使學生受益最大。

由以上所討論的重點，在於輔導工作強調個別性，而與行政管理著重在整個機構，看起來兩者是相對的。但是我們不應如此即認為二者是相互衝突，因為機構係由多數人所組織而成的，而個體亦需由群體生活中獲得滿足，本文的目的只是澄清輔導不是行政管理。

行政管理的功能是提供整個機構的服務，具指導、監督、組

織等的功能，使該機構的目標可以有效圓滿地達成。

　　當然，某些輔導功能與行政管理功能之間，仍會有重覆或衝突的現象。那是因為兩者乃基於不同的哲學觀點，而有不同的角色、任務與責任所致。

　　行政管理所提供的措施，皆為了安排最好的學習環境，提供一個適於學習的機會。理論上，兩者的服務均在鼓勵探究、探索及行動的自由，同時均能敏感地顧慮到個別差異性。對輔導和行政管理來說，兩者都是教育的核心工作，但這並不暗示兩者完全相同，或兩者可互相替代。兩者各有不同的定義與界說，二者均在各自專業的領域中為個別學生們提供了特殊的服務，亦都需要運用學校內團體運作的基本原理。

　　輔導的根本性質是對學生從事個別協助。輔導人員從內在的情緒、感受上去了解學生，鼓舞學生，幫助他澄清價值，闡明明智的生活態度，激勵其勇氣以面對困難，進而能適應環境，獲得身心的健全發展。因而輔導工作能發揮下列一般教學或訓導方法所不能獲致的積極性功能：

　　(1)以個別的接觸去了解和啓發學生的性向和天賦才能。幫助學生了解自己，順應其天賦智能，獲得充分的發展。

　　(2)以尊重和了解的態度，去啓發學生的個性。

　　(3)協助學生了解自己的個性、性向、能力，了解學校的教育目標。

　　(4)協助學生認識環境、接納環境、面對環境，減少適應之困難。

　　可見輔導工作不只是針對行為偏差、適應困難的學生進行輔導，以糾正或治療其不良行為與習慣、態度而已。

參、行政管理對輔導工作的阻礙

在多次的學校輔導工作檢討與改進的報告中，幾乎都提到行政組織與制度方面，有不少缺失，無法發揮輔導功能。最明顯的是輔導經費不能專款專用，校長不支持輔導工作的推行……等等，可見在觀念上、哲學基礎上以及共識方面，都有待我們進一步的溝通與探討。

在此並非要掀起是非，不過確實有些校長對輔導工作不夠支持，有礙發展。一般所稱的妨礙，就是指如人員編制、指揮、領導、設備、金錢等的缺乏與不足，事實上可能還有其他類似的或更嚴重的情形。我們在此，不是探究原因，而是就一些癥候，一些現象加以特定的敘述。

最嚴重的阻礙是如 Kehas（1965）所指，行政人員把輔導人員過份高估或低估的現象。其他尚有：

(1)因為著重整體性的服務，而不是針對個別的服務，使輔導計畫有欠週延。

(2)以錯誤的觀念及作法造成外界對輔導的誤解，如宣稱「我們的學校比他們的學校輔導更有效」一樣。

(3)分派瑣碎的行政職務給專任的輔導人員。

(4)藉故拖延或阻碍輔導計畫的推行。

(5)提供不適當的物質、設備和經費預算。

(6)視學校的輔導工作是一個可治癒每一個教育上所遭遇困難問題的萬靈丹。

雖然光靠強有力的行政領導，不能克服一些很大的問題，但行政管理人員們仍應能要求自己，設法解決。雖然有些改變可能

只是一小部份，但是長久累積下來，仍可改善許多問題。

　　國內學者的研究，認為校長對輔導工作的錯誤看法，可能阻礙學校輔導工作的推展。有些來自校長們的錯誤觀念是：

　　(1)輔導源自外國，不值得推展。

　　(2)輔導的理論，和中國固有的教育思想相近，不必多加強調。

　　(3)已經有了訓導，不需要再有輔導。

　　(4)輔導的工具與設施是多餘的。

　　(5)輔導是西方的理論，沒有價值。

　　可見我們應從最基本觀念的建立開始，加強輔導工作介紹，多舉辦研習；同時輔導人員本身應該運用溝通技巧，宣導輔導觀念、輔導服務要領，甚至共同研究一套合於國情的輔導哲學或理論基礎，以強化輔導工作的成效。

肆、輔導人員對行政管理人員（校長）的期望

　　我國一項國民中學輔導工作實施狀況調查研究，對學校行政主管的建議是：

　　(1)切實實施輔導活動教學（每週一小時）。

　　(2)聘足輔導專業師資。

　　(3)健全「輔導工作推行委員會」之組織或強化「輔導會議」功能。

　　(4)辦理校內之輔導研習。

　　(5)有效運用輔導活動經費。

　　(6)加強校內輔導工作績效之考核。

　　李聰明（民67）認為校長所應負責輔導行政上的督導考核項目，計有：

(1)是否建立完整的足以應用的個案資料。

(2)是否有計畫有步驟地實施各種測驗。

(3)是否對升學與就業學生實施諮商輔導。

(4)是否依分配的班級指導有關輔導活動課程或實施團體輔
　　導。

(5)是否與各授課教師及班導師聯絡,將各個學生的智力、性
　　向、興趣、才能,以及有關心理特徵與情緒適應等問題,
　　告知授課教師與導師,並協助他們指導學生學習或適應。

(6)是否輔導升學學生作升學科系的選擇,升學後有無追蹤輔
　　導。

(7)是否切實安置學生就業,並予追蹤輔導。

　　校長針對上列七項工作,切實督導考核之外,尤其對辦理輔
導服務的態度和績效,校長必須破除情面,嚴予考查。

　　在前面的章節中,我們也曾經提過學校行政主管的輔導工作
計有:計劃、執行、領導、提供可靠的物質設備、尋得足夠的經
費、聘足合格的專業人員、作充分的宣導、溝通、協調等。除了
這些之外,站在輔導人員的立場,對行政主管還有若干要求:

(1)在行政領導上多發揮激勵、挑戰的活力,使輔導人員具有
　　創造的精神,能自動自發的開展業務,從一個計畫到另一
　　個計畫,逐一的前進,依序的解決問題,使輔導人員能達
　　到內在與外在的成長(外在的是指服務面的推廣,內在的
　　是指服務品質的提昇)。

(2)對輔導計畫的執行,能堅持原則上的統整,不被無關的服
　　務打擾,使計畫脫軌。對輔導人員信任,並與輔導人員共
　　同試著去完成輔導計畫,一如平常對其他的行政管理業務

一樣，運用適當的方法，推行輔導工作。

(3)對待輔導人員的態度，要如同對任何一個充滿希望，具有高昂士氣的團體，有無限的展望。

(4)對輔導計畫負責評核，保持一份評鑑的態度，心平氣和的就執行的步驟、推行的效果作客觀的判定，而給予合適的修正與調整。

(5)堅持計畫的一貫性、平衡性及整合性，不至被隔離在有關的教育理念、社會規範及哲學理論之外。

(6)減少輔導人員的其他行政配合工作，尤其是一般辦事員可做的次要事件的行政處理，也要減少行政人員擔任輔導計畫中的專業性的工作，以免不適任，內行、外行混淆不清。

關於校長在輔導工作中的具體任務，可分析如下：

(1)遵照教育當局指示，徹底執行輔導工作。

(2)督導所屬成立輔導中心及諮商室。

(3)提供適當之場地與設備，促進輔導工作之發展。

(4)遴選校內受過專業訓練的教師擔任輔導中心主任或組長。

(5)參與輔導中心釐訂組織辦法與擬定輔導通盤計畫。

(6)列席指導輔導中心各種會議。

(7)協調仲裁各處室主任及教師之間的歧見。

(8)給予時間，以便利輔導工作的實施。

(9)合理分配經費，支援輔導工作的執行。

(10)舉辦校內教師研討會，研習輔導活動理論與方法，溝通全體教職員的觀念。

(11)邀請校外專家學者來校演講、座談，以充實教育人員的輔導知能。

⑿與家長及社會人士溝通，爭取社會資源支援。

⒀協助輔導中心解決問題或困難，並積極給予行政上的必要支援。

⒁輔導活動效果評鑑。

除了以上的陳述外，還有甚多的研究，以校長對輔導工作的職責、支持、角色……等爲主題；可見除輔導人員之外，一般學者、研究人員，及其他關心輔導工作者，都對校長賦予很多很大的期望。事實上，校長確實是輔導工作成敗的關鍵人物，因爲他負責經營全校整體發展業務。

伍、行政管理人員（校長）對輔導人員的期望

相對的，在校長統籌的校務經營中，他需要有能幹的行政幹部，輔導主任是行政幹部之一，其他的輔導人員則共同負責輔導工作的推展。站在行政主管的立場，他心目中理想的輔導人員，應能符合他的若干期望：

⑴期望輔導人員能保護、能注意到個別的、特定的學生，使這些學生獲得眞正的幫助；對學生的興趣、能力給予測試。使學生對自己的興趣、能力、更澈底了解。

⑵期望輔導人員能提供學生在學期間及畢業後的成就、興趣、進展……等的研究資料，以供參考。

⑶期望輔導人員能幫助其他的教師、職員等，了解學生，對學生的問題，提供正確的資料或服務—更敏感的注意到學生在各發展階段的需要。

⑷期望諮商員是負責任的，是具有專業技術的，對社會現象及學校業務的狀況也應該瞭若指掌。

(5)期望諮商員能自我成長，對自己的工作，以分析的態度，考量自己是否做得好，如何才能做得更好？

(6)期望輔導人員能多閱讀有系統的專業書籍，多參加專業團體，從事團體活動，加入專業組織，以獲得專業訊息。

綜觀以上各項，其實就是輔導人員應盡的職責，應負的任務。這方面的很多規定，幾乎都明訂在各級學校的輔導工作重點中，讀者可作相互之對照，以印證輔導業務的辦理，使之更精進。

第四節　輔導與訓導

從教育的觀點來看，訓導（discipline）較偏重於外表的統一和要求，希望從外在的約束中來限制一個人的行為，使之能合乎道理，而不逾矩。而輔導則希望教導一個人由內而外的自發性約束，使一個人能自治，而非他治地發展合法、合情、合理的行為。

由點與面來說，訓導係要求外在行為的一致，是屬於「面」的；在輔導的層面來說，是針對少數無法適應的個案，是「點」的經營。

依嚴與慈來分野，訓導是法治的，以大多數人的利益著眼，訂定規章制度，然後要求大家遵守。輔導則兼顧大多數人的外表行為與內在的衝突、情緒……等。

再從訓導的角度來看訓導，訓導是積極的教育，有規章、有執行、有獎懲、有效果。但是從輔導的角度看訓導，卻是消極的「防患」，欠缺「啓發性」的教育。

從訓導的角度來看輔導，好像輔導又變成消極的。若從輔導的觀點來看輔導，它實在是積極的教育。

　　每一個人對於訓導的涵義，似乎各有不同的銓釋，各有不同的想法，以致讓人感到它實在很難懂。如今要提及訓導與輔導這兩個名詞，使人更覺得混淆不清。在此我們將加以比較，互相對照其關係，試圖廓清不同的界說與其間的關係。

壹、訓導的概念

　　通常訓導是指對一些不良的行為，加以處罰而言，也就是具有懲罰的用意。訓導的概念，無疑的需要社會的控制，即所謂對權威的遵守或服從，如父母、老師、校長或一些法規等。

　　訓導的第二個觀點是強調犯錯者的反省、改過功能。如此訓導工作就像一種改過自新的工作。使犯錯的人，覺醒到由於挫折、失望等打擊，而導致的一些不可接受的行為，其實是另有可替代的途徑。

　　第三個概念是訓導具有預防的特性。個人的發展，最好能在一個感情融洽的環境中，經由鼓勵、幫助而培養積極、健全的態度及感情。因此，學校和家庭的環境，就應該儘量把壓抑減少到最小程度，減少錯誤行為的誘因。如此型態的環境，對於形成健全、可接受的符合社會標準的行為，具有激勵作用，且可產生令人滿意的成效。這個觀點的訓導，其最終目的乃在於藉訓練來發展自我控制。

　　訓導的第四個概念：訓導是一種過程，是設計用來幫助個體接受外界所存在權威的事實。這個概念的倡導者，相信行為錯誤的學生，需要從內在到外在均能意識到並能接納權威對他的影響，再慢慢轉變為自我指引與自我控制。

　　以輔導的觀點而言，通常把訓導看成是改正個人人格的違

常，而不只是由外在力量來控制個體。如果只把訓導當作處罰，
或是鼓勵順從的一種方法，則不易達到矯正行為或促進成長的目
的。因為教育工作者的期望是學生能將錯誤的行為轉換為自我導
向、合乎規定的正確行為。

貳、影響學校訓導的幾個因素

通常引起學校訓導問題的因素，包括過於權威的處理方式、
缺乏計劃、準備不週、目的茫然、教室管理不佳、學校幕僚人員
的猶疑不決、偏袒及不公平……等。

另一方面，有些學校若能夠在課程的內容上、安排上及實施
上力求改進，以滿足學生的需要，則訓導的問題就會減少。這些
學校的做法是以課外活動安排來刺激及啟發學生的興趣。同時，
也設有專為學生解決問題的諮詢人員或行政人員，使他們有最大
的發展。甚於如此的考慮，可以明顯的看出好的學校訓導，所依
據的立論基礎，確實比權威式的壓抑好得多。學生們可由同時顧
到自己又能尊重他人經驗來學習自我約束，能在一個崇尚民主風
氣的學校中，學到責任與權利的相對觀念，在這種環境中，他們
有機會一起解決問題，並能針對有關他們的規定發表自己的看
法。

偏差行為發生的原因不可勝數，基本上，有偏差行為的人，
他的情感需求常未能得到滿足，在家庭、學校及社區，常因被拒
絕或是受到敵視，而引起對自己或對他人的行為偏差。偏差的行
為，有時只是某方面的癥候，待壓力解除後，癥候自然也就消失
了。

通常有某種個人的困難或不適應的學生，會變成教室中的所

謂問題學生。他們之中，有些也許是在學校沒有親密的朋友；有些也許不能勝任班上的功課或是課程不能吸引他們，有些也許有心理或生理的問題，干擾了他們學校生活的適應步調。基本上，這些問題根源於個人情感的需求沒有獲得滿足。像這些學生也許就以各種消極的作法，來表示他們對於遭到挫折的反應；他們也許違反校規，也許傷害他人、頂嘴、毀損物品、拒絕做學校的功課、曠課、逃學，甚至對老師不禮貌等。

任何足以影響在教室及學校內學習和團體生活的行為，都必須確實的、負責的慎加處理。訓導的實施或處罰的執行，若不遵循一個組織良好的計畫來除去造成偏差行為的原因，就容易造成更嚴重的問題。我們的目的是要使學生能成長，達到自律的要求，所以，要讓他們了解自己的行為，還要了解其行為所影響到自己及其他人的情形。因此，以懲罰為訓導的內容或手段，並不能真正的改正錯誤行為，或消除錯誤行為的原因。

叁、變遷迅速的準則

凡負有訓導責任的學校教職員們，必須依據傳統的習慣，或社會上一般的規範，建立一套道德上及態度上的準則。在這個過程中，要確定的一點，就是每一個學生、教職員、及其他有關行政人員，都是擬定這個準則的一份子，因為沒有一個人或團體能單獨設想週到的把準則訂好；同時，這也不是單獨一個人或一個團體該負責的。這套準則不應該單獨由校外人士來訂。這並不是說這個學校的問題比他校或其他年代更困難、棘手或多樣化，它們只是不同而已。這表示擬定準則的人，不能依據在某一時間、某一地點所發展出來的技術、觀念、規範、問題的解答等，類化

到所有學校，採同一模式。

目前社會正迅速的從絕對的標準改變爲相對的標準。而且個人的價值觀及行爲模式正傾向於愈來愈少的「自我導引」，愈來愈多的「外部導引」。以每天的日常行爲來說，學生漸漸不會單純以傳統的是非善惡標準做爲判斷的唯一準則。這並不表示今日的學生行爲比其他時代或處在不同的倫理標準系統的學生更好或更壞。今日的相對性、多樣性的標準，意味著學校裡的教職員們除了教導的範圍外，還要面臨以前的行政人員所未曾遇到的問題。他們必須協助學校決定那一個現行的倫理系統是最可接受的，以及如何能使它被採行。行政管理人員面臨的困難更大，因爲普通知識的價值、宗教信仰、倫理觀念等都正在改變，而且還繼續不斷的改變。在過去的時代，技術和概念發展得很慢，通訊系統亦不很方便，理念上和精神上的改變、覺醒、相伴而至的若干不確定的事項，仍緊隨著人們的意識，未感到分歧與代溝。

學生從校外的環境帶來一些正向和負向的道德觀，不過，他們似乎比較容易吸收負面的影響。這也許是因爲年輕人的不成熟，使得他們較脆弱，較無法抗拒負面的道德觀。要青年人單純接受「理想主義」的論點也許是誤導的。因爲如此的理想主義也許只是集合了一些仍保留下來的完整的信念，而這些信念其實並未在冷酷的外在世界中被試驗過。

學校的行政管理人員通常不確定自己在訓導工作中應扮演何種角色，而這種不確定感即會轉變成無力感。當行政管理人員不知道自己應該如何定位時，要他們知道何時及如何去安協處理、商議、說服等是有困難的。有效率的訓導人員經常須要採折衷辦法，取中庸趨勢，以裁定討論或延後處理。一個訓導人員的協調

效能之發揮是基於以下數項：

(1)對學生的認識。

(2)對社會問題及社會控制的一些技術的了解。

(3)學校的教育方案和預防措施。

(4)顯現訓導的正面效能及建立士氣。

肆、輔導乎？訓導乎？

學校輔導人員應該被要求去執行訓導學生的職務嗎？他們應該被安插在需要對學生的行為作直接判處的職位上嗎？這些及其他類似的聯串問題，一直是三十年來所爭論的焦點。表10-2列出有關輔導人員應否處理訓導問題的不同論點。

伍、在訓導中輔導人員的角色

謝契爾與史東（Shertzer & Stone, 1981）認為輔導員應涉及訓導的職務。也就是當輔導人員面對不良行為的學生時，其涉及的訓導工作是一種特殊類型。輔導人員有責任幫學生去發掘、分類、了解、及修正不良行為的原因、動機。懲罰實際上也是一種行政管理的功能；不幸的是它帶給校長及訓導主任一種粗暴的、危險的、威脅的、權威的角色形象。

根據這個看法，老師們應該在學生的問題還未惡化前即將該生轉介給輔導人員。這種轉介需要特殊的技巧，免得讓學生會以很不甘願的心態被送到輔導室。如此說來，輔導所發揮的是一種預防的功能，他可在更多嚴重問題發生之前，幫助個人達到對其行為的了解及發展自我控制。輔導人員所尋求的是為案主將其特殊問題以不同觀點呈現，給予他們一個有用的方法來看他們的行

表10-2 輔導人員與訓導工作

輔導人員應參與訓導工作	輔導人員不必參與訓導工作
1.行為不端的人，最需要輔導者來了解他們的感情和行為。	1.督導並執行校規是學校行政的責任。
2.如果輔導人員不涉及訓導工作，則輔導在其有用性方面也會受到限制，因為它變成只對好的、順從的學生有用。	2.輔導人員若涉及訓導會變成與權威的象徵同義，這種角色會威脅到他們的接納、關懷、不做價值判斷的輔導員角色。
3.輔導人員需要負起診斷、治療一些行為不檢但可改正的學生的責任。	3.每個訓導問題都需要無窮盡的調查訪問，這表示輔導人員只能剩少許時間發揮諮商的功能。
4.最好的訓導工作是預防性的，而輔導員的知能及態度是合於預防工作的。	4.輔導員需要一個自由的、自動自發的關係，而非表現訓導特徵的強迫、順從的關係。
5.訓導的目的—自我訓練、自我指引、自我成長、及自我發展等，亦是輔導的目的。	5.訓導—強求的順從是一種公開的過程，而輔導則是私人的且機密性的。
6.使行為回復正常的工作需要學校的輔導人員運用輔導原則、心理診斷及其他有關輔導專業的技巧。	6.訓導是以社區、學校、團體為中心，輔導是以個人為核心。

資料來源：Shertzer & Stone (1981)．Fundamentals of guidance, p. 428.

為及他們自己，並鼓勵他們對自己的行為負起責任。至於對於有較嚴重的不良行為，必須送交給校長的學生，校長應該通知輔導員，使能對這學生加以調查了解，以便查出其不良行為的原因所在。校長及輔導人員同樣的都關心什麼對學生是最好的，但是他們並不扮演相同的功能。訓導人員或校長必須執行學校的規則，並抑制那些還不能自律的人的一些活動。這樣一來，校長被迫成為一個審判的角色，必要時並須要採取某種的懲罰行動。

如果輔導人員不需要去為某些學生的行為給予審判或懲罰其違規行為的話，輔導人員就較能提供學生所需求的最好服務。我們也強調這並不意味著輔導員在縱容某一個學生的錯誤行為，或是避免在諮商過程中與學生討論。輔導人員與案主之間需要建立一種讓學生感到信任、無所畏懼的關係；讓案主感到可以跟輔導人員自由的、放心的討論問題，而毋須恐懼會受到懲罰或自取其辱、自討沒趣，即使有些問題可能牽涉到學校行政人員。在這個過程中，輔導人員雖然不是扮演訓導人員的角色，但他們很明顯地對訓導工作發揮了建設性的功能。

其他的職責：輔導人員尚可利用其專業的知能及訓練，來幫助學生解決問題，及幫助學校其他行政人員，尤其是訓導人員，以有效的方式達到訓導的目的，包括：

(1)協助老師以班級管理技巧改善學生的違規行為。

(2)儘可能的幫助老師及早發掘那些需要幫助的學生。

(3)建立一定的程序，以鼓勵老師及行政管理人員能自動的轉介正需要或可能需要轉介的學生至輔導室。

(4)幫助學生們、老師們、家長及行政管理人員建立一套可為大家接受的管理學生的規則。

研究報告：迄至目前，只有少數的研究論文涉及輔導功能與訓導功能分開或合併的爭論，如詹森（Jensen, 1979）曾從八千名亞利桑那州鳳凰城高中第九至十二年級的學生中，隨機抽取百分之二十，調查當他們遭遇困擾時，會去找誰求助。結果發現不論是男學生或女學生，對他們的訓導主任（學生們知道他是負責學校訓導的），由於其權威的角色，多採敬而遠之的態度。

比克和歐尼爾（Bickel & ÓNeil, 1979）曾把許多輔導獻文中有關輔導員在訓導中角色的部分做整理，結果發現與訓導有關的角色有：調停者、人權者、諮詢者、心理教育者、特殊方案設計者等。

吉伯特（Gilbert, 1974）研究三個不同地區學校學生所知覺維實際的學生與輔導員關係，輔導員在這些地區所負的訓導責任，從完全沒有責任，到須負起完全的責任，有相當大的差異。學生們都同意理想的輔導者角色，是不應與訓導或權威連結在一起的。在輔導員沒有訓導責任的學校裡，學生們描述的學生—輔導人員的關係，比另二個學校的學生更親密些。

陸、訓導方案

擬定訓導政策應該由全校教職員、校長、輔導人員等共同來參與、決定，如此產生的方案，其有效性始可肯定。舉例來說，羅威等（Rowe et al., 1974）描述：在密西根州Grand Rapids 公立學校的低成就學生轉入另一個替代性學校(alternative school)，每天上課三至六小時時間，強調以訂契約學習的方式進行補救教學、輔導以及行爲的改變。以效果而言，這些學生的閱讀分數稍微進步，有百分之七十以上的學生能控制負向的社會行

為。

目前，學校人員致力於訓導制度下有雙向溝通的機會，使學生對其行為有申訴的機會。若不如此，學生可能會有含冤莫辯的情形。

雷斯利和蘇圖柏(Leslie & Satryb, 1974)曾分別在公私立的學院、大學中，比較十年來學生在訓導制度中的實際地位，大致而言，他們發現不論公私立學校皆越來越重視雙向溝通的過程（如陳訴書，正式聽證會，接受證據，請委任律師、有申訴權等），而且在處理學生訓導問題時亦力求公平。

尼爾森(Nielson, 1979)提出全國性的調查資料，來反駁退學的好處，她提出一些可行的變通之道，如：(1)個別輔導，(2)隔離房，(3)行為診所，(4)團體輔導。

雖然至今仍無所謂處理訓導問題的萬靈丹，但是，以美國而言，過去十餘年來訓導工作的進展卻頗有收穫。在觀念上不再以懲罰為手段，而以心理復健體系代之，使更能適合教育的需求，也更符合民主時代的要求。所以，中學的老師和訓導人員，應該聽聽學生的心聲。倘若他們的主張是正確的，當然要採納，加以改革；有些看法、想法有偏差的，為人師長也要公平公正的給予疏導。在考量合適與不合適的範圍時，必須要有同理心；一方面站在學校教育的立場，一方面站在學生的立場，把事情牽涉到的點、線、面都作通盤的了解，千萬不要有壓迫脅逼的念頭。

第五節　輔導與家庭

科技文明的不斷創新，新觀念的不斷產生，社會、經濟結構

的變化……，已經深深的影響家庭生活的方式和特性，而且今後必然持續下去。因此，逐漸地，家庭不再是兒童得以完成社會化的唯一場所，許多家庭的功能，已被社會其他機構所取代。愈來愈多的母親們，走出家庭，服務社會。社會學家早已指出家已經不再是他的成員所感興趣的唯一所在。也因為如此，一般家庭的重要性，有越來越減縮的趨勢；家庭功能的萎縮或解體似乎已是不可避免的現象。其他社會學家則注意到現代家庭的不安定性─如離婚率增高、還有分居或家庭不和等情形，皆由於人類嘗試改變原有的人際關係而衍生出來的問題。若這種新發展出來的關係未加改善，則家的不穩定現象仍會持續。

壹、學校與家庭間的協調

比克與海威賀 (Peck & Havighurst, 1960) 的研究報告，很明顯的指出，多數個人獨特的人格是在家庭環境中塑造而成的。價值觀和態度的形成，日常生活習慣的培養，人生觀的建立，對教育的重視和投注，全都與家庭有關。雖然有時教育被指責干預太多幼年發展的責任，但仔細探討，學校所為也只是反映出社會所期許於個人的行為而已。

家庭與學校密切聯繫，對雙方都有好處；學生則是兩者當中最大的受惠者。雙親經常需要得到幫助以了解他們的子女，並重視其發展的過程。父母親應該能時常時常參觀學校；而學校裡的所有成員應該共同推動家長參觀活動，表示對家長們的歡迎，這樣可以增強學校與家庭間的關係。

貳、輔導服務與家庭

一些有前瞻性的輔導工作者已開始帶領父母的讀書團體，一起探討兒童可能面臨的問題，這樣，可促進兒童的自我發展觀念。阿爾巴克(Auerbach, 1968)認為這種團體有如下的效果：

(1)增進父母親對青春期子女發展的了解。

(2)對輔導的過程、內容，獲得更多的了解。

(3)更深切的注意到青年的需要，和對教育的熱望、抱負。

(4)使家長—輔導員的會議更具實效。

輔導員和教師應經常的做家庭訪問，提供一些訓練，提示一些改進的方案，提供解決困難問題的意見，以增進家庭內的溝通和親子關係。父母們必須面對不斷衝擊來的困難問題，需在教導孩子方面的獲得訓練與幫助。於此，必須考慮兩個問題：

第一、當其他機構亦可提供類似服務時，學校是否可以或必須如此做？

第二、如何針對不同的家庭在最適當的時機提供最適當的服務，而不致造成家庭對學校的依賴？

拉琛 (Larson, 1972) 敍述一個學校如何致力於將雙親納入教育過程中。在明尼蘇達的一所高級中學裏，有一羣教師體驗到兩件事：一是學生在學校學得的一些東西很快的又會失去，因為他們從學校回到家庭後，雙親的行為模式，給予否定的、負面的影響，造成反教育效果；另一是家長無意願改變自己以教育子女。因此，輔導人員以及學校的行政人員，在明尼蘇達大學研究人員協助下，擬定一項計畫，藉以引導雙親們能熱衷於學校教育，與學校合作，共同建立一個良好的家庭關係，使他們了解自己、

了解孩子，以及家庭成員間的溝通關係。這套計畫探討三種方式的效果，分別為：(1)成就動機方案（Achievement Motivation Program；簡稱AMP）。活動的性質，著重在個人能力、技巧的增進，如敏感訓練、言辭表達的技巧、人際關係的建立等。透過個人所體驗的和在團體中所得到的、所增強的，使這些參與者能自我增強、茁壯；(2)父母效能訓練（Parent Effectiveness Training；簡稱PET）。所提供的是解決父母親與孩童之間衝突的一種訓練方法。雙親們學習和練習傾聽技巧、意見表達，及與別人溝通、討論在與子女有衝突時，採取嚴厲或寬容方式的效果各是如何，接著再介紹並練習另一變通辦法，以共同解決問題；(3)討論式會心團體（Discussion Encounter Croup；簡稱DEG）。採取討論和會心團體方式，雙親們直接表達他們對於子女的約會時間、讀書習慣、穿著及態度等話題，團體的領導者是受過專業訓練的助人者，至少具有一個行為科學的碩士學位。團體的訓練方式是先邀請家長參與，在雙親們聚會、討論的場合提出說明，再發邀請函給家長。分組時儘量能依他們的志願，分配到不同的團體。每一團體的安排情形是一週聚會一次，每次三小時，每八週為一期。測量工具包括評估父母親行為，並以稍後報名者作為控制組。研究結果發現AMP與PET組成員的自我概念有增進，但是DEG組則無。PET和AMP組的父母表示原先困擾他們的一些問題已逐漸減少。在所有各組中，PET改變最大（降低30點分）；PET與AMP組比DEG有效；PET組之團體感受最佳。最後所有參與者皆表示參加此課程收穫良多。

在兒童的生活中，學校和家庭當然是兩股最強大的力量，如果學校能和家庭充分配合，必能使青少年問題減少。學校是提供

青少年輔導服務的主要場所，他們與學生的接觸最密切頻繁，他們很早就讓孩子接受教育，且不斷努力協助其成為均衡發展的有用公民。由於學校涵蓋所有學生，且輔導員亦是受過專業訓練來協助這些學生，因此學校比其他機構更適合於從事輔導青少年的工作。

　　既然家長與學校均關心輔導工作，則二者均不應各行其是，而應相互配合，以達相輔相成之效。合作所花的時間勢必會較長，但是其效果是值得且持久的。

　　輔導員能幫助雙親們在對子女的未來擬定計畫時，提供職業上的訊息、人力市場的預估等，使他們能有較正確的資料，以使計畫與期待符合，預估接近事實。輔導員亦能協助父母針對子女特殊之身心或情緒問題尋求適當的輔導資源。透過與家長的諮詢，輔導員可助其了解親子關係及其對子女的影響。輔導人員可以擔負教師與雙親之間的聯絡工作。事實上，由於輔導人員的解釋和說明，使現代學校更能掌握個別學生的需求，並增進學校和家庭之間的良好關係。

　　總而言之，雙親和學校關係的建立，是輔導歷程中重要的一環。雙方合作的良好與否，建立在清晰的溝通基礎上，藉此使輔導計畫順利進展。輔導過程中應充分運用家庭、社會的資源、策略，並發展出良好的、能相互了解與支持的各種措施。

　　在學校與家庭的溝通上，若要了解兒童，必先了解家庭；要指導兒童，必須和家庭合作始能生效。

　　學校輔導工作若要功效彰顯，則如何做好親職教育，如何與家長聯繫，是非常重要的課題。當然，我們也希望親職教育在實質上能有好的成績，則受惠者不只是兒童，更對社會、國家有所

貢獻。

<h2 align="center">〈本章摘要〉</h2>

輔導工作在整個學校組織體系中，直屬校長，與教務、訓導、總務等，各有不同的業務。輔導工作人員自輔導主任、組長、教師等皆承擔著不同類型的輔導學生任務。在輔導制度化、專業化的體制裡，各級學校輔導工作從業人員，需認清自己的職責與角色功能，並與其他部門建立良好關係。

一、輔導與課程的關係

從輔導的觀點看來，所謂課程是學校所提供以適應學生需要的學習經驗的總和。輔導與教學的密切配合，將可使學生基本需要更容易獲得滿足。一位能了解學生成長與發展的老師，常能以其成熟的眼光，接納每一個學生，並輔導他們成長。以輔導爲核心，將輔導的原理原則貫穿運用於各級學校的各項教育活動與各科教學中，一方面既可探求個人的興趣與性向，另一方面又可培養學生民主社會中理想的習慣與態度。

二、輔導與訓導的關係

爭論與質疑較多，兩者目的相同，手段卻不一致；從學理上言，兩者俱有其存在的價值，但兩者各在不同的角度實現其功能。今日的訓導人員須運用輔導的觀念與方法，辦理訓導工作；革新工作觀念與服務態度，方法上要採用輔導的技巧，以服務代替權威領導。

三、輔導與行政管理的關係

係以具體的輔導人員與校長的關係爲主，校長在辦學營校時，要能考慮到自己在輔導工作上的職責；須有輔導方面的專業

訊息，須能掌握輔導工作的重點與內容。而輔導人員對校長的期望，也應有相當的表達，才能有良好的環境、設備、經費以經辦輔導業務。

四、輔導與家庭的關係

其實就是親職教育的實施。各校所採行的方式不一，但針對為人父母、將為人父母或為人子者，應深切體驗所謂「與其嚴加管教，不如改善關係」的觀念。必須建立親子間的良好關係，減少親子間的衝突，增加親子雙方對發揮潛能的信心，學校輔導工作方能更加落實。

〈討論問題〉

1.輔導與課程有何關係？
2.校長的輔導職責為何？
3.輔導與訓導的異同為何？
4.各級學校如何實施親職教育？
5.試擬一問卷，以測試父母對子女的了解程度。

〈本章參考文獻〉

方炳林（民68）：**教學原理**。台北，文景書店。

李聰明（民67）：**現代學校行政**。台北，幼獅文化事業公司。

吳武典主編（民69）：**學校輔導工作**。台北，張老師出版社。

Aubrey, R.F. (1979) . Relationship of guidance and counseling to the established and emerging school curriculum. *The School Counselor, 26,* 150-162.

Auerbach, A. B. (1968) . *Parents learn through discussion.*

New York: John Wiley & Sons.

Bickel, F., & O'Neil, M. (1979) . The counselor and student discipline. *Personnel and Guidance Journal ,57,* 522-525.

Billett, R. O. (1970). *Improving the secondary school curriculum.* New York: Atherton Press.

Campbell, R. F., Bridges, E. M., Corbally, J. E., Jr., Nystrand, R. O. & Ramseyer, J. A. (1971). *Introduction to educational administration.* (4th ed.) Boston : Allyn and Bacon.

Costar, J. (1978). The relationship of counselors to school principals. In *The status of guidance and counseling in the nation's schools.* Washington, D. C.: American Personnel and Guidance Association, 211-221.

Doll, R. C. (1974). *Curriculum development.* (3rd ed.) Boston: Allyn & Bacon.

Filbeck, R. W. (1965). Perceptions of appropriateness of counselor behavior: A camparison of counselors and principals. *Personnel and Guidance Journal, 43,* 895.

Gilbert, N. S. (1965). When the counselor is a disciplinarian. *Personnel and Guidance Journal, 43,* 485-491.

Gumear, J., & Myrick, R. D. (1974). Behavioral group counseling with disruptive children. *The School Counselor, 21,* 313-317.

Jensen, R. E. (1955). Students' feelings about counseling

help. *Personnel and Guidance Journal, 33,* 498-503.

Kehas, C. D. (1965). Administrative structure and guidance theory. *Counselor Education and Supervision, 4,* 147-148.

Leslie, D. W., & Satryb, R. P. (1974). Due process on due Process? Some observations. *Journal of College Student Personnel, 15,* 340-346.

Nielson, L. (1979). Let's suspend Suspensions: Consequences and alternatives. *Personnel and Guidance Journal, 57,* 442-445.

Peck, R. F., & Havighurst, R. J. (1960). *The psychology of character development.* New York: John Wiley & Sons.

Rowes, W., Murphy, H. B. & DeCsipkes, A. (1974). A behavioral program for problem students. *Personnel and Guidance Journal,* 52, 609-612.

Shane, H. G. (1977). *Curriculum change toward the 21st Century.* Washington, D. C.: National Educational Association.

Sharson, R. (1972). Can Parent Classes Affect Family Communications? *The School Counselor, 19,* 261-270.

Smith, B. O., Stanley, W. O., & Shores. J. H. (1957). *Fundamentals of curriculum development.* New York: Harcount, Brace & World, Inc.

Stackhouse, E. A. (1978). Another view of school structure. *In High school, 77 A survey of public secondary school principals.* Washington, D. C.: National Institute of Education, 42.

Wiles, J., & Bondi, J. (1979). *Curriculum development.* Columbus, Ohio: Charles E. Merrill.

Wrenn, C. G. (1973). *The world of the contemporary counselor.* Boston: Houghton Mifflin.

第 十 一 章
輔導評鑑

王文秀・李湘屏

- 評鑑定義之演變
- 有效的輔導計畫
- 評鑑的準據、原則與難題
- 評鑑的方式
- 績效責任制

　　評鑑一詞近年來在我國是個很熱門的話題，例如在工商業界或教育界普遍掀起了一股評鑑之風，希望經由權威人士或學者專家藉著各項客觀的標準，或由有關單位的報告、調查以提供一般人作爲選擇評價的參考。我國在學校輔導工作方面自民國五十七年國中實施指導活動以來，最早是於五十七年中國輔導學會受教育部委託，聘請輔導學者訪視臺北市四十一所國中實施指導活動情形、並實施問卷調查。到如今已有廿年了，這期間自國小到大專院校的評鑑工作都已展開。此項工作對學校工作的推動雖然很有必要，但是直到今天，仍有許多人談評鑑色變。一些學校的行政人員未能正確的了解評鑑的意義與價值，以爲評鑑只是上級要來調查，以作爲考核的依據，因此會往往趕著做表面工夫。而另有一些輔導人員則以爲這只是在平日已夠繁忙的輔導工作外，還要再撥出時間精力來應付的另一件差事。在這些觀念普遍存在的情況下，要使評鑑工作落實而有意義，是一件相當艱難的事。

　　所謂好而有效的評鑑，應具備以下六原則：(Gibson, 1981)

(1)有明確的目標。

(2)有具體可行且有效的評量工具（標準）。

(3)能有效運用評鑑標準，旣能熟悉評鑑的技巧，又能了解輔導計畫的內容。

(4)能涵蓋所有的人員如行政人員、家長、學生等。

(5)有意義的評鑑一定包括回饋且能貫徹到底，是連續性的過程。

(6)強調正面的意義，不是用來挑錯、記過處分之用。

　　所謂輔導評鑑 (evaluation of guidance) 是指針對某種標準來決定學校輔導工作或輔導活動價值的過程，亦即根據某種參照

點以確認輔導活動現在的地位，並且根據此資料，以改進輔導活動的品質與功效（林淑眞，民66）。本章擬就評鑑之定義、良好的輔導計畫、評鑑輔導工作的標準、原則、方法、困難作一番說明。此外，並介紹績效責任制（accountability），以供國內學校輔導評鑑工作的參考。

第一節　評鑑定義之演變

　　評鑑並非完全是舶來品，像我國學記篇中的考校制度、隋唐以來的科舉制，皆可謂是最早的評鑑制度（Dubois, 1970）。至於美國，對評鑑概念的演變約可分為四階段：

壹、評鑑即測量

　　在1920～1930年代，由於Thorndike 之大力倡導測驗運動，使評鑑與測驗發生密切的關聯，如Thorndike & Hagen（1961）為評鑑下的定義：「評鑑一詞和測量有密不可分的關係，只是它在某方面更具不正式與直覺性的價值判斷以說明那些是好的，是我們所想要的；好的測量方式可以提供好的評鑑更穩固的基礎。」

又如 Ebel（1965）亦將評鑑定義爲對某種特質的判斷，有時只依據一些測量，如測驗的分數，不過通常由不同種類的測量方式、所發生的特殊事件及主觀印象等綜合而成。將「評鑑視爲測量」的優點是直接以科學方式來測量，較客觀可靠，所得資料可以量化，也有常模或標準可依循。但其缺點是將評鑑變成「發展測量工具」的同義詞，不重價值判斷，對於目前測量不出來的各種變項就棄之不顧了（Stufflebeam,1971）。

貳、評鑑是評定實際表現與理想目標之符合程度的技術

這概念主要是由 Tyler（1949）提出：「評鑑的歷程在於決定課程與教學的實施是否符合教育目標。」由此概念衍生出兩個重要觀念：(1)評鑑一定要評估學生的行爲，因爲教育是否有效即是由其行爲看出；(2)評鑑絕不可能侷限在某時某地，應是長期性的歷程，因爲要決定行爲是否產生改變，教育是否有效，一定要在整個教學過程的前後都有評鑑，才可進行比較。此觀點的優點是將整個教學情境都列入考慮，不再只限於學生；可由課程、教學及學生各方面來搜集資料，如此也才有可能得到較完整的回饋，並且所依循的標準也較明確客觀。至於其缺點則是將評鑑者的角色定義得很狹隘，變成只是設計一套可供操作的行爲目標以供評估之用而已；而且亦將重點只放在那些訂出來的目標上，而無法顧到其他。第三點也是最令人非議的是這觀念演變到後來，只將評鑑視爲總結性（summative）而非形成性（formative）的過程（Stufflebeam, 1971）。

叁、評鑑即是專業的判斷

依此定義最明顯的就是邀請一些學者專家到受評鑑之機構去參觀、考察，也就是藉著專家的學養來進行評鑑的過程。其優點是較易實施，而且因為是實地造訪，可依其豐富的經驗而非只憑書面資料來評判，在進行資料分析時也不致耽誤太多時間。雖然有這些優點，但若再深思，則會懷疑由這種方式所得的判斷之客觀性與可信度有多高？其次，因為所得之資料與所憑之標準常常不夠具體，因此由這種方式所作的判斷要如何具體量化亦是問題（Stufflebeam,1971）。例如對於該校「導師對於輔導工作是否全力支持」這項的評判標準就易見仁見智而有不同的評判結果。

肆、評鑑是決策的過程

最常被人引用的是 Stufflebeam（1971）所下的定義：「評鑑是一種記錄、蒐集和提供有用的資訊，以便協助決策者在諸種可行途徑中擇一而行的歷程。」Ten Brink（1974），Worthen & Sanders（1973），Gibson（1972），與Alkin（1969）等人均依此定義再加以引申。

綜觀以上說法，可發現每種定義的著眼點各有不同，但綜而言之，評鑑可說是一種連續不斷的歷程，須使用科學方法搜集客觀資料，以作為主觀價值判斷的依據，其目的在提供改進之道（判斷取向），以協助決策的制定（決策取向）。若依此定義看來，輔導工作評鑑的目標，不僅在了解輔導工作辦理的績效，從中發掘問題，最主要的還是提供給有關當局做決策參考之用，以促進輔導工作的不斷革新（毛國楠，民70）。

第二節　有效的輔導計畫

　　我們常會聽到「甲學校的輔導工作比乙學校做得好」，或「某學校的輔導計畫很完善」等的話語。下評語的人，也許是一般老師，也許是學校輔導老師，也或許是學校的行政人員，他們依據什麼標準來做此結論？這種鑑定夠客觀嗎？這些均是值得深思的問題。

　　許多人容易以外在的形式條件來評判學校輔導工作的優劣，相對的忽略內在品質的要求，例如若是看到輔導室的設備舒適，學生的資料整齊排列在資料櫃中，工作成果展時，將學生的各種輔導資料洋洋灑灑擺滿一桌，使人目不暇給……等，就認為這個學校的輔導工作很成功，而很少考慮到其他的輔導工作項目，例如經過輔導後，學生的困擾是否已獲得改善？輔導計畫內容能符合學生的需要嗎？如何預防學生的問題發生？所以一般人在評鑑輔導工作時，使用的標準往往不夠完善而導致有所偏頗。

　　這裡要說明的是，外在的形式條件，只是部分的評鑑準則，另外尚必須有實質的條件，如此在二者兼顧的原則下，來安排輔導工作的內容，才能更臻完善。

　　Shertzer & Stone（1981）曾列舉評鑑輔導計畫的外在標準與內在標準，分述如下：

壹、外在評鑑的特徵

一、輔導老師的比例
　　理想的分配是，輔導老師一名對學生150名至300名的比例。

二、輔導老師的資格

需研究所畢業，若干年的教學經驗，及取得當地州政府的輔導員合格證書後，才能成爲正式學校輔導老師。國內吳武典（民67）主張，輔導老師的資格可區分爲(1)形式條件：①碩士資格，②教學經驗，③專業資格證書；以及(2)實質條件，如①技術方面：諮商技術、心理測驗、個案研究……等專業訓練；②品質方面：同理心（empathy），真誠一致（genuineness）及無條件積極關懷（unconditional positive regard）等基本態度。

三、維持適用的資料與紀錄

學生的資料有下列作用：(1)使學生了解自己；(2)使老師、家長及輔導老師了解學生，進而協助學生的發展。所以在資料的內容及性質上，應能充分表達出每一學生個別差異的事實、各階段的發展狀況等。所儲存的資料，不是只在解釋心理測驗時，或添入新的紀錄時，才自資料櫃中取出，平時就應善加利用。近年來許多國中將學生資料分爲二種，一種置放各班導師處，供導師隨時記載學生每日的生活狀況，另一種才放置在輔導室，供輔導老師紀錄，這就是能夠善用資料的佳例。

完整的學生資料應包含下列內容：

1. **成果資料**：用來說明學生經過輔導後，所產生的不同效果，這必須依據輔導目標來決定。
2. **意見資料**：反映出其他老師與學生對輔導工作的態度。例如調查老師們，了解他們認爲輔導工作該加強那些服務，對輔導的看法等。
3. **累積紀錄**：關於學生長期的縱貫研究，有賴累積的紀錄，這是輔導計畫中最常用的資料，例如學生做過的心理測驗，輔導老師

與學生的晤談記錄，導師對學生的觀察紀錄等。

四、提供最新的升學與就業資料

社會的變動常使升學與就業情況不同，若是學校能密切注意外在需求的改變，提供學生最新的升學與就業趨向，可幫助學生做最妥善的抉擇。

資料的提供，應讓學生很容易得到，且能迅速了解爲。例如觀賞幻燈片，錄影帶等，或請有關人士來校說明，都是很好的方式。

五、善用各種衡鑑資料

衡鑑資料包括有心理測驗、自傳、健康記錄等，用以評估學生的發展狀況（詳閱第八、九章）。從這些資料中，可看出個人的內在差異與個別差異，促進學生自我了解；而輔導老師在面對學生時，不只是解釋這些資料的結果，而且應幫助學生配合環境與個人特質，使其適應更良好。

六、輔導老師有自我評鑑及研究的精神

有些輔導老師害怕評估自己的工作，或認爲專家才能進行評鑑，其實不然。只要是輔導人員，都有必要自己做評鑑，如此不但可使個人及工作上有所反省與成長，而且能增進工作的品質，及了解個人的社會價值。曾有研究指出，轉導人員至少應有1／5的工作時間去做評鑑(Herman, 1971)。評鑑後的另一項工作，是進行研究，以克服從前的缺點，找出更多、更好的輔導方式，使評鑑能達到促進改善的目標。

七、輔導計畫具有概括性及連續性等特質

良好的輔導計畫對象，應包含各年級學生，不只偏重在高年級或某些特定學生，且各學年工作彼此相連貫，若是上學期做得

不完整或應延續的工作，則應列入下學期的輔導計畫中。

八、設備方面

　　輔導室的設備是學校內最明顯可見的一環，但設備除了充足外，也需注意其可用性及適宜性，例如輔導辦公室是否與其他行政單位聯繫方便，諮商室的地點是否夠隱密，團輔室的空間是否夠大等等。

九、經費來源

　　輔導工作應具有足夠的財力資源，以美國為例，認為理想的分配是一位學生，每年預算約台幣五千元至六千元的花費 (Shert-zer & Stone, 1981)。

貳、內在評鑑的特徵

　　良好的輔導計畫，尚須涵蓋一些非形式化的條件。茲分述如下：

一、符合學生的需要

　　根據發展心理學的觀點，不同年齡的個體，有其特定的需求，若能得到滿足，個體將能達到充分的自我實現。學生的需要，可能來自生理發展的必經歷程，可能來自家庭的影響，也可能來自社會文化環境的要求，若能充分配合，作為輔導計畫內容的指標，將使學生獲得很大的幫助。

　　如何了解學生的需要？有許多方法可用，例如與學生平日的談話，學生所寫的週記及文章，甚至問卷調查等，都是可行的方式。

二、具有矯治、預防與發展的功能

　　輔導一方面要處理學生的問題，改善學生的偏差行為，一方

面要事先防範學生問題的產生。俗語說得好：「預防勝於治療」，不只如此，更積極的目標是讓學生能自我了解，進而達到充分的自我發展。

三、具有明確的目標

　　輔導計畫中所涵括的各項工作內容，均有其特定的目標，在目標指引下，再一一付諸實行。例如進行始業輔導，是幫助新生，促進生活及學業上的適應；職業輔導，是發展學生的性向與才能。歸納輔導的目標，不外乎下列七點：(1)自我了解；(2)自我引導；(3)自我充分發展；(4)教育及職業之選擇與決定；(5)良好的適應；(6)校內學習的適量成就。(7)總括性目標－即包含上述二者或二者以上的範疇。

四、均衡性

　　輔導人員應根據輔導目標，運用各種不同的方法來幫助學生。反觀現在許多國中輔導室，許多時間花在整理學生資料、實施心理測驗的工作上，無暇兼顧其他，這就失諸偏頗了。

五、穩定性

　　所謂穩定性，是指輔導組織中，若有人員流動，將不會影響計畫之推動；或是確保組織內及組織外，大家都能熱心支持，鼎力相助等特質。

六、變通性

　　輔導計畫不是一成不變、每年都一樣的，而是隨著時代改變的需要而調整，例如每年的就業市場情況不同，職業輔導的內容就應配合而有所更改，這是很必要的機動性工作。

七、輔導人員的專業道德及合作精神

　　輔導工作的對象是人，所處理的是人的問題，常會探討到個

人的內心深處，所以輔導員需要有保密、尊重、眞誠等品德，以確保學生的隱私權。此外，亦應與其他的教師與行政人員，建立良好的人際關係，共同爲學生的健全發展貢獻心力。

八、善用社會資源

學生的需要或問題是多方面的，而輔導並非萬能，輔導人員也有能力不及之處，所以適時的求助於社會資源，或轉介至校外機構，對學生將能提供更滿意的服務。

九、促進意見的溝通

學生的心理健康不是單靠輔導室的力量就可以做得很好，還需要學校其他人員的合作，所以爲建立彼此的和諧氣氛，平日就應建立良好的溝通管道，促進彼此的了解，在推動輔導工作時，才能減少阻力。

十、對過程與結果的關心

一個有效的輔導工作，不只是輔導的結果令人滿意，也應注意其間的進行過程，尤其對學生的有關服務方面。例如，學生知道校內有那些輔導老師嗎？知道輔導室都在做些什麼嗎？學生對諮商的感受如何？經過一段時間的輔導後，學生對自己的未來有妥善計畫嗎？學生願意繼續尋求輔導老師的協助嗎？……。如果這些問題都有肯定的答案，就比較可以下結論說是一個有效率的輔導計畫了。

第三節　評鑑的準據、原則與難題

壹、評鑑的準據

　　要評鑑一套輔導計畫是否良好有效，必須訂定一套特殊而具體的標準以供判斷，但這也是最困難的事。當然這標準必須配合輔導計畫的目標而定。一般所採用的標準如下：(1)日後學生在大學的成就；(2)日後的薪水；(3)對所從事職業的滿意度；(4)有較佳的人際關係；(5)有合理的教育與職業期望。

　　表11-1中列出採用某些標準的優缺點，通常這些標準最易受人批評的是例如當事人在接受諮商之後馬上填答「困擾問卷」，若得知其困擾數減少，則研究者往往會因此歸納出諮商確實有效；但過一段時間之後，再做追蹤調查，往往會發現那些改變只持續了一段時間而已。因此最理想的標準應包含以下四特徵：(1)每一標準的定義要明確，使評鑑者能清楚的了解；(2)要具穩定性；(3)能正確測得所需之資料；(4)宜隨著評鑑對象性質之不同而有所調整。

表11-1　輔導評鑑標準之分析

所採的標準	優點	限制
1.學業困擾問題減少	1.1 以此爲標準的輔導工作，可促使學生認淸自己的能力，以選擇合乎自己能力的學習經驗，不會有過高或過低的期望水準。 1.2 輔導工作應能協助學生處理學業困擾問題。	1.1 學業分數除了是指學生的成就與努力情形之外，還有可能受到老師本身或學校因素的影響。 1.2 學生可能只學會如何去逃避較困難的科目，但有時一些失敗的體驗同樣可以促進個人的成長。
2.管教問題減少	2.1 輔導應能促使當事人對權威有所了解與接納，因此減少管教方面的問題。 2.2 預防性的輔導工作應能提供一種良好的氣氛，使學生能和學校行政配合，且能接受自己是社會一份子所須負的責任。	2.1 管教方面的問題很難界定。 2.2 老師可能以爲只要減少轉介到訓導處的學生人數就表示自己教學成功。
3.對輔導室有較多的利用且主動求助的人數增多	3.1 至少表面上看來，這點表示較多人有輔導概念，且肯定諮商員的助人能力。 3.2 當學生需要協助時，輔導應能協助學生認淸自己所遭遇的問題。	3.1 只是數字的增加並未說明輔導問題之類型。（例如一直處理一般的學業問題，但很少處理較個別的問題。） 3.2 諮商服務量的增加，很可能只是表示其質的降低。

4.能夠選擇較合適的職業	4.1輔導應能促使學生更自我了解,因此其職業選擇較能符合其能力與興趣。 4.2 輔導應能避免能力的浪費與不切實際的目標。	4.1 對諮商員而言,較合適的職業不見得真的和受輔者本身的意見一致。 4.2 合適的職業目標通常受到社會觀念的影響,因此可能會造成雖為社會所接受,但學生本身並不適應得很好的情況。

目前國中輔導工作所採的評鑑是依教育部所發布之「國民中學評鑑標準」之工作項目而定。內容包括:(1)輔導工作之組織與行政配合,(2)輔導工作人員之素質,(3)輔導活動課程之實施與設備之充實,(4)資料之建立與運用,(5)輔導與諮商,(6)教育輔導之實施,(7)生活輔導之實施,(8)職業輔導之實施,(9)與導師、專任教師及學生之座談。

由以上這些項目看來,似已包含了所有輔導工作,而且透過訪問,座談等方式,比由書面資料之評估來得可靠。但在實際進行時,發現了以下諸缺失:(1)評定的標準不夠具體明確,易受評鑑者主觀因素影響,如「特殊個案的輔導與追蹤是否合宜?」此項中,「特殊個案」是指什麼?而「合宜」的標準又是如何?(2)在一項標準下,並列太多互相獨立之因素,使評鑑者難以評分,如「對於學生健康、社交、情緒、休閒生活與家庭關係,是否經常輔導?」(3)容易因文字遊戲的作假而無法切實評鑑,如「輔導工作推行委員會每次會議是否均切實討論有關輔導工作之推展?」像這種標準易造成受評者以作假的書面資料來應付。(4)有些項目重複,如「對資賦優異與特殊才能優異學生有無特殊輔導措施?

成效如何？」與「對資賦優異、身心異常學生之生活輔導計畫有
無具體資料？」這兩項有重複之處，應可予以合併或劃分清楚。
(5)忽略學校間的個別差異性，如「輔導室、諮商室設備是否良好？」
此點對城市與鄉村；對甫成立與成立年代久遠之學校劃定同一標
準是否公平？(6)缺乏輔導人員自我評鑑，例如輔導教師之進修情
形及所做研究、自我評鑑等亦應列入標準之內，以促進輔導人員
專業素質之提高。(7)評鑑之項目太多，不可能在一個早上或一個
下午之內做很翔實的了解。

　　若往後學校輔導工作之評鑑，能針對以上諸缺失設法謀求改
善，必能使輔導工作更落實，也能促進輔導工作之推展。

貳、評鑑的原則

　　學校輔導工作評鑑所包含的範圍極廣，內容也大不相同，
在這麼多項目下，應該確立若干原則，作為評鑑的依據。以下分
述六點原則。

一、客觀性

　　學校輔導工作宜根據最新擬定的評鑑計畫，設定客觀的評鑑
標準與明確的評鑑步驟來客觀考查輔導工作的成效。不應有自我
主觀的偏見，更不宜受到上次評鑑結果或其他因素影響，產生「月
暈效應」。

二、實質性

　　學校輔導工作應著重實質輔導效果的評量，了解對學生提供
的協助，不應過分強調外在的條件。在輔導工作實施評鑑的初期，
曾有人譏曰：被認為輔導工作推行績優學校，就是圖表製作最
多、最美，心理測驗實施數量最多的學校。固然許多外在條件會

影響輔導成果，如輔導人員的素質、設備、經費、學生資料與測
驗等，不過輔導的評鑑更宜經由各種有效方法，以深入了解實質
的績效。

三、整體性

學校輔導工作，不只是輔導室的工作，必須學校各單位全力
配合，才能達成預期目標。所以，學校輔導工作評鑑不只要評量
輔導室工作，並應考查與學校其他單位工作的配合，尤其是輔導
與訓導的協調等。

四、特殊性

各級各類學校的教育與輔導目標不盡相同，重點也不一樣。
學校輔導工作的評鑑宜注意各校的個別需要，評鑑的項目與方式
便應保留彈性，而不應只求表面的公平性。例如一些學生意願均
為升學的高中，其職業輔導的著重程度與實施方式，便有所不同；
不同地區的學校也有其不同的需要。

五、積極性

學校輔導工作評鑑固然可以發掘問題，力求改進；更應發現
優點與進步情形，給予適當獎勵；尤其對於輔導工作人員的辛
勞，更應嘉勉多於苛責。

六、符合性

學校各項輔導工作都有其特定目標，並以符合學校教育的目
標或輔導的目標為準繩。所以，評鑑學校輔導工作時，應考查工
作成果是否已達到教育或輔導的目標。

叁、評鑑的難題

評鑑的功能已被眾人推崇，但徹底實行者却不多，原因何

在？乃是有若干困難存在，使評鑑工作不易推展，仍有待努力克服。這些困難包括：

一、學校輔導工作的目標不具體

輔導的目標，大致可歸納為六點：(1)自我發展之極致，(2)自我引導至最終境界，(3)自我了解，(4)教育及職業之抉擇與決斷，(5)適應，(6)校內學習之適量成就。這些輔導的目標，雖然早已被大家奉為圭臬，作為輔導工作的準繩，但若用來作為評鑑輔導工作的原則，似嫌過於抽象而不具體。例如眾所熟知的「協助學生達到自我發展之極致」的輔導目標，試問：何謂「自我發展」？評鑑時如何判斷學生是否已達到自我發展？這些問題造成無法對輔導工作成果進行評鑑。

二、適宜的評鑑標準不易訂定

評鑑的標準，如前面所述，在不同學校或不同情境，是否具有同樣客觀性，這是一個問題。而且許多評鑑標準，本身的效度未必可靠，用來作為評鑑的依據，易造成判斷錯誤。

三、不易客觀測出心理特質

評鑑的內容涉及學生行為的改變，包括個人的動機、態度、自我觀念、思想等，衡量標準的選擇常見仁見智，因人而異，易失諸主觀。

四、輔導成效易受其他因素影響

輔導工作的成果，易受許多變數影響，包括家長、居住環境、大眾傳播等，而抵消輔導人員的辛勞付出。例如學生問題需要家長的共同輔導，但家長若不肯合作，則輔導老師再怎麼努力，仍是效果不彰。

五、評鑑易偏向外在條件的評定

多數評鑑工作的進行，花費的時間不長，在短時間內要評估多項輔導工作，的確不易，所以仍有多數評鑑者偏向外在條件的評估，如設備、經費，輔導人員素質等，而忽略實質的評量，因而產生誤解，以為輔導工作的內容只有如此表面化。

六、有關人員對「評鑑」一觀念有偏差

評鑑是什麼？恐怕校長、輔導老師，甚至教育主管人員都會有不同聯想，不少人認為評鑑是「成績考核」，是「挑輔導工作的毛病」，因此極力掩飾缺點，或做表面功夫。全然忘記評鑑的目的是協助改善，無怪乎評鑑工作始終無法發揮最大功效。

七、評鑑工作費時費神

無可否認的一點，就是評鑑需要花費大量的人力、時間及金錢，但自長遠觀點來看，則不失為提高輔導效果的最經濟方法。若沒有評鑑，學校的輔導工作將是處在一種嘗試錯誤的情況，每位工作人員只是在埋首工作，不知道自己做得如何，也不知優缺點在那裡，遑論改進輔導工作了。所以評鑑工作雖費時費神，但有其重大價值；現在最主要的問題，就是讓更多的人接受這個觀點。

第四節　評鑑的方式

壹、主要的三種評鑑方式

有關輔導的文獻中，吾人發現評鑑方法最主要的有三種類型，即調查法、實驗法和個案研究法。每一種方法都有其優缺點，茲分述如下。

一、調查法

調查法可說是輔導評鑑中使用最多的方法，經常被教育主管當局、輔導學者及學校輔導人員用來了解輔導工作的實施現況及意見調查。

調查法中又可分爲問卷法、訪問法、觀察法、晤談法、調查表法及攝影法等，其中又以問卷法及訪問法最常被使用。調查法的具體實施步驟是：(1)決實調查的標準，(2)收集輔導所提供服務的證據，(3)據預先決定的標準來判斷服務所達到的有效程度。

調查的對象包括學校教師、輔導人員、社區人士、學生家長及校友等。而調查的內容通常集中於下列項目：輔導人員的素質、輔導員與學生的比例、輔導的經費、設備、紀錄資料的範圍與保存、輔導活動的內容、所提供給學生的資料等。

調查法的優點是花費少而能獲得大量資料，但其缺點則在很難推測因果關係，而且容易因抽樣誤差而導致錯誤結論，故應用時必須謹愼。

二、實驗法

實驗法是一種科學而精密的研究方法，目的在研究各種變項（variables）對個人的影響效果。大多使用於考驗輔導或諮商歷程前後，個體行爲是否發生改變。

實驗法的步驟有：(1)決定目標及達成目標的方法；(2)決定實驗設計，可以有單組設計、等組設計、多組設計及其他方式的實驗設計等；(3)通常採用對照組的形式，亦即將受試分爲實驗組和控制組；(4)實施達成目標的步驟；(5)測量實驗的結果。

實驗法包括有抽樣控制、變因控制、實驗操作等，每一步驟均需嚴密控制，因此有賴受過專業訓練的人員擔任。

　　實驗法的限制是：在實施前，須週詳設計，實驗進行中，須嚴密控制干擾變項的影響，實驗前後均需實施評量，所以可謂費時費力。除了諮商方法的研究或諮商功能的評量較常使用外，一般的輔導評鑑較少使用此法。

三、個案研究法

　　個案研究法是從輔導員、家長、諮商記錄、教師的觀察、學生的自我報告等方面，獲得研究對象的有關資料，從而分析與了解個人獨特行為，以進行輔導。若就其進行方式而言，有三種方式：(1)心理歷史法（psycho－history）～重在了解過去生活狀況及影響因素；(2)個案分析法 (case analysis)～重在了解目前的生活狀況；(3)密集式設計 (intensive design)～重在了解某個特定因素如何影響一個人。

　　個案研究法固然常應用在個人行為研究上，近來亦有人主張可應用到輔導工作的評鑑上。例如，用於研究學校輔導工作地位的發展，可獲得以下結果：(1)學校對輔導工作的傳統觀念，(2)歷年來學校輔導工作的發展方式，(3)目前輔導工作的地位。然後依據上述三點，提出未來輔導工作改進的建議。

　　個案研究法的優點是能對個人行為及輔導效果作深入探討，其缺點是費時，所以目前亦僅見於特殊學生的輔導方面。

貳、其他評鑑方式

　　評鑑方式除了上述的著重方法論以外，尚可區分為各校的自我評鑑、校際間的評鑑、教育當局主辦的評鑑等三種類型，每一種的進行都可參考前面所談的評鑑原則、評鑑標準……等做法，不再贅述，在此僅討論其中的優缺點。

一、各校的自我評鑑

自我評鑑的優點：

(1)評鑑計畫的擬定，有助於對輔導工作的深入了解。

(2)透過評鑑的歷程，有助於促進全體教職員對輔導工作的認識。

(3)評鑑的結果，能促進自我改進。

(4)藉評鑑整理各種資料，以便作有效運用。

(5)自評結果，可供有關人士（如教師、訓導處）作為協助解決問題的參考。

缺點：

(1)各校自評標準不同，無法作一比較與對照，以看出自己學校的優劣點。

(2)評鑑人員不是專家，較易流於主觀。

二、校際間的評鑑

各校之間的交互評鑑，是很值得一試的輔導評鑑方法，其中的優點有：

(1)與校譽有關，易得到校內各方面的支持。

(2)藉互相觀摩，以吸取他校優點。

(3)激勵投入更多的努力在輔導工作上。

(4)縮短校與校之間的心理距離。

缺點：

(1)評鑑人員的訓練有限，不能達到充分公正客觀的標準。

(2)有時礙於交情，不好意思作確實的評鑑。

(3)較會妨礙正常教學及正常作業狀況。

三、由教育當局主辦的評鑑

優點有：

(1)評鑑小組由學者專家組成，評鑑結果易達客觀標準。

(2)建議的事項具有價值。

(3)評鑑結果會公布出來，促使各校全力以赴。

(4)專家之建議，容易被接受，可減少輔導工作推動的阻力。

　　由評鑑專家來進行的最大缺點是時間太短（通常是一天或半天），無法對各方面做深入的調查。

第五節　績效責任制

　　美國的輿論界對公立學校教育的支持一向是不遺餘力，結果到六〇年代因受蘇俄發射第一顆人造衛星的刺激（1957），暴露了公立學校教育的缺失（尤其對數理教學），聯邦教育預算激增，但要求申請其中一些經費補助之學校必須提出評價報告書，詳細說明其經費使用的情形及其實際成效；又因為大家發現有些學生中學畢業後連基本的閱讀與算術能力都還很差，無法符合一般職業的需求，因此對學校教育成效的討伐之聲不絕於耳，一致要求學校要提出具體事實說明該校辦學的情形，以供大眾了解及評價。演變下來，在輔導界及其他各界亦有這種風氣，在這種情況下，績效責任制（accountability）便應運而生（黃炳煌，民72）。

　　績效制度最簡單的說法就是「經由一套程序，比較收入與支出等資料的比例情形，以助長決策的執行。」目前對績效制度的要求是每套輔導或教育計畫要以客觀、可量化的方式呈現。以前失諸籠統的教育宗旨，如「智能的發展」、「做一個好學生」、「自我實現」等都重新界定成行為目標以衡估並判斷達到多少預定的

目標，並且更進一步要求，這些成果要有證據顯示，且要公諸大眾，以便得到大眾的認可與支持。

壹、對績效制度的反應

有很多諮商員對績效制度的要求深感惶恐，可想見他們不安的來源一部份是基於真實的情況（如未受過專門的訓練不知如何進行），而另一部份則是因為自己的想像或對此制度認識不清。很多受過專業訓練的人會擔心由外行來領導評鑑內行，訂定不合實際的標準，對他們不公平。再者，有些人更認為輔導所提供的服務很難以具體方式評鑑得出成效有多少。其實反過來說，如果諮商員主動參與決定所運用的標準，則此制度對他們的地位應更有利。

評鑑的目的是為了改善，因此改善的質或改變的量是否合理，就須看所付出的和所收回的成不成比例。績效制度的目標如下：

(1)為全體學生而非少數有特殊問題的人提供服務。

(2)為輔導人員或行政人員提供一實際的工具，以驗證輔導工作的成效。

(3)辨別各項活動及技巧的有效程度。

(4)說明為達目的所耗費的時間、物力，以決定投資率與報酬率是否相符合。

(5)澄清並指出各目標的重要程度，以決定處理的緩急輕重、優先次序。

(6)劃分清楚各人所須負擔的責任。

(7)建立起對績效制度的正確態度，以普及到所有的教育或輔

導計畫。

(8)促使整個輔導工作的運作更加靈活有效，自學生、老師、
輔導人員、行政人員、上級督導以至整個教育決策單位各
個環節，都緊緊相扣，以發揮功效。

(9)能切實根據學生及學校、社區的需要、興趣及機會建立適
當的目標。

(10)建立適當的衡量標準。

(11)基於合理客觀的評估，提供對組織、行政、計劃、技巧、
目標等改變的可能性 (Mortensen & Schmuller, 1976)。

國內因為九年國民義務教育的實施，國中小學均有政府補
助，並且採學區制，學生不用選擇學校，加上中國自古以來尊師
重道的風氣使然，一般人對學校的教育均只站在被動的地位，不
會要求學校提出任何資料以求了解與評價。但是身為教育或輔導
人員者，若能秉此態度，以合乎科學的方式對自己的工作作一番
客觀的探討，以求自我勉勵及自我改善，如此必能使輔導工作更
有進境，更具挑戰性。

貳、績效制度的模式

一、一個績效責任模式圖

由Pulvino & Sanborn（1972）依溝通理論提出來的績效責
任模式是用來說明建設性的回饋（不論是正面或負面）有助於達
到預期的改革，它的五個層面分述如下：

(1)向大眾說明：諮商員應發展一套溝通體系，使彼此都了解
有那些目標要達到，且同意所要追求的目標有那些，並分
擔彼此的責任。

(2)訂定可量化的具體目標：行政人員、家長、學生及諮商員
　　應共同會商以確定目標。

(3)決定諮商及輔導過程：最好是根據所有層面的參與者的意
　　見，來決定進行的方式，以達更佳的效果。

(4)評鑑：不論在進行過程中或所得的結果如何，都應有所評
　　估以及判斷。

(5)將評鑑結果予以呈現與溝通：包括了解其他人對這結果所
　　持的看法。

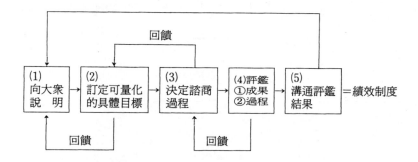

圖 11—1　績效責任制的模式

資料來源：Pulvino & Sanborn (1972)

二、最常用的績效模式之一是PPBS制 (Planning-Programing-Budgeting-Systems Analysis)

　　這模式很像工商界早已採用的目標管理 (Management -by-Objectives)。PPBS是一種管理的方式，將資源加以分配，以最合理的代價達到最大的經濟效益。它的架構包括界定目標、計劃方

案、在諸多可行途徑中作最適當的選擇、分配並掌握資源、且對成果加以評鑑。

　　PPBS模式的核心工作是根據具體行為目標編列方案的預算，傳統的編列預算是著重在經費的來源及支出，而PPBS是強調考慮預期成育的預算。PPBS的基本特色是系統分析，亦即檢視整個組織體系的各部份以形成目標，其步驟如下圖所示（圖11－2）。因為此模式是長程性的計畫，所以通常都維持三至五年，諮商員可藉此對影響輔導計畫的各項因素、力量、狀況均加以考慮。此模式的有效程度一方面是看諮商員願不願盡力依此模式有效運用；另一方面則是看他們對系統分析及計劃預算的能力與經驗如何。

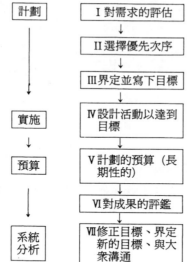

圖11—2　運用於輔導計畫的PPBS模式

資料來源：Shertzer & Stone (1981). Fundamentals of guidance. p. 475.

三、績效記錄

Krumboltz（1974）認為實施績效制度可促使諮商員：

(1)由自己的工作成果得到回饋。

(2)由成功的經驗中選擇適當的輔導方式。

(3)了解學生的需求。

(4)為日常的例行工作設計出更便捷的方式。

(5)可增加人員編制，以達到預期的目標。

(6)要求在職訓練以加強專業知能，如此諮商員可得到更多的社會認可、增加經濟支援；和老師、行政人員有更佳的工作關係、專業地位亦可確立。

Krumboltz 又指出一個績效制度若要有效，須符合七項標準：

(1)為了劃分清楚諮商員的責任範圍，可由所有參與者共同確立諮商的一般目標。

(2)諮商員的成就須以案主具體可見的行為改變來加以陳述。

(3)諮商員所採之活動須以成本（costs）而非成果（accomplishments）的方式陳述。

(4)此制度是為提升專業效率及自我改善而設，不是用來責怪或懲罰任何人。

(5)為了加強報告之正確性，允許公布失敗及未預料到的結果，且不會因此受罰。

(6)所有使用者在設計時應參與。

(7)此績效制度本身要易於評鑑及修訂。

以下舉出Krumboltz的一例說明一位諮商員針對「協助學生發展更具適應性、建設性之行為」這項目標的年度的績效記錄（表

11-2)。

表11－2　杜伊的年度績效紀錄表記要

職稱：諮商員；年薪：$14,000；合約：40週，40小時／週；薪津：
$14／小時

目標A：適應性行為：協助學生建立更適應、更建設性之行為

問題陳述	成 就		成 本		
	進行方式	結果	進行活動	吋數	薪津
Oliver 之 母 來電： Oliver很沮喪；隱約提到自殺；沒有朋友。	為Oliver提供社會增強物；社交技巧訓練；指派Olvier去協助新來的轉學生。	Oliver主動與人接觸之次數由每月0次至每月4次；報告朋友數由0到1；其母報告Oliver之沮喪情形消失—在接案前每月一次提及自殺到連續三個月提到0次。	與Oliver進行會談； 與母親進行會談； 與老師會談。	38 3 2	532 42 28 —— 602 (合計)
學生x來訪，為依賴藥物成癮而憂慮，要求匿名。	討論找出其他滿足的方式，討論脫離其朋友的方式。	逐漸減少用藥的頻率。	與學生x會談， 與醫師會談。	25 0.5	350 7 —— 357

資料來源：Krumboltz（1974）

〈本章摘要〉

　　學校輔導工作之評鑑近年來頗受重視，所謂評鑑是指用科學方法搜集客觀資料以作爲主觀判斷的依據。其目的在提供改善之道，以協助決策者作決定。它是連續不斷的歷程。

　　通常用來作爲輔導評鑑標準者有：學業困擾問題的減少、管教問題的減少、對輔導室有較充分的利用、學生主動求助的人數增多及能夠選擇較合適的職業等。

　　輔導工作的評鑑，可分爲外在評鑑及內在評鑑。外在評鑑特徵包括：輔導員的比例、專業資格、學生資料與紀錄、升學與就業資料、衡鑑資料、自我評鑑、輔導工作的概括性與連續性、設備、經費等。內在評鑑特徵包括：重視學生的需要、矯治、預防與發展功能、明確的目標導向、均衡性、穩定性、變通性、專業道德與合作精神、運用社會資源、意見的溝通、及歷程與結果的關心等。

　　評鑑的原則包括：客觀性、實質性、整體性、特殊性、積極性及符合性等。評鑑的困難包括有：目標不具體、評鑑標準不易訂立、不易測出心理特質、輔導成效易受其他因素破壞、易偏向外在條件的評估、評鑑觀念的偏差、及費時費神等。評鑑的方式，若以處理的資料而言，可分爲調查法、實驗法及個案研究法；此外，若以評鑑的對象而言，可分爲自我評鑑、校際間評鑑及教育當局主辦的評鑑等三種方式；各種方式均有其優點及缺點。

　　「績效責任制」日受重視，它是經由一套程序以比較所付出的與所收回的成效二者間的比例情形，以助長決策的執行。本章

提出一套績效責任的模式，並介紹PPBS制，以供讀者參考。

〈討論問題〉

1.有效的輔導評鑑模式應包含那些因素？
2.是否能以受輔者的滿意度作為評鑑諮商成效之最主要依據？
3.目前各校皆依同樣的標準來進行評鑑，如此做法是否公平？若有欠公允，應如何改善？
4.評鑑的結果是否要坦誠公布？若要，該採取怎樣的方式？
5.能否只依評鑑結果來評判一校輔導之成效？若不夠，要加上那些條件以助判斷？

〈本章參考文獻〉

毛國楠（民70）：各校輔導工作評鑑功能之探討。**中等教育**，32卷6期。

白博文（民72）：**國中輔導工作評鑑之研究**。師大教研所碩士論文。

吳武典（民67）：學校輔導人員的養成。載於中國輔導學會主編：**輔導學的回顧與展望**。台北，幼獅文化事業公司，197～226頁。

吳武典主編（民69）：**學校輔導工作**。台北，張老師出版社。

林淑眞（民65）：輔導評鑑之探討。**輔導月刊**，13卷，9、10期。

黃炳煌（民72）：**教育與訓練**。台北，文景書局。（修訂版）

Alkin, M.C. (1969). *Evaluation theory development — Evaluation Coment.*

Dubois, P.H. (1970). *A history of psychological testing,*

Boston :Allyn and Bacon.

Gibson, R.L., & Mitchell, M.H. (1981). *Introduction to guidance.* New York: Macmillan Publishing Co.

Gibson ,R. L. (1983). *Development and management of counseling program and guidance services.* New York: MacMillan.

Krumboltz, S. D. (1974) . An accountability model for counselors. *Personnel and Guidance Journal, 52,* 639～ 646.

Mortensen, D.G., & Schmuller, A.M. (1976). *Guidance in Today's schools.* New York: John Wiley and Sons, Inc.

Norman, C., & Earl , J.M. (1981). *Improving guidance programs.* Englewood Cliffs, N.J: Prentice−Hall.

Pulvino, C. J., & Sanborn, M. P. (1972) . Feedback and accountability. *Personnel and Guidance Journal, 51,* 15 ～20.

Stufflebeam, D.L. et al. (1971). *Educational evaluation and decision making, PDK National Study Committee on Evaluation.* Itasca, Illinois :F.E. Peacock Publishing, Inc.,

Shaw, M.C. (1973). *School guidance system.* Boston: Houghton Mifflin.

Shertzer, B., & Stone, B.C. (1981). *Fundamentals of guidance.* (4th ed.) Boston: Houghton Mifflin.

Ten Brink ,T.D. (1974). *Evaluation: A practical guide for*

teacher. New York: McGraw–Hill ,Inc.

Thorndike ,R.L., & Hagen,E. (1961) . *Measurement and evaluation in psychology and education.* (2nd ed.) New York: John Wiley and Sons ,Inc.

Tyler ,R.W. (1949). *Basic principles of curriculum and instruction.*台北：雙葉書店翻版。

Worthen, B.R., & Sanders, J.R. (1973). *Educational evaluation: Theory and practice.* Belmont ,Ca.: Wadsworth.

第 十二 章
輔導工作的發展趨勢

陳明終・王文秀

● 美國輔導工作的新趨勢
● 我國輔導工作的發展趨勢

　　輔導工作自興起至今，歷經近百年的發展，其工作重點雖不
斷因人、事、物之變化而改變，惟從變遷中仍可發現其趨勢。本
章即在闡述輔導工作的發展趨勢，吾人將先就輔導學的起源地
——美國說明之，再敍述我國輔導工作的發展趨勢。

第一節　美國輔導工作的新趨勢

美國普度大學的謝契爾和史東 (Shertzer & Stone, 1981) 教授在其所著「輔導原理」(Fundamentals of Guidance) 一書中指出，美國輔導工作的新趨勢有廿三項，概可歸類為：一、輔導方案與實務，二、諮商員儲訓和資格鑑定，三、諮商員的角色及功能等三類，茲說明如下：

壹、輔導方案與實務

趨勢一：

生涯諮商 (career counseling) 將繼續成為輔導方案的重要項目。過去幾年，生涯教育在教育領域的地位日形重要。雖晚近已

將其觀念及方法融入各領域內,亦顯示出輔導人員與輔導計畫迫切需要提供此項服務。諮商員擁有生涯發展、職業與教育資料的知識,將可正確地導引生涯教育計畫。充實生涯教育的設備及諮詢服務,仍將由諮商人員來擔任負責。

趨勢二:

更多學校提供心理學或相關的課程。由於過度強調智能發展被認為會影響人格的發展,故學校將授以諸如價值澄清、道德判斷及良好心理適應原則等類的課程。雖然此等課程只以適中的速度成長,但却是持續需要的。富裕且工業化的美國社會已關心生活品質的問題,而提供心理學教育的趨勢,即為對其關切的具體表現。

趨勢三:

輔導服務的組織和行政將更具績效。未來的輔導行政,將建立在合作的基礎上,聯合地方的資源、設備及人事,而成為一完整的制度。輔導行政的領導或監督人員,將加重行政協調的責任,且將更明確的劃分教師、諮商員、行政人員及其他相關人員彼此間的輔導職責,以利分工負責。為學生不同的需求,設計了發展、預防、危機適應等不同層次的輔導服務。高水準的輔導服務,將從小學開始至成人,呈階梯式的前進,為不同的人們服務。而諮商員對學生的比例將逐漸降低,以便諮商員能實施諮商並提供家長、教師、行政人員及學校其他人員的諮詢服務。

趨勢四:

就業安置服務,將成為輔導工作的重要項目。對高中畢業生或中途輟學者,以及欲進入勞動市場者而言,其失業率仍高,故就業安置服務,乃成為輔導工作中不可或缺的項目。此工作提供

了創業協助、求職技巧、職業分析、幫助謀職、就業及追踪輔導
等項服務。

趨勢五：

　　危機事件之處理，將成為考驗輔導工作有效與否的重要因
素。愈來愈多的學校，設計並實施危機介入時的應變處理策略，
以協助學生克服諸如死亡、暴行、家庭解組、受虐待等危機所帶
來的困擾。學生就學期間，可能會遇到外來的傷害事件，故諮商
員可設計危機調適策略，以協助學生處理危機所可能產生的壓力
與焦慮。

趨勢六：

　　學校將制訂有關閱覽、管理及運用學生資料的規章。美國聯
邦政府於1974年所通過的家庭教育權利及私權法案（Family
Educational Rights and Privacy Act）及其後的修訂法規，對學
生資料的保存和管理，與昔日規定顯有不同。該法案要求運用或
轉送學生資料時，須以保護學生的權利與隱私為前提，此無疑的
將影響學生資料的記錄和保存。為符合該法案，學校勢必建立能
確保學生權益的處理學生資料的政策和方式。

趨勢七：

　　預防重於治療。雖然諮商、心理治療及藥物治療在許多方面
已有相當的進步，如有效治療高度緊張藥物之發明，已使無數的
人恢復正常而返回工作崗位，但對於心理疾病的治療及病情的緩
和，卻依然相當的遲緩不進，尚無顯著的進展。故未來將更着重
於研究心理疾病的起因和預防方法，而不側重於治療。

趨勢八：

　　愈來愈多的諮商員受聘擔任專職的輔導工作。雖然過去許多

主管偏好兼職的諮商員，惟雇用專職的諮商員已成風氣，且未來將維持此趨勢。由於有更多的學校，在暑假期間亦雇用諮商員，故預見未來有更多的學校，爲學生提供整年的諮商服務。

趨勢九：

各級學校所聘用的輔導人員數量仍會增長，唯其增加率已較一九六〇年代緩和。由於出生率的下降及各級學校註冊學生的減少，使得輔導工作不再大量進用輔導人員，其增加率，以全國而言，每年約在百分之三左右。

趨勢十：

政府當局對中小學的輔導工作予以財政支援。美國各州及聯邦政府設有基金以補助小學輔導工作及生涯教育，而且是愈來愈多的州，支出愈來愈多的經費。爲管理補助的基金，州教育廳將聘請更多的輔導行政人員以監督並提供中小學有關的諮詢服務。

趨勢十一：

近年來已證實，在輔導實務與研究方面，已引進運用科技發展的產品，而電腦的應用，更使得輔導工作獲致相當的改善。未來在儲存、處理學生的評估資料、社區和學校訊息及生涯發展的方案等各項資料時，將使用更多諸如電腦之類的自動化設備。

趨勢十二：

重視輔導工作的績效。由於愈來愈多的學校及外行人員問及「輔導有何功能？」因此，輔導人員將花更多的心血在研究工作及可計量的績效上，故輔導方案與實務的研究及評鑑日漸增多，而學生資料、學生所處情境及諮商過程行爲的因素研究，將更被重視。

趨勢十三：

　　輔導人員的功能漸趨專門化，諮商實務仍續有改進。由於小規模學校互相結合，及各校輔導人員數目的增加，輔導人員的工作趨向專門化、特殊化，各有專責。

　　在輔導工具和方式方面，輔導人員對於測驗的應用將更爲謹慎；對測驗的選擇、運用和解釋，更加精練。團體輔導及團體諮商的實施趨於普遍。此外，行爲改變技術，如增強、示範、角色扮演、模仿等技術，在諮商情境中廣被應用。

貳、諮商員儲訓與資格鑑定

趨勢十四：

　　美國目前約有475所大學提供諮商人員的訓練課程，其數量已趨穩定。這些養成機構和學校，大多提供一年的研究所課程。由於愈來愈多的人，認爲諮商員需要接受兩年的研究所課程，故在未來十年，諮商員的儲訓教育，將由目前的一年變爲兩年。

趨勢十五：

　　諮商員訓練課程，因應社會需要而持續有所變革。以諮商員應具備的能力爲着眼點，研究改進甄選標準及訓練課程。甄選標準除繼續重視卓越學識外，諮商員的人格因素愈來愈受重視。訓練課程將重視人類行爲的基本功能及交互作用，其內容包括兒童及青少年心理學、人格和學習理論、測驗及研究法、行爲改變技術、諮商關係及技術。由於早期的訓練需要提供活生生的經驗，故課程中將多使用模擬的方式，俾學生獲得各種的經驗，以增進其能力。此外，實習的份量將被加重，以培養優良的諮商員。

趨勢十六：

外在力量將逐漸影響諮商員的儲訓及資格授予。美國各州的諮商員資格標準漸趨提高，有全國一致的趨勢。此將由全國性的機構「美國諮商與發展協會」(AACD) 或其分會「輔導人員教育及視導協會 (ACES) 依「諮商員及其他人事服務專業人員儲訓準則」(Standards for the Preparation of Counselors and Other Personnel Services Specialists)，評鑑提供諮商員教育之學校，以確保適當的儲訓水準。預見其結果為：(1)提供諮商員教育的學校，將因評鑑不佳而遭淘汰；(2)受評學校之合格畢業生，其能力符合各州的要求；(3)加強諮商教育的專題研究。唯此項變革並不包括小學，蓋小學輔導工作，功能性質獨特，而有不同的課程內容與資格要求。

趨勢十七：

制訂「收費諮商員」執照法令的州愈來愈多。雖然學校諮商員仍由符合州資格要求的人來擔任，但公立機構以外的收費服務的諮商員，必須取得執照方能開業。目前美國有維吉尼亞 (Virginia)、阿肯色 (Arkansas) 及阿拉巴馬 (Alabama) 等州已率先制訂諮商員執照法，預期有更多的州將起而效之。受雇於學校的諮商員，若欲在外兼職或在其他機構提供收費的服務，亦須取得執照始能執業。

趨勢十八：

更多的女性投入諮商員的儲訓教育。過去幾年來，諮商領域中得到碩士學位的婦女急遽增加。此乃因為：(1)助人的專業工作，在傳統上對女性較具吸引力，且社會習俗對女性也較為認同；(2)聯邦政府財政補助的縮減，導致男性較少加入諮商員的儲訓教育；(3)女權運動鼓勵婦女追求研究所教育與受聘機會。基此，預

期未來將有更多的婦女投入諮商員的儲訓教育。

叁、諮商員的角色與功能

趨勢十九：

　　學校諮商員將具主動性與領導性，以決定自己的角色和功能。雖然每個諮商員都在別人的期許下生活，但每位却都影響著這個角色的成功與否。渠等在尋求定義諮商員的角色與功能上，雖然仍承受不同團體，諸如諮商員教育者、學校首長、心理學家、學校贊助者、美國教育署的壓力，但他們愈來愈團結，更關注自己，並自己定義諮商員的職能，而非由行外人定義其職業功能。許多的學校諮商員從實際行動中，以事實作基礎來定義自己的角色與功能，而美國學校諮商員協會（American School Counselor Association；ASCA）的研究，也證實了學校諮商員在決定諮商員的角色及功能上，居於主導地位。

趨勢二十：

　　在中小學的諮商員兼具兩種功能，一、學生的諮商員，二、老師、家長和行政人員的諮詢員。此定義隱含相當高層次的專業化，其強調在諮商情境中，利用交互影響的技術協助學生達成自我目標，亦強調諮詢功能，以便改善學校裡的學習及社會環境，鼓勵學生利用此情境達成良好的發展。

趨勢二十一：

　　增加諮商員的諮商功能，以執行PL94-142法案〔爲美國在1975年經參衆兩院通過，福特總統簽署的殘障兒童普及教育法案（The Education for all Handicapped Children Act）〕的執行。諮商員提供教師、行政人員及學生家長，有關於學生的評鑑

問題、擬訂個別教育計畫、方案督導等項諮詢。事實上諮商員的
諮商和諮詢兩種功能都被用來執行PL94-142法案。

趨勢二十二：

　　愈來愈多的諮商員有意從事兼職的私人執業，原因是：(1)民
眾尋求專業協助的觀念有所改變；(2)工商業選拔和擢升員工，越
益仰賴專業評估；(3)諮商員的訓練已不只關心教育的問題，並且
了解個人動力情境的重要性。無論何種原因，愈來愈多的諮商員，
除於傳統的機構服務外，亦從事收費的服務。由於諮商員與心理
學家的某些功能重覆，故使得此趨勢與規定為公眾提供心理服務
的資格授予之間產生衝突，而促使美國人事與輔導學會（APGA；
今AACD）制訂辦法規定諮商員的資格授予，且有維吉尼亞、阿肯
色和阿拉巴馬等州已率先制訂收費諮商員執照法，詳如趨勢十七
所述。

趨勢二十三：

　　學校諮商已漸成為終身的事業。以前，甚至現在，學校輔導
工作被認為只是行政工作的一類，很多人進入這門領域僅基於消
極理由而非積極的理由。如有些人僅為了逃避嚴肅的教學工作，
而投入諮商的工作領域。但今日的諮商員不單只是一項職業，且
是一項專業；諮商員於工作中可獲得滿足，產生職業認同，而不
致見異思遷。終身從事諮商工作，是一個專業工作者不可或缺的
要素。雖然學校諮商員要使其工作成為專業時，將面對一些障礙，
但他們將發現由於自己的努力，將使克服障礙相對的成為易事。

第二節　我國輔導工作的發展趨勢

　　我國輔導工作自發展至今已有數十年，不論是從事輔導工作者的質與量，或是輔導工作的內涵，均有不容抹煞的實質進步，但是無可諱言地，仍有許多待加強之處，未來可預期的發展趨勢有下列數端：

趨勢一：生涯輔導將成為輔導的重點工作

　　職業輔導原為輔導工作的前驅，但在我國由於升學主義的關係，而在學校輔導工作中較不被重視。然而隨著工商業社會迅速發展，職業分化愈趨精細，學生們就升學、就業問題尋求協助的需求亦更殷切。且學校輔導工作的目標之一，即為「協助個人充分發展」與「協助個人做決策」，因此，比職業輔導關照層面更廣的生涯輔導，即顯得特別重要。所以，學校輔導人員將更需積極地，就其所具有的生涯發展、做決策、計畫的知識，及教育與職業的訊息，主動地為學生提供協助與服務。

趨勢二：輔導工作的組織和運作將更有效率

　　未來輔導工作的運作將更重視系統化的協調。在學校內部方面，將更清楚地劃分一般教師、輔導老師、訓導處、教務處及其他學校行政人員等對學生的輔導職務和責任。在學校與社區資源的整合上，亦將為輔導網的建立而努力，例如設計初級（以發展與預防為目的）、次級（著重早期的鑑定與處理）、三級（偏重診斷與治療）等不同層次的輔導服務，以因應學生不同的需求。除此之外，由於學生的個別差異性極大，輔導工作者的專業服務項目亦有逐漸分工之必要，如學校諮商員、學校心理學系、學校社

會工作人員、輔導行政人員、學習障礙及其他殊教育的專家,均應分層負責,各司其事,並協調合作。

趨勢三:學校將逐漸爲學生提供心理學的教育或相關的課程

當工業及經濟的發展達到一個水平之後,人們將會愈來愈重視生活的品質。且就「輔導即心理學教育」的觀點來看,學校將漸漸會爲學生提供諸如價值澄淸、道德判斷、心理衞生之類的課程,以協助學生人格的發展和生活的適應。此外如危機事件的因應與處理策略,亦將列爲輔導課程之重點,以協助學生克服諸如死亡、家庭破碎、受虐待及暴行、傷害、綁架等危機所帶來的困擾;性敎育及休閒生活方式等的課程亦可使學生對「性」及「休閒」有更健全的認識。

趨勢四:輔導工作電腦化

電腦化的脚步將擴散於整個行政及輔導實務體系,包括:(1)學生資料的儲存與運用、出缺席記錄、學業成績與心理測驗資料的統整、追踪紀錄等,以增進輔導績效;(2)生涯資訊可以透過電腦提供給學生,使之進行自我探索。職業選擇資訊的取得,將增加輔導工作服務的層面;(3)輔導專業人員的訓練,亦可透過電腦提供諮商練習、自我覺察訓練,以提高專業訓練的效果;(4)建立全國性資料中心,而於各校設電腦終端機,使資料之傳遞與應用更爲快速,資訊更爲流通;(5)當事人與電腦之諮商系統可行性,雖然目前仍受爭議;但亦可能是未來的發展趨勢。

趨勢五:輔導工作的績效將更受重視

由於面對許多人對「輔導有何功效?」的質疑,及就「輔導是目的性行爲的科學」之觀點來看,未來輔導工作人員將投注較多的心力在研究及評鑑工作上,以提供輔導績效的具體資料;並

據以作爲輔導工作發展、改進的依據。

自從一項「方案規畫預算制度」使用後，輔導工作不能光憑已達成的功能而得到經費，須在年度之前即提出明細的預算報告。是故，財政上的限制恰爲輔導工作之挑戰；至少，輔導人員須用心地制定目標，並充分評估其施行結果，落實輔導工作，而非只作測驗，作資料的堆積，表面形式化的紙上談兵。將來之評鑑將更重品質，確實而儘可能地求其深入與客觀。此外，建立輔導行政的視導網、進行經常的評鑑與輔導、輔導組織健全化等，亦可預期逐步實現。有完善的輔導組織與制度，將更能發揮輔導之功能。

趨勢六：諮商與服務的範圍大爲擴充

包括：(1)小團體諮商或團體輔導方式將更爲盛行。尤其爲因應現代社會的新興問題，諸如單親兒、孤獨兒、攻擊傾向兒童、不良適應學生之輔導、將藉助小團體方式增進與正常學生的互動，提供必要之服務；(2)同儕輔導的廣爲施行。培養同儕輔導員，藉助同儕的支持及影響力量，發揮輔導效果；並發展出一套甄選、訓練、服務、督導及評估的同儕輔導完整模式。(3)社會上爲協助特殊對象而成立的團體，亦逐漸增多。如爲離婚婦女、喪偶者、喪子者、老年人、體重過重或過輕、想戒煙或戒酒者及工廠員工等，皆將成爲輔導者的新顧客。(4)專業的輔導機構亦相繼成立，延聘輔導界學者專家，針對一般社會大衆之需求，舉辦個別或團體諮商，以及專題演講，使輔導觀念更普及化。(5)工商企業界，甚至廣告界亦開始重用輔導工作者，以協助該機構從事員工之甄選、訓練及輔導之工作。

趨勢七：輔導理論的建立及輔導研究工作的加強

　　1966年C.D.Kehas即曾說：「過去十年之中，輔導曾經在大眾及專業方面獲得最強而有力的支持，但是輔導本身在理論上的進展却出奇的緩慢，而眾所週知的是：理論的闕如遏止了輔導的發展與研究。」可見輔導理論的建立將有助於輔導工作更爲明確及更具發展性。而學校輔導工作有其特殊之工作對象、項目和環境，故亦應建立學校輔導理論。至於輔導研究工作的加強，尤其透過政府及地方的經費補助建立地區性的研究系統，針對不同地區、不同學生的需求，發展出一套落實各校、各區輔導工作的輔導模式，而不再是盲目地跟著新技術、新方案照單全收，而有窒碍難行、橘逾淮而爲枳的弊端。此外，輔導工作者亦應嘗試統整各派的理論精華，比較其理論與技術之運用時機與限制，重視輔導的過程與效果的評量，使輔導工作的品質日益提昇。

趨勢八：輔導人員專業化

　　目前學校輔導工作人員的任用仍有許多不聘專業輔導人員，而以非相關人員兼任，致使學校輔導工作品質無法提昇，甚或誤導其發展方向。因此，輔導人員之任用，應建立任用制度，制定輔導人員之專業標準，透過檢覈制度，頒授證書，使其具專叢水準。未來的趨勢，碩士學位且有輔導之實務工作經驗是輔導人員的必要資格，故必須強化大學院校輔導及相關科系，增設研究所，作有計畫的長期分級培養。

趨勢九：輔導國情化

　　輔導以了解學生爲基本前提，應儘可能透過客觀的測驗或評量，方能對個別學生的心理特性與需要有所了解。但我國自應用心理測驗以來，引進外國測驗量表遠比自行研究編製的多，常有格格不入之感，畢竟國情與文化背景、生活習慣還是有差異。今

後測驗的修訂與自編將更積極，具國情化，學校輔導工作者，結合理論與實務的心得與經驗，作行動研究或發展出適合中國學生的一些輔導方法及模式；此外也可考慮從我國的古典經籍，如儒家、道家思想中，提煉發展出一些屬於中國的輔導理論體系、架構與方法，加速輔導中國化，以增主輔導工作對我國教育的影響。有關「輔導學中國化」之問題，歷來不斷被人提及。

張老師月刊社，於民六十九年，曾就「輔導學中國化」的問題，訪問國內知名學者專家，並撰著「建立我國輔導新的價值評估」一文，其中提到：

(1)「輔導學中國化」必須站在現實社會的立場，要求輔導理論與技術必須確實有助於我國社會大眾，而不必問這些理論與技術的來源。

(2)輔導學的運用必須以實證的態度爲之，仔細去考察習得的理論與技巧是否需要客觀、適度的修正，而非情緒的偏執。

(3)「輔導學中國化」在推行之前，必須要先去認識中國人的社會與個人的性格，澄清中國人的社會、心理現象，才好去引導我們去融合，使我國的輔導學更具「鄉土化」，增強輔導學與此時此地社會生活的親和力。

(4)強化目前輔導員的素質與輔導學研究的工具，是「輔導學中國化」的第一步。

基此，則「輔導學中國化」應界定爲：以中國人的性格及中國的社會現象爲主體，而發展出更能幫助國人者，此可作爲輔導界自我期許的目標，如此將更能抓住社會問題的核心。

趨勢十：輔導人性化多元化與統整化

在此角色、規範及價值疏離、混亂的時代中，人與人之間的

心靈距離日趨遙遠，有形與無形的衝突與隔閡亦時有所聞，故溫暖、關懷、尊重、接納的人性化輔導將更迫切需要；蓋輔導強調個體的價值、尊嚴與存在意義，尊重個別差異，使個體達到最適性的充分發展。

學生是未來的公民，故輔導取向的課程須配合學生需要，注重學校與社會互相為用，以啓發學生的社會興趣，學習社會生活所需的知識、技能、態度和理想，善用社會資源，發展學校輔導工作。未來的輔導工作發展趨勢應是開放而流動的，有完整的聯繫網，學校與精神科醫院及其他各種社會輔導機構間，彼此聯繫、承接及配合，可強化學校輔導工作的功能。另外，積極而妥善的建教合作，可使校內的職業輔導更趨具體，發揮輔導在社會經濟建設上的功能。預期社會輔導工作與學校輔導工作會進步相互支援與合作，如：人力資源的交流運用，溝通觀念及作法，個案轉介，學術研究等、從而擴展學校輔導工作的層面及內涵。

未來的社會價值體系將趨向多元而複雜，市場導向的社會性格抬頭，傳統權威動搖，人與人的心理空間距離越來越遠，故學校輔導工作的內容也將多面化（如：單親家庭學生的輔導）。多元化的社會發展，將使學校輔導工作不再自囿於校園之內，廣泛地吸收各學科領域的精華，並和其他學校或社會團體建立整體性的支持網絡，才能使輔導工作不但趕上社會的腳步，甚至居於主導的地位，引領社會與文化的改革與進步；除了橫斷面的整合外，國小、國中、高中以至大專學校縱貫性的聯繫，亦應為未來努力的方向。

〈本章摘要〉

輔導工作的發展有其脈絡可循，隨著社會的變遷與輔導學術的演進，未來繼續發皇，應可預期。本章分就美國與我國，討論輔導工作未來的發展趨勢。

在美國方面，可就輔導方案與實務，諮商員儲訓和資格鑑定，諮商員的角色及功能三方面加以分析，共可得二十三個發展趨勢，包括：(1)生涯發展的強調，(2)心理學課程的提供，(3)輔導組織和行政的加強，(4)就業安定服務的注重，(5)危機事件因應技巧的培養，(6)慎重運用學生資料運用，(7)強調預防工作，(8)儘量聘用專職輔導人員，(9)學校輔導人員人數繼續增長，(10)政府財政支援中小學輔導工作，(11)引用科技輔助輔導，(12)重視輔導工作績效，(13)輔導人員功能趨向專門化，(14)延長輔導人員養成教育期限，(15)諮商員訓練課程加重人格陶冶與實習，(16)諮商員的儲訓與資格授予制度化並趨向嚴格，(17)制定「收費諮商員」執照制度，(18)女性諮商員人數增加，(19)諮商員更具主動性與領導性，(20)兼顧諮商與諮詢功能，(21)諮商員參與特教法案的執行，(22)諮商員從事兼職的私人執業人數增多，(23)諮商工作成為終身事業。

在我國方面，預期的發展趨勢如下：(1)生涯輔導成為重點工作，(2)輔導組織和運作效率化，(3)提供心理學的教育或相關課程，(4)輔導工作電腦化，(5)重視輔導的績效責任，(6)擴大諮商與服務的範圍，(7)建立輔導理論並加強輔導研究，(8)輔導人員專業化，(9)輔導國情化，(10)輔導人性化、多元化與統整化。

〈討論問題〉

1. 美國輔導工作的發展趨勢中，那些你認爲較具革命性？
2. 我國輔導工作的發展趨勢中，那些已獲得印證？那些仍只是預測？
3. 美國輔導工作與我國輔導工作的發展趨勢，有那些共同點？那些不同點？
4. 影響未來輔導發展的因素爲何？
5. 除了本章所列的輔導工作發展趨勢，你認爲還要那些值得注意者？

〈本章參考文獻〉

張老師月刊社（民69）：建立我國輔導新的價值評估。**張老師月刊**，6卷6期，314～315頁。

Kehas,C.D. (1966) .Theoretical formulations and related research. *Review of Educational Research, 36,*214-216.

Shertzer,B., & Stone,B.C. (1981) . *Fundamentals of guidance.* (4th ed.) Boston:Houghton Mifflin Company.

索　引

一、人名索引

㈠中文人名（按姓氏筆劃順序排列）

㈡英文人名（按姓氏英文字母順序排列）

206,355
Wundt, W. M.　83,290

Yalom, I. D.　236
Yerkes, R. M.　292

Zander, A.　222
Zimmerman, R.　181

二、名詞索引

㈠漢英名詞對照（按首字筆劃順序排列）

三劃

口語親密技巧程度量表
LOVIT 236

四劃

反作用效果 reactive
effect 320
心理分析 psychoanal-

ysis 326
心理性團體 psycho-
group 321
心理計量
psychometrics
283,284
心理劇 psychodrama
39,236
心理歷史法 psycho
-history 416

㈡英漢名詞對照（按名詞字母順序排列）

輔導諮商系列 21010

輔導原理

作　　　者：吳武典等人

總　編　輯：林敬堯

發　行　人：洪有義

出　版　者：心理出版社股份有限公司

地　　　址：231026 新北市新店區光明街 288 號 7 樓

電　　　話：(02) 29150566

傳　　　真：(02) 29152928

郵撥帳號：19293172　心理出版社股份有限公司

網　　　址：https://www.psy.com.tw

電子信箱：psychoco@ms15.hinet.net

初版一刷：1990 年 2 月

初版二十七刷：2023 年 2 月

Ｉ Ｓ Ｂ Ｎ：978-957-702-015-4

定　　　價：新台幣 450 元